全国职业院校"十三五"汽车专业新形态规划教材

汽车构造（上）

主　编	王世超	兰国龙	
副主编	何光荣	刘作江	杨瑞昌
参　编	赵　明	曹　见	唐孝洪
	孔祥明	周　林	王亚男
	梁康松	毛　建	张馨心
	宗丽娜	周运超	王艳玲
	刘明瑞		

机械工业出版社

本书是依据职业技术教育汽车类专业汽车构造课程大纲的要求编写的。本书分为上下两册，上册的主要内容包括：绪论、曲柄连杆机构、配气机构、汽油机燃油供给系统、发动机冷却系统、发动机润滑系统、汽油机点火系统和发动机起动系统，下册的主要内容包括汽车传动系统、汽车行驶系统、汽车转向系统和汽车制动系统。

本书既可作为中等职业学校汽车类专业教材，也可作为汽车修理工的培训教材和自学用书。

图书在版编目（CIP）数据

汽车构造．上／王世超，兰国龙主编．—北京：机械工业出版社，2018.9

全国职业院校"十三五"汽车专业新形态规划教材
ISBN 978-7-111-60739-7

Ⅰ．①汽… Ⅱ．①王…②兰… Ⅲ．①汽车－构造－高等职业教育－教材 Ⅳ．①U463

中国版本图书馆 CIP 数据核字（2018）第 189499 号

机械工业出版社（北京市百万庄大街 22 号 邮政编码 100037）
策划编辑：陈玉芝 王振国 责任编辑：王振国
责任校对：潘 蕊 肖 琳 封面设计：马精明
责任印制：孙 炜
保定市中画美凯印刷有限公司印刷
2018 年 9 月第 1 版第 1 次印刷
187mm×260mm·12 印张·296 千字
0001—3000 册
标准书号：ISBN 978-7-111-60739-7
定价：39.80 元

凡购本书，如有缺页、倒页、脱页，由本社发行部调换

电话服务	网络服务
服务咨询热线：010-88379833	机 工 官 网：www.cmpbook.com
读者购书热线：010-88379649	机 工 官 博：weibo.com/cmp1952
	教育服务网：www.cmpedu.com
封面无防伪标均为盗版	金 书 网：www.golden-book.com

前 言

近年来，我国汽车工业迅速发展，汽车保有量大幅提高，进而对汽车制造、维修、保养等专业技能型人才的需求与日俱增。为适应市场对汽车专业技能型人才的素质要求和技能要求，我们根据职业技术教育汽车类专业汽车构造课程大纲的要求编写了本书。

"汽车构造"作为汽车美容与装潢、汽车服务与营销等专业的核心课程，一直以来都以汽车基础结构、工作原理作为教学重点，但大多数教材内容陈旧，缺乏知识的实践性，不适应当前岗位需求。本书在编写过程中注重汽车基本构造、工作原理与生产实践的应用关系，具有较强的针对性和实用性。通过对本书的学习，学生可以掌握汽车类专业必需的基础知识，同时又能提高动手能力。本书的每个单元都以任务驱动形式展开，引导学生学习。

本书的主要特色是：

1. 在紧紧把握汽车类专业培养目标的同时，以"实用"为目标，克服传统教材内容偏深、偏多和偏难的现象，以讲清汽车结构、强化应用为重点，删除与现在生产实践脱节的知识点。

2. 在体例上打破了传统教材的编写方法，以单元、任务的形式进行编写，将理论知识与技能训练有机地融合为一体，通过技能训练强化理论知识的学习与应用。

3. 本书图文并茂，通俗易懂，具有初中以上文化水平即可阅读，既可作为中等职业学校汽车类专业教材，也可作为汽车修理工的培训教材和自学用书。

本书由王世超、兰国龙担任主编，何光荣、刘作江、杨瑞昌担任副主编，参加编写的人员有赵明、曹见、唐孝洪、孔祥明、周林、王亚男、梁康松、毛建、张馨心、宋丽娜、周运超、王艳玲和刘明瑞。

由于编者水平有限，书中难免存在不足之处，诚恳希望各位专家、读者批评指正，并提出宝贵意见和建议，以便修订时加以完善。

编 者

目 录

前 言
单元 1　绪论 ··· 1
　　任务 1.1　认识汽车 ··· 1
　　任务 1.2　了解汽车主要技术参数和型号编制规则 ··· 10
单元 2　曲柄连杆机构 ··· 15
　　任务 2.1　熟悉曲柄连杆机构的组成与工作条件 ·· 15
　　任务 2.2　掌握机体组的组成 ··· 17
　　任务 2.3　掌握活塞连杆组的组成 ··· 27
　　任务 2.4　掌握曲轴飞轮组的组成 ··· 41
单元 3　配气机构 ·· 54
　　任务 3.1　了解配气机构的功用、组成及类型 ··· 54
　　任务 3.2　掌握气门组的组成 ··· 57
　　任务 3.3　掌握气门传动组的组成 ··· 60
　　任务 3.4　熟悉配气相位的基本内容 ·· 63
单元 4　汽油机燃油供给系统 ·· 68
　　任务 4.1　了解汽油机燃油供给系统基础知识 ··· 68
　　任务 4.2　掌握电控汽油机燃油供给系统的组成 ·· 72
　　任务 4.3　掌握电控汽油机控制系统的组成 ·· 76
　　任务 4.4　掌握空气供给与排气系统的组成 ·· 85
　　任务 4.5　掌握发动机排气净化装置 ·· 88
单元 5　发动机冷却系统 ··· 92
　　任务 5.1　了解冷却系统的功用及分类 ··· 92
　　任务 5.2　掌握冷却系统零部件的组成及功用 ··· 94
单元 6　发动机润滑系统 ··· 112
　　任务 6.1　熟悉润滑系统的功用及组成 ··· 112
　　任务 6.2　掌握润滑系统主要零部件的组成及功用 ··· 119
　　任务 6.3　掌握曲轴箱通风的功用 ··· 127
单元 7　汽油机点火系统 ··· 130
　　任务 7.1　了解汽油机点火系统基础知识 ·· 130

　任务 7.2　熟悉传统汽油机点火系统的组成与工作原理 ………………………………… 132
　任务 7.3　掌握点火时刻的基本内容 …………………………………………………………… 134
　任务 7.4　掌握点火系统主要零部件的组成及功用 ………………………………………… 136
　任务 7.5　掌握电子点火系统的优点及分类 ………………………………………………… 151
　任务 7.6　掌握微机控制点火系统的组成及分类 …………………………………………… 160
　任务 7.7　了解汽车电源 ………………………………………………………………………… 166

单元 8　发动机起动系统 …………………………………………………………………… **169**
　任务 8.1　掌握发动机起动系统的功用及组成 ……………………………………………… 169
　任务 8.2　学会起动机的结构及工作原理 …………………………………………………… 174

单元 1 绪 论

【任务目标】
1) 了解汽车的发展及汽车的主要技术参数。
2) 熟悉汽车的整体构造及定义。
3) 掌握汽车的基本行驶原理。
4) 学会汽车的分类方法。

【任务描述】
汽车自 19 世纪末诞生至今已有 100 余年了，没有哪种机械像汽车那样对人类社会产生如此广泛而深远的影响。汽车是借助自身的动力装置驱动，且具有四个或四个以上车轮的非轨道无架线车辆。本单元主要讨论汽车的发展、分类、基本行驶原理、主要技术参数及编号规则等。

任务 1.1 认识汽车

一、汽车发展概况

1. 世界汽车发展史

（1）汽车的诞生 18 世纪中叶，瓦特发明了蒸汽机。1769 年法国人古诺用蒸汽机制造出一辆三轮机动车，它就是世界上第一台以机器为动力的车辆，如图 1-1 所示。该车的前部安装了一个直径为 1.3m 的锅炉，后部装有两个 50L 的气缸，锅炉发出的蒸汽推动活塞在气缸内上下运动，再通过曲轴驱动前轮。该车总长 7.3m，显得十分笨重。该车可乘坐 4 人，时速为 3.6km。它是汽车的雏形。

1860 年法国人兰诺尔制造出二冲程内燃机。1876 年德国人奥托制造出四冲程内燃机，为 10 年后汽车的诞生奠定了基础。1885 年德国人卡尔·本茨制造出第一辆三轮汽车：排量为 785mL，单缸汽油机，功率为 0.6kW，

图 1-1 古诺三轮机动车

时速为15km，如图1-2所示。该车于1886年1月29日取得德国专利，因此，一般认为汽车诞生于1886年1月29日。同年，德国工程师哥特里布·戴姆勒将自制的0.9kW、650r/min的单缸四冲程内燃机安装在一辆改装的马车上，制成了第一辆四轮汽车，如图1-3所示。

图1-2　本茨的三轮汽车

图1-3　戴姆勒的四轮汽车

上述两种原型汽车还很不完善，表现在：单缸机、功率小、时速低、性能差、没有倒档。此后法国、英国、奥地利相继造出汽车，汽车工业在欧洲逐渐发展起来。到1906年欧洲的汽车产量达到了5万辆，占世界汽车产量的58%。但这时的汽车制造仍属于手工作业，汽车产品主要是上层社会的娱乐品和奢侈品。

汽车真正工业化制造是在美国发展起来的。

（2）北美汽车工业的发展　美国人亨利·福特于1895年制造出第一台汽车，于1903年成立了福特汽车公司。福特很富有开拓精神，在汽车生产中注重性能，考虑到零件的互换性，创造出流水作业法，以大批量生产方式生产出"T型"车（见图1-4），形成了汽车的第一次大发展，使汽车成为普通社会大众的交通运输工具。

"T型"汽车自第一辆上市后，到1927年夏天停产，共售出1500多万辆。"T型"汽车成了便宜和可靠交通的象征。福特汽车公司创造了一个巨大的汽车市场，带动了全球汽车工业的发展。1913年底，美国售出的汽车近1/2是福特制造的。

（3）西欧汽车工业的发展　20世纪30年代，世界经济大萧条，第二次世界大战爆发，汽车的生产经历了低潮期。第二次世界大战前欧洲西部汽车市场的特点是：技术上保持优势；市场分割；需求多样化，难以形成大批量

图1-4　福特的T型汽车

生产。

第二次世界大战以后，德国、意大利由国家投资大力发展汽车工业。20世纪50～60年代，欧洲共同市场开放，汽车需求上升，为汽车的大生产创造了外部条件。1956年德国汽车产量突破了100万辆大关，1963年意大利的汽车产量也超过了100万辆，分别跃居世界第二、第三位。

1970年整个欧洲汽车产量达到1137万辆，超过了美国，形成了世界汽车工业的第二次大发展。

（4）日本汽车工业的发展　第二次世界大战后，日本政府大力扶持汽车工业；20世纪五六十年代，组装外国汽车，产量由11万辆增长至187万辆；20世纪70年代引进先进技术，汽车制造水平、产量不断提高，逐步进入国际市场；1980年产量达到1104万辆，超过了美国跃居世界第一；1989年产量达到1302.5万辆，形成了世界汽车发展的第三个高潮。

（5）其他国家汽车工业的发展　在一些新兴工业国家和发展中国家，人民生活水平的不断提高，致使汽车需求量迅速增长。但是，由于工业基础薄弱和缺乏自主开发能力，这些国家往往用优惠政策吸引外资，引进先进的技术和装备，进口全拆散（CKD）或半拆散（SKD）零件组装车辆，同时逐步提高零件的国产化率，进而使零部件自给自足，以满足国内市场的需求，并以此模式发展自己的汽车工业。韩国和西班牙的汽车工业就是采取这种模式成功发展起来的。这两个国家在逐步增强自主开发能力之后，其汽车产品打入国际市场参与竞争。巴西和墨西哥也采取这种模式使汽车工业得到飞跃式发展。

2. 中国汽车工业的发展

（1）我国汽车工业的简史与现状　我国汽车的发展历程可分为四个阶段：修配阶段、自力更生阶段、技术引进阶段、快速发展阶段。

1）修配阶段。20世纪初，德国赠送给慈禧太后一辆奔驰第二代产品。这是在中国首次出现的汽车。旧中国始终没有发展起汽车工业，只有汽车修理业，到1949年汽车保有量约5万辆。

2）自力更生阶段。1949年以后，我国第一个五年计划确立发展汽车工业。

1953年7月15日第一汽车制造厂奠基，毛泽东主席亲笔题写"第一汽车制造厂奠基纪念"。

1955年国家批准建立长春汽车拖拉机学院，为汽车和拖拉机工业培养专业技术人才。

1956年7月13日国产第一辆CA10型4t解放牌载货汽车开下生产线。

1958年，我国生产出东风牌和红旗牌轿车，到20世纪60年代末生产车型达3种，产量6万辆。20世纪50年代末到60年代中期，上海、南京、济南、北京相继建立汽车厂，先后生产出NJ130、JN150、BJ130等型号货车及BJ212型越野车。

1969年第二汽车制造厂建立，1975年6月EQ140型货车投产。同期，四川汽车厂生产出CQ261型6轮越野汽车，陕西汽车厂生产出SX250型越野载货汽车。此后又建成了四川汽车制造厂和陕西汽车制造厂。

20世纪80年代初，第一汽车制造厂开发产品包括解放牌CA141、CA151、CA150P等型载货汽车及CA770D型轿车，1985年产量为9万辆。

第二汽车制造厂开发产品包括东风牌EQ155、EQ153等柴油车，1989年产量为13.5万辆。

在这个时期,汽车制造业依赖国家按计划供应原材料和包销全部产品,缺乏自主开拓的活力,只重视中型货车,而对轿车认识不足,导致我国汽车工业"缺重少轻"和"轿车基本空白"的缺陷。

3)技术引进阶段。1985年中共中央在"七五"计划建议书中提出了要把汽车工业作为支柱产业的方针,1987年国务院又确定了发展轿车工业来振兴我国汽车工业的战略。在此期间,先后引进国外汽车新技术100多项,上品种、上质量、上水平,共引进重型货车、轻型货车、微型货车、自卸车、越野车和轿车等10个品种。

1987年和1988年国务院决定集中力量建设"三大""三小"轿车生产基地。三大轿车基地为一汽奥迪、二汽雪铁龙、上海桑塔纳。三小轿车基地为北京切诺基、天津夏利、广州标致。从此我国汽车产量连年大幅度增加,猛增到1993年的129.7万辆,跃居世界第12位。

4)快速发展阶段。1994年2月国家经济计划委员会颁发了《汽车工业产业政策》,明确提出到2010年汽车工业成为我国国民经济支柱产业的目标,以及与之相适应的近期产业组织政策、产品管理政策、产业技术政策、产业布局政策以及外资和贸易政策,为汽车工业发展创造了稳定的政策条件。自从2001年加入世界贸易组织(WTO)以来,我国正在逐步对经济结构进行相应的调整和改革。这个时期,我国改革开放进一步深入,各个主要汽车集团都与国外大汽车公司联姻(表1-1)。国内汽车企业进一步改组兼并,初步形成了"3+6"格局,即一汽、东风、上海三大汽车集团加上广州本田、重庆长安、安徽奇瑞、沈阳华晨、南京菲亚特、浙江吉利多个独立骨干轿车企业。其中一汽、东风和上汽三大汽车集团的汽车产量就占全国产量的52%,初步形成了汽车产业的组织结构优化调整。

我国汽车产量高速增长,2002~2011年我国汽车产量如图1-5所示。到2011年,我国汽车产销量均超1840万辆,再次刷新全球历史纪录。其中上汽销量达到396.60万辆,东风、一汽和长安分别达到305.86万辆、260.14万辆和200.85万辆。上述4家企业(集团)2011年共销售汽车1163.45万辆,占汽车销售总量的62.9%,市场占有率同比提高0.8个百分点。今后十多年也是我国汽车工业飞跃发展的重要阶段,届时,我国将步入世界汽车工业强国的行列。

表1-1 我国主要汽车集团与国外大汽车公司联姻

合资企业(合资时间)	合资项目(车型)
一汽大众汽车有限公司(1991年2月)	捷达、奥迪、宝来、高尔夫
一汽海南汽车有限公司(1998年)	马自达、普利马、福美来
天津一汽丰田汽车公司(2003年9月)	皇冠、花冠、陆地巡洋舰、霸道、夏利、威驰、雅酷
神龙汽车有限公司(1992年5月)	富康、毕加索、爱丽舍、赛纳
风神汽车有限公司(2002年3月)	风神新蓝鸟、日产阳光
东风悦达起亚汽车有限公司(2001年11月)	普莱特、千里马

(续)

合资企业（合资时间）	合资项目（车型）
上海大众汽车公司（1985年3月）	桑塔纳、帕萨特、波罗、高尔夫
上海通用汽车有限公司（1997年3月）	别克、君威、赛欧、凯越
上海通用五菱汽车有限公司（2002年6月）	五菱之光、五铃都市清风
广州本田汽车有限公司（1998年7月）	本田雅阁、奥德赛、飞度
北京吉普汽车有限公司（1984年11月）	切诺基、帕杰罗、欧蓝德、吉普之星、顺途、新城市猎人、挑战者、狂潮
北京现代汽车有限公司（2002年10月）	索纳塔、伊兰特
长安铃木汽车有限公司（1993年5月）	奥拓、羚羊
长安福特汽车有限公司（2001年4月）	嘉年华、蒙迪欧
东南（福建）汽车工业有限公司（1995年11月）	得利卡、富利卡、菱帅
南京依维柯汽车有限公司（1996年3月）	派力奥、西耶那
江铃汽车有限公司（1995年）	全顺、陆风
华晨宝马汽车公司（2001年10月）	宝马3系、5系轿车
沈阳金杯通用（1992年1月）	雪佛兰

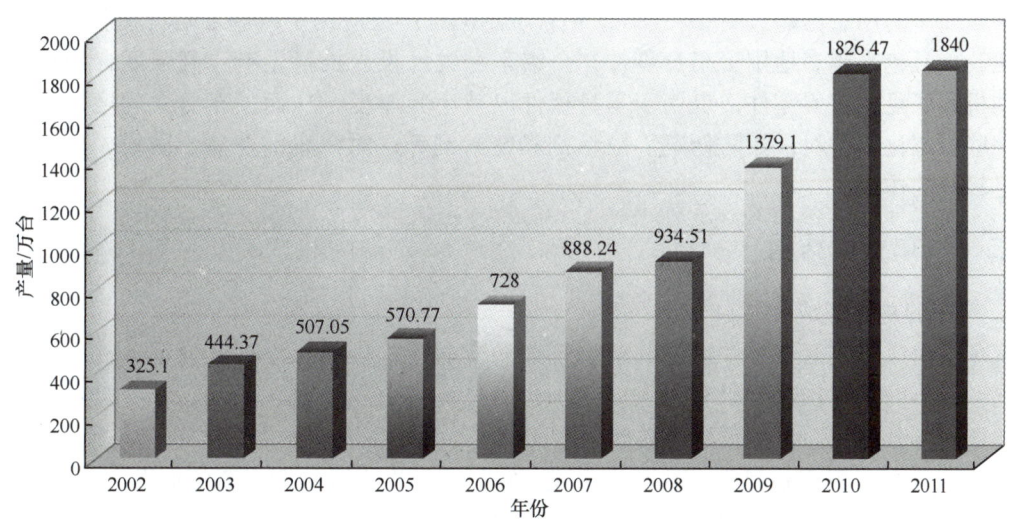

图1-5 2002~2011年我国汽车产量

3. 现代汽车技术的发展

（1）发展节能汽车　提高汽车的经济性，发展节能汽车。例如，货车增加吨位，减小尺寸和自重；采用流线型外形减小风阻；在货车上采用直喷增压柴油机代替汽油机；轿车采用小排量、高压缩比、高热效率发动机；采用电子点火、电子喷射等节能燃烧方式；使用低黏度机油，提高加工精度，减少摩擦损失；汽车底盘趋于采用多档位或无级变速器，以利于按照汽车各种工况选择合适的传动比，从而提高汽车的性能和进一步降低燃油消耗；选用宽端面无内胎子午线轮胎等。

（2）推动汽车控制电子化　推动汽车控制电子化，提高性能，降低公害。例如，控制发动机空燃比，改善喷射和燃烧质量；电子控制制动、传动、悬架、转向，空调自控，净化排气。在20世纪80年代初，电子设备还只占汽车成本的2%，而目前在一些先进的汽车上，这个指标已超过20%。汽车上几乎每一个系统都可采用电子控制装置来改善性能和实现自动化。例如，电子控制的发动机点火系统和供油系统、变速器的电子控制系统、电子驱动力调节系统（ETS）、防抱死制动系统（ABS）、驱动防滑系统（ASR）、智能悬架、速度感应式转向系统（SSS）、车厢温度电子调节系统、电控防撞安全系统、电子防盗系统和卫星导航系统（GPS）等。

（3）提高安全性和舒适性　如通过改善视野、采用安全曲面玻璃及阻燃内饰材料、人机工程学应用、优化座椅及操纵机构设计等可提高安全性和舒适性。

（4）采用CAS、CAD、CAE、CAM、CAT等技术　现代化的汽车产品出自现代化的设计手段和生产手段。目前，汽车工业生产中已广泛应用全球信息网络、计算机辅助造型（CAS）、计算机辅助设计（CAD）、计算机辅助工程分析（CAE）、计算机辅助制造（CAM）、计算机辅助试验（CAT）、计算机集成制造系统（CIMS）和虚拟现实系统（VR）等一大批先进技术，促成了并行工程（SE）的实施，真正做到了技术数据和信息在网络中准确地传输与管理，实现无图样化生产和制造柔性化，不但大大提高了工作效率，缩短了开发周期，而且提高了产品的精度和质量，降低了生产成本。

（5）汽车的轻量化　现代汽车上所采用的新材料主要是工程塑料、轻质铝合金、高强度合金钢等。近20年来，工程塑料在汽车上的用量迅速增长，1969年平均每辆轿车为10kg，现在大多数轿车的用量已超过100kg。轻质铝合金不但已广泛应用于铸造发动机和底盘各种壳体和车轮，而且越来越多地用于车身零件，全铝车身也已投入批量生产。高强度合金钢不但用于发动机和底盘的重要零件，也用于车身板件以减小其厚度，从而使车身大幅度轻量化。此外，一些新型化学材料，如防锈剂、胶粘剂和密封剂等，对汽车的防腐、防松、防渗漏也具有举足轻重的作用。

二、汽车总体结构

1. 汽车的总体组成

汽车是由成千上万个零件组成的结构复杂的交通运输工具。根据其使用条件、动力装置等不同，汽车的具体构造可以有很大的差别，但总体上由发动机、底盘、车身以及电器与电子设备四大部分组成。典型轿车的总体构造如图1-6所示。

（1）发动机　发动机是汽车的动力装置，它是使输送进来的燃料燃烧而发出动力的部件。在现代汽车上广泛应用的发动机是往复活塞式汽油内燃机和柴油内燃机。发动机一般由曲柄连杆机构、配气机构、燃料供给系统、冷却系统、润滑系统、点火系统（仅用于汽油内燃机）和起动系统组成。

（2）底盘　底盘是接受发动机的动力，使汽车运动并按驾驶人的操纵而正常行驶的部件。它是汽车的基体，发动机、车身、电器与电子设备及各种附属设备都直接或间接安装在底盘上。汽车底盘主要由传动系统、行驶系统、转向系统和制动系统四大部分组成。

1）传动系统是将发动机的动力传给驱动轮的一套装置。传动系统包括离合器、变速器、传动轴、主减速器及差速器和半轴等部分。

2）行驶系统支承整车的质量，并传递和承受路面作用于车轮上的各种力和力矩，缓和冲击，吸收振动，保证汽车在各种条件下正常行驶。如图1-6所示，行驶系统包括支承全车的承载式车身及副车架、前悬架、前轮、后悬架和后轮等部分。

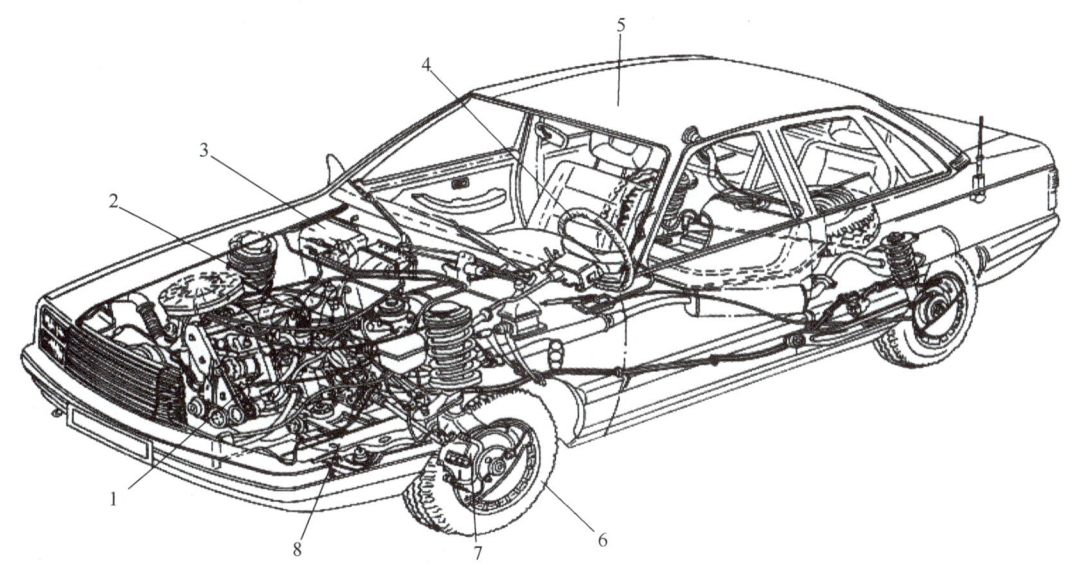

图1-6　典型轿车的总体构造

1—发动机　2—悬架　3—空调装置　4—转向盘　5—车身　6—转向驱动轮　7—制动器　8—变速器

3）转向系统使汽车按驾驶人意愿改变汽车行驶方向。转向系统通常由带转向盘的转向操纵机构、转向器和转向传动机构组成。有的汽车还装有动力转向加力装置、碰撞防护装置、转向减振器等。

4）制动系统使汽车减速甚至停车，并保证汽车可靠地长时间停驻。制动系统包括前轮制动器、后轮制动器以及控制装置、传动装置和供能装置等。

（3）车身　车身既是驾驶人工作的场所，也是装载乘客和货物的总成。它有承载式车身和非承载式车身之分。车身主要包括发动机罩、车身本体及副车架，货车还包括驾驶室和货厢，某些汽车上还包括特种作业设备。

（4）电器与电子设备　电器设备包括电源组（蓄电池、发电机）、发动机起动设备、发动机点火设备、照明和信号装置、空调、仪表、刮水器、音响设备、门窗玻璃电动升降设备等。电子设备包括导航系统、电控燃油喷射及电控点火设备、电控自动变速设备、电子防抱死制动设备（ABS）、电子驱动防滑设备（ASR）、车门锁的遥控及自动防盗报警设备等各种人工智能装置。

2. 汽车的总体布置形式

为满足不同条件的使用要求，汽车的总体布置可以有不同的形式。现代汽车按发动机相对于各总成的位置不同，通常有下面几种布置形式。

（1）发动机前置后轮驱动（FR） 这是传统的布置形式。部分轿车和部分客车、大多数货车采用这种布置形式。

（2）发动机前置前轮驱动（FF） 具有整车质量小、地板高度低、结构紧凑、高速行驶时操纵稳定性好等优点，这是在现代大多数轿车中盛行的布置形式。

（3）发动机后置后轮驱动（RR） 具有空间利用率高、车内噪声小等优点。少数轿车也有采用这种布置形式的，这是在目前中、大型客车中盛行的布置形式。

（4）发动机中置后轮驱动（MR） 将功率和尺寸很大的发动机布置在驾驶人座椅与后轴之间，有利于获得最佳的轴荷分配，提高汽车的性能。少数大、中型客车也采用这种布置形式，把卧式发动机安装在地板下面。这是方程式赛车和大多数跑车采用的布置形式。

（5）全轮驱动（AWD） 通常发动机前置，通过变速器之后的分动器将动力分别输送给全部驱动轮。这是越野汽车常采用的布置形式。目前，部分轿车也采用全轮驱动形式，以提高整车的性能。

三、汽车行驶原理

汽车在道路上以一定的速度行驶、加速、减速，汽车必须具有足够的驱动力，以克服各种行驶阻力，才能得以正常行驶。

1. 驱动力

如图 1-7 所示，发动机发出的转矩 T_e 经变速器、主减速器放大，在驱动轮上获得一个较大的转矩——驱动力矩 M_t，同时转速下降，即

$$M_t = T_e i_g i_0 \eta_t$$

式中，i_g 为变速器传动比；i_0 为主减速器传动比；η_t 为传动效率。M_t 力图使驱动轮转动，从而使轮缘对路面产生一个切向力 F_0，即

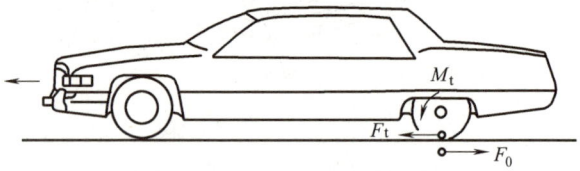

图 1-7 驱动力产生示意图

$$F_0 = M_t / r_d$$

式中，r_d 为驱动轮半径。

F_0 与汽车前进方向相反，作用于车轮与路面的接触面内，由于轮与路面的附着作用，车轮从路面获得一个与 F_0 大小相等、方向相反的反作用力 F_t，即为汽车的驱动力。

$$F_t = F_0 = M_t / r_d = T_e i_g i_0 \eta_t / r_d$$

2. 行驶阻力

（1）滚动阻力 F_f 车轮在地面滚动时，轮胎与地面的摩擦、轮胎的弹性变形、软路面的变形和轴承的摩擦损失等，综合造成滚动阻力，即

$$F_f = G_a f$$

式中，G_a 是汽车的总重力；f 是滚动阻力系数，沥青或混凝土路面一般有 $f = 0.06 \sim 0.1$。

(2) 空气阻力（风阻） F_w 汽车行驶时，空气与车身的摩擦、气流的迎面压力、涡流等造成阻力，即

$$F_w = C_D \rho A v_r^2 / 2$$

式中，C_D 是空气阻力系数；ρ 是空气密度；A 是汽车迎风面积；v_r 是汽车与空气相对速度。

影响空气阻力的主要因素有汽车形状、迎风面积和车速。空气阻力是主要阻力，占整个行驶阻力的 60%。

(3) 坡度阻力 F_i 如图 1-8 所示，当汽车上坡时，重力沿坡道的分力称为坡度阻力，即

$$F_i = G \sin\alpha$$

式中，α 为坡度角。

坡度 $i = h/s = \tan\alpha$，当公路的坡度较小时，$\sin\alpha \approx \tan\alpha$，所以

$$F_i \approx Gi$$

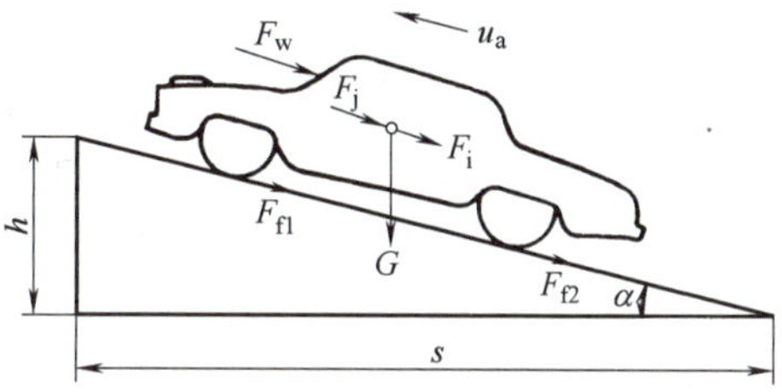

图 1-8 汽车行驶阻力

(4) 加速阻力 F_j

$$F_j = \delta_0 G j / g$$

式中，g 是重力加速度；j 是汽车前进速度；δ_0 是旋转质量转换系数。

3. 汽车行驶满足的条件

根据以上分析，可得出汽车行驶的动力方程为

$$F_t = F_f + F_w + F_i + F_j；$$

当驱动力等于阻力之和时，汽车匀速行驶，当驱动力大于阻力之和时，汽车才能起步或加速行驶；当驱动力小于阻力之和时，汽车无法起步或减速行驶。由此得出汽车行驶的必要条件即驱动条件为

$$F_t \geq F_f + F_w + F_i + F_j$$

4. 汽车行驶的附着条件

增大汽车的驱动力可以通过采用增加发动机转矩、加大传动比等措施。但是，这些措施只有在驱动轮与路面之间不发生滑转时才有效。所以说汽车能否充分发挥其驱动力，还受到车轮与路面之间附着作用的限制。

在平整的干硬路面上，汽车附着性能的好坏取决于轮胎与路面间摩擦力的大小。这个摩擦力阻碍车轮的滑动，使车轮能够正常地向前滚动并承受路面的驱动力。如果驱动力大于轮胎与路面间的最大静摩擦力，车轮与路面之间就会发生滑转。在松软的路面上，除了轮胎与路面间的摩擦阻碍车轮滑转外，嵌入轮胎花纹凹处的软路面凸起部分还起一定的抗滑作用。通常把车轮与路面之间的相互摩擦以及轮胎花纹与路面凸起部的相互作用综合在一起，称为附着作用。由附着作用所决定的阻碍车轮滑转的最大力称为附着力，用 F_φ 表示为

$$F_\varphi = G\varphi$$

式中，G 为车轮所承受垂直于路面的法向力，指汽车总重力分配到驱动轮上的那部分；φ 为附着系数。

由此可知，汽车行驶的充分条件即附着条件为

$$F_t \leq F_\varphi$$

则汽车行驶的充分必要条件为

$$F_\varphi \geq F_t \geq F_f + F_w + F_i + F_j$$

5. 影响附着力的因素

附着力取决于附着系数和驱动轮的附着重力。在冰雪或泥泞路面上，由于附着力很小，汽车的驱动力受附着力的限制而不能克服较大的阻力，导致汽车减速甚至不能前进。即使加大节气门开度，或变速器换入低速档，车轮也只会滑转而驱动力仍不能增大。为了增加车轮在冰雪路面上的附着力，可采用特殊花纹轮胎或在普通轮胎上绕装防滑链，以提高其对冰雪路面的抓地能力。非全轮驱动汽车的附着重力只是分配到驱动轮上的那部分汽车总重力；而全轮驱动汽车的附着重力则是全车的总重力，因而其附着力较前者显著。

任务1.2　了解汽车主要技术参数和型号编制规则

一、汽车主要技术参数

汽车主要技术参数包括汽车的质量参数、汽车的主要尺寸参数和汽车的主要性能参数。

1. 汽车的质量参数

（1）整备质量（kg）　汽车完全装备好的质量。除了整车质量外，还包括燃料、润滑油、冷却液、随车工具、备用车轮及备品等的质量，但不包括人员和货物的质量。

（2）最大总质量（kg）　汽车满载时的总质量。

（3）最大装载质量（kg）　最大总质量和整车整备质量之差。

（4）汽车的轴荷分配　指汽车空载和满载时的整车质量分配到各个车轴上的百分比（对汽车的牵引性、通过性、制动性、操纵性和稳定性等主要性能以及轮胎的寿命，都有很大的影响）。

（5）汽车整备质量利用系数　指载货汽车的装载量与其整备质量之比。它表明单位汽车整备质量所承受的汽车装载质量。

2. 汽车的主要尺寸参数

图 1-9 所示为汽车常用结构参数。

（1）车长 L　垂直于车辆纵向对称平面并分别抵靠在汽车前、后最外端凸出部位的两垂面间的距离。对于载货汽车及越野汽车不大于 12m，牵引汽车带半挂车不大于 16m，汽车拖带挂车不大于 20m，挂车不大于 8m，大客车不大于 12m，铰接式大客车不大于 18m。

（2）车宽 B　平行于车辆纵向对称平面并分别抵靠车辆两侧固定凸出部位（除后视镜、侧面标志灯、方位灯、转向信号灯等）的两平面之间的距离。车宽（不包括后视镜）不大于 2.5m，左、右后视镜等凸出部分的侧向尺寸总共不大于 250mm。

（3）车高 H　车辆支承平面与车辆最高凸出部位相抵靠的水平面之间的距离，应不大于 4m。

（4）轴距 L_1 和 L_2　汽车直线行驶时，同侧相邻两轴的车轮落地中心点到车辆纵向对称平面的两条垂线间的距离。

（5）轮距 A_1 和 A_2　在支承平面上，同轴左右车轮两轨迹中心间的距离（轴两端为双轮时，为左右两条双轨迹中线间的距离）。

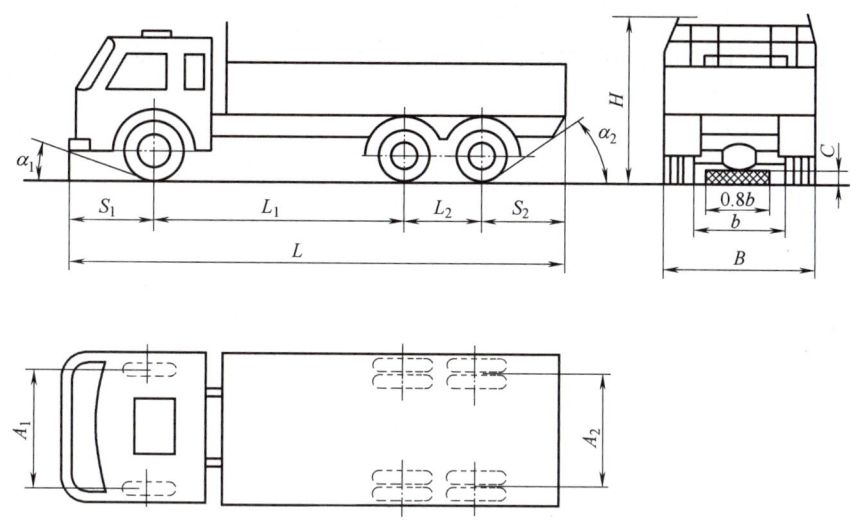

图 1-9 汽车常用结构参数

L—车长 B—车宽 H—车高 L_1、L_2—轴距 A_1、A_2—轮距 S_1—前悬
S_2—后悬 $α_1$—接近角 $α_2$—离去角 C—最小离地间隙

3. 汽车的主要性能参数

汽车的主要性能参数包括通过性、动力性、经济性和制动性、发动机的运转性能指标。

(1) 前悬 S_1 在直线行驶位置时,汽车前端刚性固定件的最前点到通过两前轴线的垂面间的距离。

(2) 后悬 S_2 汽车后端刚性固定件的最后点到通过最后车轮轴线的垂面间的距离。

(3) 最小离地间隙 C 满载时,车辆支承平面与车辆最低点之间的距离。

(4) 接近角 $α_1$ 汽车前端凸出点向前轮引的切线与地面的夹角。

(5) 离去角 $α_2$ 汽车后端凸出点向后轮引的切线与地面的夹角。

(6) 最小转弯半径 当转向盘转到极限位置,汽车以最低稳定车速转向行驶时,外侧转向轮的中心平面在支承平面上滚过的轨迹圆半径。

(7) 最高车速 指在水平良好路面(混凝土或沥青)上和规定载质量条件下汽车所能达到的最高车速(km/h),目前普通轿车最高车速一般为 150~200km/h。

(8) 加速时间 指汽车加速到一定车速所需要的时间。轿车常用 0~100km/h 的换档加速时间来评价,如普通轿车为 10~15s。

(9) 最大爬坡度 指汽车满载在良好路面等速行驶的最大爬坡度,一般要求在 30%(即 16.7°)左右。越野车要求更高,一般在 60%(即 31°)左右。

(10) 平均燃料消耗量(L/100km) 通常以百公里油耗衡量,即汽车在良好的水平硬路面上以一定载荷(轿车半载、货车满载)及最高档等速行驶时的百公里燃料消耗量。

(11) 制动距离 指在良好的试验跑道上在规定的车速下紧急制动(紧急制动时踏板力,对货车要求不大于 700N,对轿车要求不大于 500N)时,由踩制动踏板起到完全停车时的距离。我国通常以 30km/h 和 50km/h 车速下的最小制动距离来评价汽车的制动效能。例如,普通轿车 30km/h 车速下的最小制动距离为 5.5~6.5m,中型货车为 6.5~8.0m。

(12) 发动机可靠性　是指在规定的运转条件下，发动机具有持续工作，不会因故障而影响正常运转的能力。可靠性指标可用在发动机保证期内的不停车故障数、停车故障数、更换主要零件和非主要零件数等，发动机发生首次故障时汽车的行驶里程、平均故障间隔里程或主要零件损坏率来评定。

(13) 发动机耐久性　是指发动机的寿命，即发动机主要磨损件磨损到大修极限时的汽车运行里程数。一般以发动机有效功率下降到原机的 75%、曲轴主轴颈和连杆轴颈或活塞和气缸套磨损超过一定的标准来决定发动机大修。

二、型号编制规则

1. 国产汽车产品型号编制规则

为了表明汽车生产厂家、类型和主要特征参数等，我国制定了汽车产品型号编制规则。该规则规定汽车产品型号由汉语拼音字母和阿拉伯数字组成，即

$$\underset{①}{\Box\Box}\;\underset{②}{\bigcirc}\;\underset{③}{\bigcirc\bigcirc}\;\underset{④}{\bigcirc}\;\underset{⑤}{\Box\Box}$$

① 企业名称代号：用企业名称的两个汉语拼音字母代表（有重复者增加第三个字母）。例如：EQ 代表二汽；BJ 代表北京；ZQ 代表郑汽；ZK 代表郑客。

② 车辆类别代号：1——货车；2——越野汽车；3——自卸汽车；4——牵引汽车；5——专用汽车；6——客车；7——轿车；8——暂缺；9——半挂车及专用半挂车。

③ 主参数代号：以两位数字表示（不足两位者以 0 占位），代表车辆的主要特征。

货车、越野汽车、自卸汽车、牵引汽车、专用汽车、半挂车的主参数代号为车辆总质量(t)，当大于 100t 时允许用三位数字。例如：一汽的 CA141，总质量是 9.31t，规范型号为 CA1091；二汽的 EQ240，总质量是 7.72t，规范型号为 EQ2080。

客车、半挂客车的主参数代号为车身长度（m），当车辆长度小于 10m 时，精确到小数点后一位，并以长度（m）值的十倍数值表示。例如：TJ620B，总长为 4.75m，规范型号为 TJ6481。

轿车的主参数代号为发动机排量（L），精确到小数点后一位，以其值的 10 倍表示。例如：上海 5H760A，排量 2.232L，规范型号为 SH7221。

④ 产品序号：一代产品为 0，二代产品为 1，依此类推。

⑤ 企业自定代号：在同种车型略有改变时使用。代号可使用汉语拼音或数字。例如：汽油-柴油；长-短轴距；单-双排座。又如：ZK6121H，H——后置发动机。

2. 车辆识别代号

现在世界各国汽车公司生产的汽车大部分使用了车辆识别代号 VIN（Vehicle Identification Numbers）。它由一组字母和阿拉伯数字组成，共 17 位，又称为十七位识别代号编码，是国际上通行的标识机动车辆的代码，是制造厂给每一辆车指定的一组字码，可谓一车一码，就如人的身份证一样，具有在世界范围内对某一辆车的唯一识别性。当每一辆新出厂的车被刻上 VIN 后，此代号将伴随着车辆的注册、保险、年检、维修与保养，直至回收或报废而载入每辆车的服役档案。利用 VIN 可方便地查找车辆的制造者、销售者及使用者。

车辆识别代号 VIN 位于易于看到并且能够防止磨损或替换的部位。所选择的部位一般在仪表与前风窗玻璃左下角的交界处、发动机前横梁上、左前门边或立柱上、驾驶人左腿前方

或前排左座椅下方等处。如我国规定9座以下的乘用车和最大总质量不大于3.5t的货车，车辆识别代号应位于仪表板上靠近风窗立柱的位置，以便于观察检查。

我国颁布了国家标准 GB16735—2004《道路车辆 车辆识别代号（VIN）》。此标准为我国汽车生产的强制性标准，在每一辆出厂的汽车上必须标有 VIN。

车辆识别代号 VIN 由三部分组成，如图1-10所示。

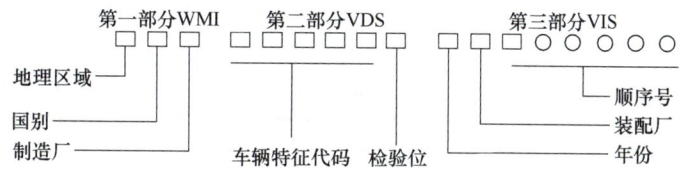

图1-10　车辆识别代号 VIN 的组成

注：□代表字母或数字，○代表数字。

（1）第一部分　世界制造厂识别代码（WMI），它具有世界车辆制造厂的唯一性。WMI 共有3位字码，是由制造厂以外的组织预先指定的，用来代表生产国、厂家、车辆类别。例如，LFV 为中国一汽大众、LFW 为中国第一汽车集团公司、WDB 为德国奔驰、WBA 为德国宝马、KMH 为韩国现代等。其中，第一位字码代表生产国，为国际汽车厂通用。如1为美国、2为加拿大、J为日本、L为中国、Z为意大利等。国际标准化组织授权美国汽车工程师学会（SAE）作为国际代理，负责为世界各国指定地区代码及国别代码，负责 WMI 的保存与核对。我国机械汽车行业管理处获得授权负责中国境内（含港、澳、台地区）的车辆识别代号的统一管理，负责 WMI 代号的分配。

（2）第二部分　车辆特征代码（VDS），它由6位字码组成，如果制造厂所用字码不足6位，应在剩余位置填入制造厂选定的字母或数字，以表现车辆的一般特征。其代码及顺序由制造厂自行决定。

（3）第三部分　车辆指示部分（VIS），是 VIN 的最后部分，由8位字码组成。一般情况下，VIS 部分的第一位字码指示年份，也有一部分汽车制造厂的车辆指示部分的第一位字码并不指示年份，如奔驰（欧款）、宝马（欧款）、菲亚特、雪铁龙、福特在欧洲及亚洲生产的汽车等；第二位字码指示生产厂址；后6位指示生产序号。

例如，日本丰田汽车公司雷克萨斯牌某辆轿车的 VIN 识别代号为 JT8BD10UBY0015678，其含义参见表1-2。

表1-2　凌志轿车 VIN 识别代号的含义

位数	含义	位数	含义
1	生产国别代码 J 为日本	4	车身类型代码 B 为四门乘用车
2	生产厂家代码 T 为丰田汽车公司	5	发动机型号代码 D 为 2JZGE 3.0L V6
3	汽车类别代码 8 为乘用车	6	汽车系列类型代码 1 为 RX300

（续）

位数	含 义	位数	含 义
7	安全防护系统代码 0 为双前部和侧向气囊	10	生产年份代码 Y 为 2000
8	汽车型号代码 U 为 RX300	11	总装工厂代码 0 为日本
9	检验代码 制造厂家内部编码	12～17	出厂顺序代码

考证要点

一、填空题

1. JN1181C13 汽车属于_____，其总质量为_____。
2. 汽车通常由_____、_____、_____、_____等四部分组成。
3. 汽车底盘主要由_____、_____、_____和_____等四部分组成。
4. 汽车匀速行驶时，其阻力由_____、_____等组成。
5. 汽车的滚动阻力与_____、_____和_____以及_____有关。
6. 汽车的空气阻力与_____、_____及_____有关。
7. 汽车的爬坡阻力主要取决于_____和_____。

二、简答题

1. 汽车是由哪几部分组成的？各部分的作用是什么？
2. 汽车的布置形式有哪几种？分别用于哪种汽车？
3. 根据哪些不同的特点来区分高级轿车与中级轿车？
4. 汽车等速行驶时，主要存在哪些阻力？它们是怎样产生的？
5. 什么是驱动力？驱动力是怎样产生的？
6. 什么是附着力？附着作用是指什么？
7. 增大汽车驱动力的途径有哪些？

单元 2　曲柄连杆机构

【任务目标】
1) 了解曲轴飞轮组中飞轮、扭转减振器的工作原理和结构。
2) 熟悉曲柄连杆机构的功用及组成。
3) 掌握活塞连杆组的结构特点及气环密封原理。
4) 掌握四缸发动机、六缸发动机曲拐的布置形式。

【任务描述】
曲柄连杆机构的功用是把燃气作用在活塞顶上的力转变为曲轴的转矩,以向工作机械输出机械能。本单元主要讨论曲柄连杆机构的功用及组成、结构特点,以及四缸发动机、六缸发动机曲拐的布置形式。

任务 2.1　熟悉曲柄连杆机构的组成与工作条件

一、曲柄连杆机构的功用与组成

曲柄连杆机构是发动机实现能量转换的主要机构。它的功用是把燃气作用在活塞顶上的力转变为曲轴的转矩,以向工作机械输出机械能。

曲柄连杆机构主要由气缸体与曲轴箱组、活塞连杆组、曲轴飞轮组组成。气缸体与曲轴箱组主要包括气缸盖、气缸衬垫、气缸体、气缸套、曲轴箱、油底壳等机件。活塞连杆组主要包括活塞、活塞环、活塞销和连杆等机件。曲轴飞轮组主要包括曲轴、飞轮、扭转减振器等机件。

二、曲柄连杆机构的工作条件

1. 工作条件的特点

在发动机燃烧做功时,气缸内最高温度可高达2500K,压力可达 5~9MPa,现代汽车发动机的转速可达 3000~6000r/min,则活塞每秒钟要运动 100~200 个行程,可见其线速度是很大的。此外,与可燃混合气和燃烧废气接触的部件(如气缸、气缸盖、活塞组等)还将受到化学腐蚀的作用。

2. 受力分析

由于曲柄连杆机构在高压下做变速运动，因此它在工作中的受力情况很复杂。曲柄连杆机构工作条件的特点是高温、高压、高速和化学腐蚀。曲柄连杆机构的受力有气体作用力、运动件的惯性力、相对运动件接触表面的摩擦力以及外界阻力等，一般在进行受力分析时忽略摩擦力，主要讨论气体作用力和惯性力。

（1）气体作用力　在发动机的每个工作循环中，气体作用力始终存在并不断变化。由于进气、排气两个行程中气体作用力较小，对机件影响不大，故这里主要研究做功和压缩行程中的气体作用力。

在做功行程中，气体压力是推动活塞向下运动的力，这时，燃烧气体产生的高压直接作用在活塞顶部。如图 2-1 所示，假设活塞所受总压力为 F_p，它传到活塞销上可分解为 F_{p1} 和 F_{p2}。分力 F_{p1} 通过活塞销传给连杆，并沿连杆方向作用在曲柄销上。F_{p1} 还可分解为两个分力 F_R 和 F_S。沿曲柄方向的分力 F_R 使曲轴主轴颈与主轴承间产生压紧力；与曲柄垂直的分力 F_S 除了使主轴颈和主轴承之间产生压紧力外，还形成转矩 T，推动曲轴旋转。F_{p2} 把活塞压向气缸壁，形成活塞与缸壁间的侧压力，有使机体翻倒的趋势，故机体下部的两侧应支撑在车架上。

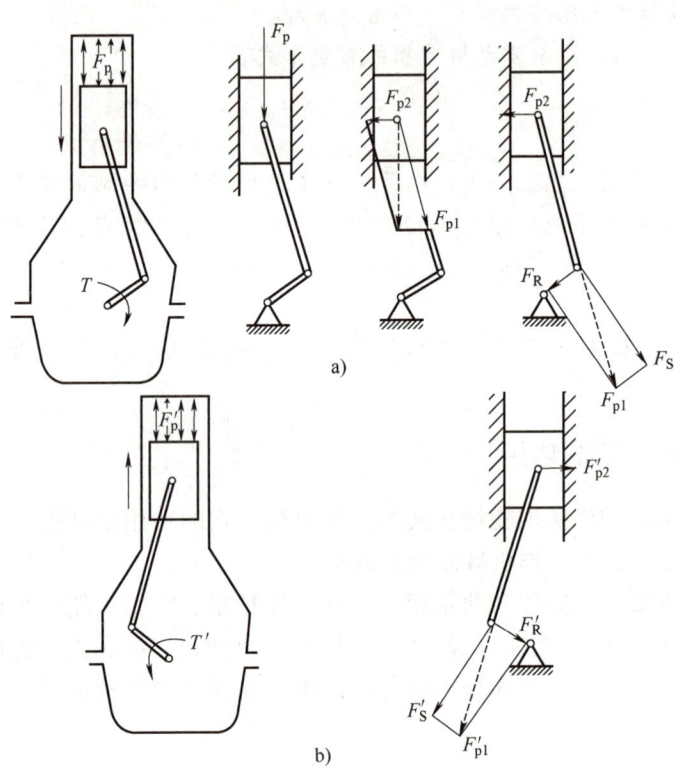

图 2-1　气体压力的作用情况
a) 做功行程　b) 压缩行程

（2）往复惯性力　做往复运动的物体，当运动速度变化时，要产生往复惯性力。物体绕某一中心做旋转运动时，就会产生离心力。这两种力在曲柄连杆机构的运动中都是存在的，如图 2-2 所示。

往复惯性力是指活塞组件和连杆小头在气缸中做往复直线运动所产生的惯性力，其大小与机件的质量及加速度成正比,其方向总与加速度的方向相反。活塞在气缸内的运动速度很高,而且数值在不断变化。当活塞从上止点向下止点运动时,其速度变化规律是:从零开始,速度逐渐增大,临近中间达到最大值,然后又逐渐减小至零。也就是说,当活塞向下运动时,前半行程是加速运动,惯性力向上,以 F_j 表示,如图 2-2a 所示;后半行程是减速运动,惯性力向下,以 F_j' 表示,如图 2-2b 所示。同理,当活塞向上运动时,前半行程惯性力向下,后半行程惯性力向上。

活塞、活塞销和连杆小头的质量越大,曲轴转速越快,则往复惯性力也就越大。它使曲柄连杆机构的各零件和所有轴颈承受周期性的附加载荷,加快轴承的磨损;未被平衡的变化着的惯性力传到气缸体后,还会引起发动机的振动。

(3)离心力 离心力是指偏离曲轴轴线的曲柄、曲柄销和连杆大头绕曲轴轴线做圆周运动产生的旋转惯性力,用 F_e 表示,其方向沿曲柄半径向外,如图 2-2 所示。离心力与曲柄半径、曲轴转速、旋转部分质量有关。曲柄半径长、曲轴转速高、旋转部分质量大,则离心力大。离心力 F_e 在垂直方向的分力 F_{ey} 与往复惯性力 F_j 的方向总是一致的,因而加剧了发动机的上、下振动;而其在水平方向的分力 F_{ex},则使发动机产生水平方向的振动。离心力使连杆大头的轴瓦和曲柄销、曲轴主轴颈及其轴承受到又一附加载荷,增加它们的变形和磨损。

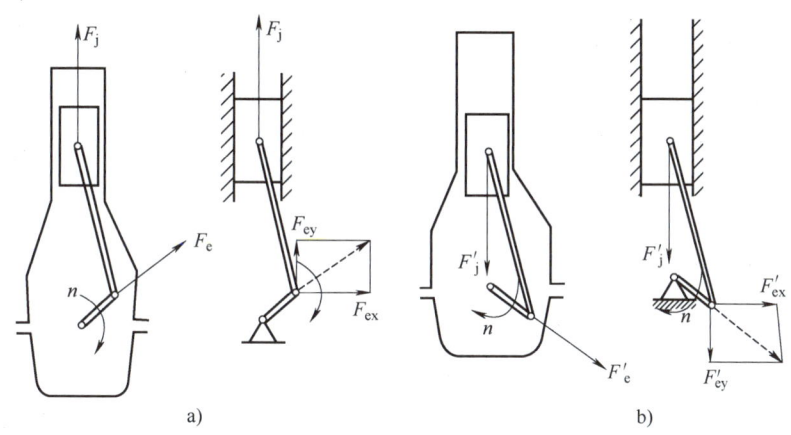

图 2-2 往复惯性力和离心力作用情况示意图
a)活塞在上半行程时的惯性力 b)活塞在下半行程时的惯性力

(4)摩擦力 在任何一对互相压紧并做相对运动的零件表面之间,都存在摩擦力,其大小与对摩擦面形成的正压力和摩擦系数成正比,其方向与相对运动的方向相反。摩擦力是造成零件配合表面磨损的根源。

上述各种力,作用在曲柄连杆机构和机体的各有关零件上,使它们受到压缩、拉伸、弯曲和扭转等不同形式的载荷。为了保证它们工作可靠,减少磨损,在结构上必须采取相应的结构措施。

任务 2.2 掌握机体组的组成

机体组是发动机的骨架,是曲柄连杆机构、配气机构和发动机各系统主要零件的装配基体。它主要由气缸盖、气缸盖衬垫、气缸体以及油底壳等组成。因此，机体组把发动机的各种机构和系统连成为一个整体，保持了它们之间必要的相互关系。

一、气缸体

水冷式发动机的气缸体和曲轴箱常铸成一体，称为缸体。气缸体上半部有若干个为活塞在其中运动导向的圆柱形空腔，称为气缸，图2-3所示为上海桑塔纳轿车发动机的气缸体。气缸体下半部为支承曲轴的曲轴箱，其内腔为曲轴运动的空间。作为发动机各个机构和系统的装配基体，气缸体还要承受高温高压气体作用力。活塞在其中做高速往复运动，因而要求气缸体还应具有足够的刚度和强度。气缸内壁经过精加工，其工作表面的表面质量、形状和尺寸精度都比较高。

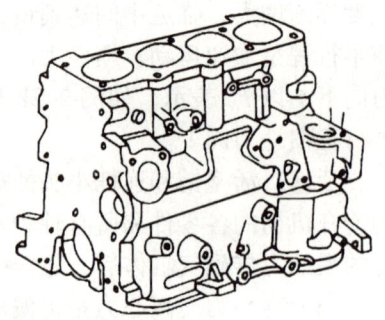

图2-3 上海桑塔纳轿车发动机气缸体

根据气缸体的具体结构形式，可将气缸体分为一般式气缸体、龙门式气缸体和隧道式气缸体三种类型，如图2-4所示。发动机曲轴轴线与气缸体下表面在同一平面上的为一般式气缸体（见图2-4a）。这种气缸体的特点是便于机械加工，但刚度较差，曲轴前后端的密封性较差，多用于中小型发动机，富康ZX轿车TU3.2K发动机的气缸体即属于这种结构。有的发动机将气缸体下表面移至曲轴轴线以下（见图2-4b），称为龙门式气缸体。这种气缸体的刚度和强度较好，但工艺性较差，桑塔纳、捷达、奥迪用的发动机以及解放CA1091型汽车用的CA6102型发动机的气缸体属于这种结构。黄河JN1181C13型汽车6135Q型发动机，为了安装用滚动主轴承支承的组合式曲轴，采用了图2-4c所示的隧道式气缸体。其结构刚度比龙门式的更高，主轴承的同轴度易保证，但拆装比较麻烦。

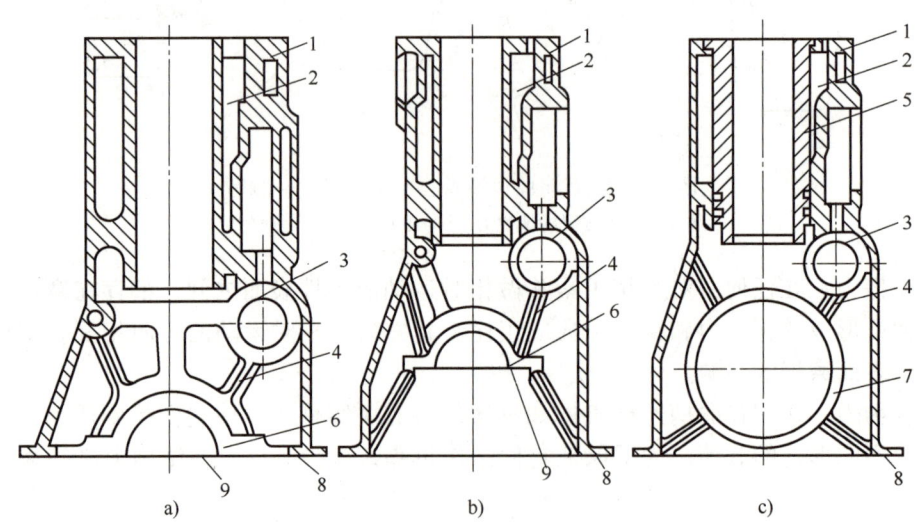

图2-4 气缸体的结构形式
a) 一般式 b) 龙门式 c) 隧道式
1—气缸体 2—水套 3—凸轮轴座孔 4—加强肋 5—湿式气缸套
6—主轴承座 7—主轴承座孔 8—安装油底壳的加工面 9—安装主轴承盖的加工面

为保证发动机能在高温下正常工作,应对气缸体和气缸盖进行冷却。按冷却介质的不同,可将冷却方式分为水冷与风冷两种。汽车发动机多采用水冷的方式,利用水套中的冷却液流过高温零件的周围而带走多余的热量(见图2-5a)。风冷发动机一般将气缸体与曲轴箱分开铸造,为增强散热效果,在气缸体与气缸盖的外表面铸有散热片(见图2-5b)。

对于多缸发动机,气缸的排列形式决定了发动机的外形和结构,对发动机气缸体的刚度和强度也有影响,并关系到汽车的总体布置情况。汽车发动机气缸排列基本上有单列式、双列式、对置式三种形式。

1)单列式(直列式)发动机的各个气缸排成一列,一般是垂直布置的(见图2-6a)。但是为了降低发动机的高度,有时也把气缸布置成倾斜的甚至水平的。这种排列形式,其气缸体结构简单,加工容易,但长度和高度较大。一般六缸以下发动机多用单列式,如桑塔纳、捷达、富康、奥迪100型和解放CA1091型等汽车的发动机。

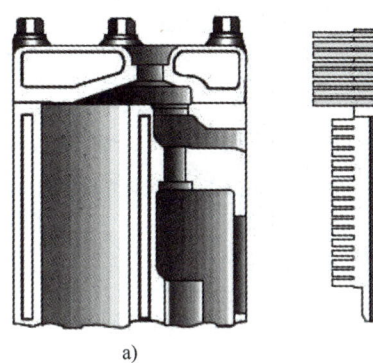
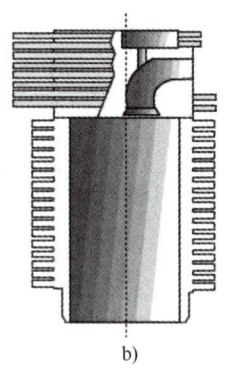

图2-5 气缸体和气缸盖
a) 水冷发动机的气缸体与气缸盖
b) 风冷发动机的气缸体与气缸盖

2)双列式发动机左右两列气缸中心线的夹角 γ 小于180°,称为V型发动机(见图2-6b)。它的特点是缩短了发动机的长度,降低了发动机高度,增加了气缸体的刚度,质量也有所减轻,但加大了发动机宽度,且形状复杂,加工困难,一般多用于缸数多的大功率发动机上。现在八缸以上的发动机多采用V型布置,如红旗8V100型发动机($\gamma=90°$)。但部分六缸大排量高功率高级轿车上也采用V型布置,如奥迪2.6L发动机($\gamma=90°$)。

3)$\gamma=180°$则称为对置式发动机(见图2-6c)。对置式发动机的高度比其他形式的小得多,在某些情况下,使得汽车(特别是轿车和大型客车)的总布置更为方便。这种布置的发动机在轿车中应用不多。

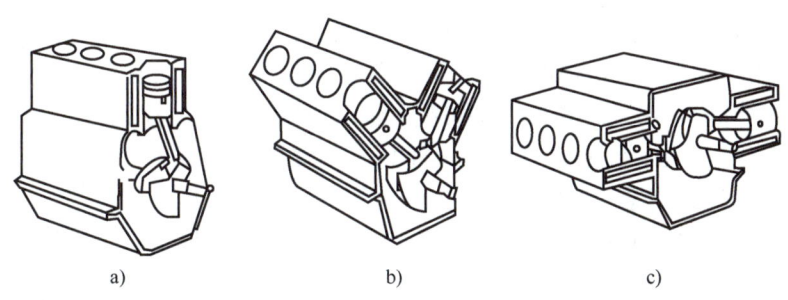

图2-6 气缸排列形式
a) 直列式 b) V型 c) 对置式

气缸体的材料一般采用优质灰铸铁、球墨铸铁。为提高耐磨性,有时在铸件中加入少量合金元素,有些气缸进行了表面处理,如表面淬火、镀铬、磷化等,有的则从材料、加工精度和结构等方面来考虑。在有些负荷比较小,缸径又不大的汽油机中,在气缸体上直接加工出气缸内壁。铝合金缸体耐磨性不好，必须在气缸体内镶入气缸套，形成气缸工作表面。

气缸套有干式和湿式两种，如图2-7所示。

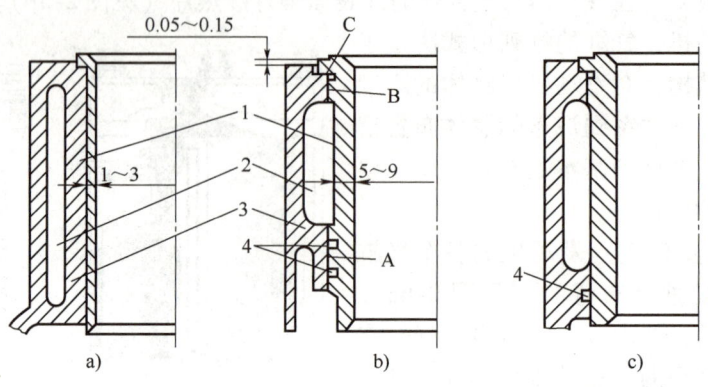

图 2-7 气缸套
a) 干式 b)、c) 湿式
1—气缸套 2—水套 3—气缸体 4—橡胶密封圈 A—下支承密封带 B—上支承定位带 C—缸套凸缘平面

1) 干式气缸套（见图 2-7a）不直接与冷却液接触，壁厚一般为 1~3mm。干式气缸套的外圆表面和气缸套座孔内表面均须精加工，以保证必要的几何精度和便于拆装。干式气缸套的优点是气缸体刚度大，气缸中心距小；缺点是传热性较差，温度分布不均匀，容易发生局部变形，同时加工面多，加工精度要求高，拆装要求也较高。

2) 湿式气缸套（见图 2-7b）则与冷却液直接接触，壁厚一般为 5~9mm。湿式气缸套的外表面有两个保证径向定位的凸出的圆环带 A 和 B，分别称为上支承定位带和下支承密封带。湿式气缸套的轴向定位利用上端的凸缘 C 实现。为了密封气体和冷却液，有的湿式气缸套凸缘 C 下面还有纯铜垫片。

湿式气缸套的上支承定位带直径略大，与气缸套座孔配合较紧密。下支承密封带与座孔配合较松，通常装有 1~3 道橡胶密封圈来实现密封。常见的密封形式有两种：一种形式是将密封环槽开在气缸套上，将具有一定弹性的橡胶密封圈 4 装入环槽内，如图 2-7b 所示；另一种形式是将安置密封圈的环槽开在气缸体上，这种结构的工艺性较差，故应用较少，如图 2-7c 所示。

湿式气缸套装入座孔后，通常气缸套顶面高出气缸体上平面 0.05~0.15mm。这样，当紧固气缸盖螺栓时，可将气缸盖衬垫压得更紧，以保证气缸的密封性，防止冷却液和气缸内的高压气体窜漏。

湿式气缸套的优点是在气缸体上没有密闭的水套，因而铸造方便，容易拆卸和更换，冷却效果也较好；其缺点是气缸体的刚度差，易漏气、漏水。湿式气缸套广泛应用于汽车柴油机上。

在某些负荷比较小、缸径又不大的柴油机中，为使结构紧凑，可以不另外安装气缸套，而是直接在气缸体上加工出气缸壁（见图2-8）。

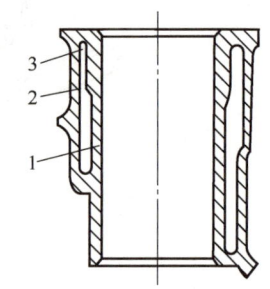

图 2-8 气缸体
1—气缸壁 2—气缸体 3—水套

二、气缸盖与气缸盖衬垫

1. 气缸盖

气缸盖的主要功用是密封气缸上部,并与活塞顶部和气缸一起形成燃烧室。同时,气缸盖也为其他零部件提供安装位置。气缸盖的燃烧室一侧直接受到高温、高压燃气的作用。在承受热负荷时,由于气缸盖形状复杂,冷却不均匀,各部分温差较大,特别是在进、排气门座孔之间,以及进、排气门座孔与汽油机的火花塞之间(或进、排气门座孔与柴油机的喷油器之间)的所谓"鼻梁区",热应力很高,是容易出现裂纹的部位;而气缸盖在机械负荷和热负荷作用下产生的变形会导致进、排气门密封和气缸盖密封(气封、水封、油封)被破坏,影响发动机的动力性、燃油经济性和工作可靠性。因此,气缸盖应具有足够的强度和刚度,同时通过良好的冷却,使温度分布尽可能均匀。

气缸盖内部有与气缸体相通的冷却水套,有进、排气门座孔及气门导管孔和进、排气通道,有燃烧室、火花塞座孔(汽油机)或喷油器座孔,上置凸轮轴式发动机的气缸盖上还有用以安装凸轮轴的轴承座孔,润滑油道及其进、出口,气缸盖螺栓孔,如图2-9所示。

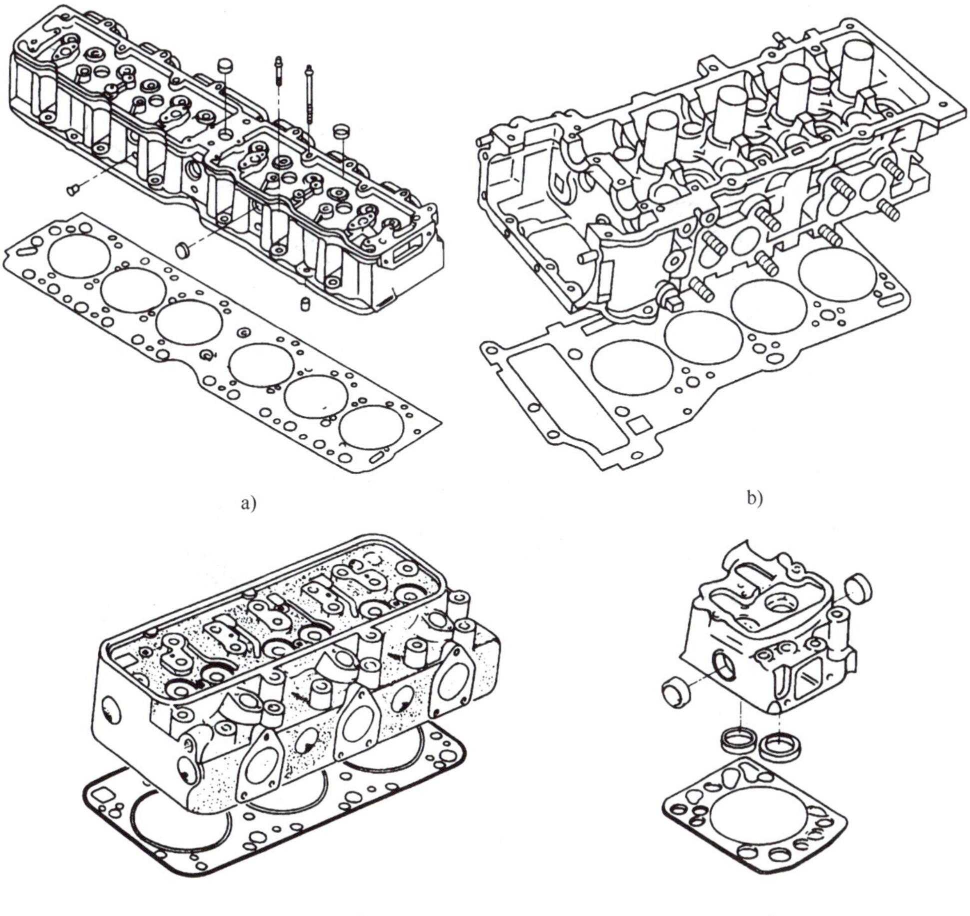

图2-9 几种形式的气缸盖

a)、b) 整体式气缸盖 c) 块状气缸盖 d) 单体式气缸盖

在多缸发动机中，只覆盖一个气缸的气缸盖称为单体式气缸盖（见图2-9d），能覆盖部分（两个以上）气缸的称为块状气缸盖（见图2-9c），能覆盖全部气缸的气缸盖则称为整体式气缸盖（见图2-9a、b）。采用整体式气缸盖可以缩短气缸中心距和发动机的总长度，其缺点是刚性较差，在受热和受力后容易变形而影响密封；损坏时必须整个更换。整体式气缸盖多用于缸径小于105mm的汽油发动机。缸径较大的发动机常采用单体式气缸盖或块状气缸盖。由于气缸盖形状复杂，一般都采用灰铸铁或合金铸铁铸成，如CA6102型发动机采用铜铝低合金铸铁铸造的整体式气缸盖。目前，铝合金铸造的缸盖有取代铸铁缸盖的趋势，如桑塔纳、捷达、富康等轿车发动机均采用整体式铝合金气缸盖，因为铝的导热性比铸铁好，有利于提高压缩比，以适应高速高负荷下强化汽油机散热及提高压缩比的需要。铝合金气缸盖的缺点是刚度低，使用中容易变形。

2. 燃烧室

汽油机的燃烧室由活塞顶部及缸盖上相应的凹部空间组成。燃烧室形状对发动机的工作影响很大，所以对燃烧室有两点基本要求：一是结构尽可能紧凑，表面积要小，以减少热量损失及缩短火焰行程；其次是使混合气在压缩终了时具有一定的气流运动，以提高混合气燃烧速度，保证混合气得到及时和充分的燃烧。

汽油机常用燃烧室形状有以下几种，如图2-10所示。

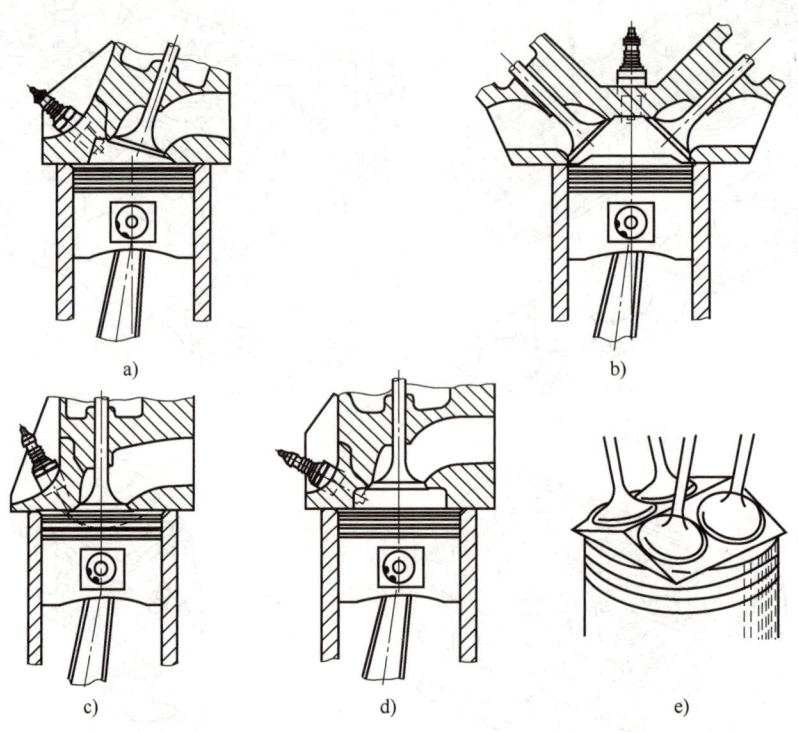

图2-10 汽油机的燃烧室形状
a）楔形 b）半球形 c）碗形 d）盆形 e）篷形

1）楔形燃烧室（见图2-10a）结构较简单、紧凑，在压缩终了时能形成挤气涡流，因而燃烧速度较快，燃油经济性和动力性较好。解放CA6102型发动机采用的就是楔形燃烧室。

2）盆形燃烧室（见图2-10d）结构也较简单、紧凑。红旗CA7560型轿车发动机、解放

CA1091型载货汽车发动机及北京BJ492QGZ型汽油发动机均采用这种结构的燃烧室。

3）半球形燃烧室（见图2-10b）结构较前两种更紧凑，但因进、排气门分别置于气缸盖两侧，故使配气机构比较复杂。但其散热面积小，有利于促进燃料的完全燃烧和减少排气中的有害气体，对排气净化有利。富康轿车发动机就采用了这种燃烧室。

4）碗形燃烧室（见图2-10c）。碗形燃烧室是布置在活塞中的一个回转体，采用平底气缸盖，工艺性好，但燃烧室在活塞顶内使活塞的高度与质量增加，同时活塞的散热性也较差。

5）篷形燃烧室（见图2-10e）。其性能与半球形燃烧室相似，组织缸内气流进行挤气运动要比半球形燃烧室容易。

3. 气缸盖衬垫

气缸盖与气缸体之间置有气缸盖衬垫（简称缸垫）。其功用是填补气缸体与气缸盖接合面上的微观孔隙，保证接合面处有良好的密封性，进而保证燃烧室的密封，防止气缸漏气和水套漏水。

随着内燃机的不断强化，热负荷和机械负荷均不断地增加，缸垫的密封性越来越重要。对其结构和材料的要求是：在高温高压和高腐蚀的燃气作用条件下具有足够的强度、耐热；在高温、高压燃气下或有压力的机油和冷却液的作用下不烧损或变质；具有一定弹性，能补偿接合面的不平度，以保证密封；拆装方便，能重复使用，使用寿命长。

目前应用较多的有以下几种缸垫：一种是金属—石棉缸垫，石棉中间夹有金属丝或金属屑，且外覆铜皮或钢皮，如图2-11a、b所示。冷却液孔和燃烧室周围另用镶边增强，以防被高温燃气烧坏。这种缸垫压紧厚度为1.2～2mm，有很好的弹性和耐热性，能重复使用，但强度较差，厚度和质量也不均匀。另一种缸垫采用实心金属片制成，如图2-11d所示。这种缸垫多用在强化发动机上，轿车和赛车较多采用这种缸垫。这种缸垫由单块光整的冷轧低碳钢板制成，很多强化的汽车发动机采用实心的金属片作为缸垫，例如，红旗轿车发动机即采用图2-11e所示的钢板缸垫。这种缸垫在需要密封的气缸孔和冷却液孔、机油孔周围冲压出一定高度的凸纹，利用凸纹的弹性变形实现密封。

有的发动机采用中心以编织的钢丝网（见图2-11c）或轧孔钢板（冲有带毛刺小孔的钢板，见图2-11d）为骨架，两面用石棉及橡胶黏结剂压成的缸垫。近年来，我国正在试验采用膨胀石墨作为缸垫的材料。

有的发动机采用了较先进的加强型无石棉缸垫（图2-11f），在气缸口密封部位采用五层薄钢板，并设计成正圆形，没有石棉夹层，从而消除了气囊的产生，在机油孔和冷却液孔处均包有钢护圈以提高密封性。CA6102Q型发动机就采用了这种缸垫。安装缸垫时，应注意安装方向，一般情况是缸垫卷边的一面朝向气缸盖，光滑面朝向气缸体安装。也可根据标记或文字要求进行安装，如衬垫上的文字标记"TOP"表示朝上，"FRONT"表示朝前。

气缸盖用螺栓或螺柱紧固在气缸体上。为了保证缸垫均匀平整地夹在气缸体和气缸盖之间，避免气缸盖翘曲变形造成漏气，拧紧螺栓时，必须按由中央对称地向四周扩展的顺序分几次进行，最后一次要用力矩扳手按工厂规定的拧紧力矩拧紧，以免损坏缸垫而发生漏水现象。如果气缸盖由铝合金制成，则最后必须在发动机冷态下拧紧，这样热起来时会增加密封的可靠性，因为铝气缸盖的膨胀系数比钢制螺栓大，而铸铁气缸盖则可以在发动机热态时拧紧。

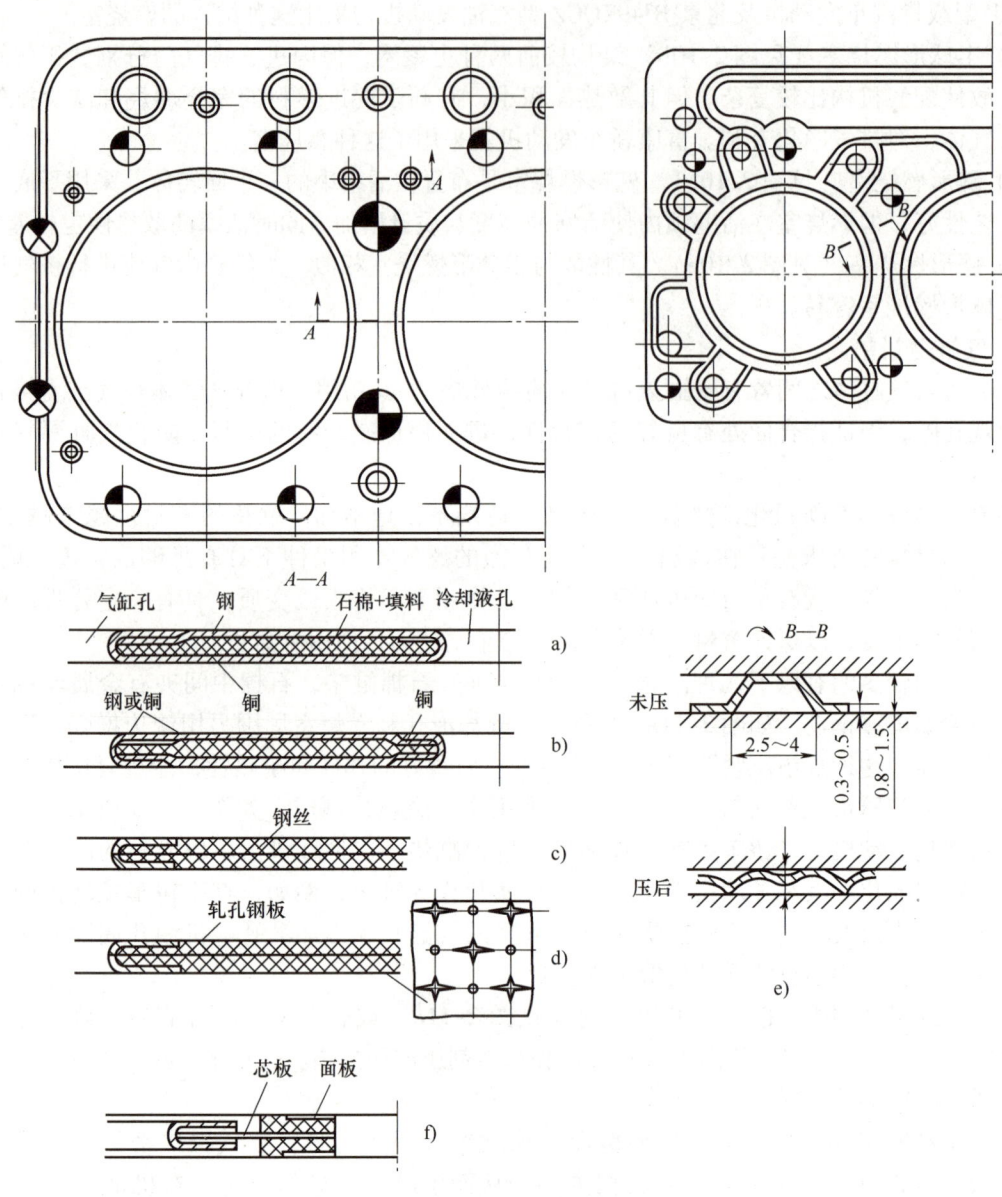

图 2-11 缸垫的构造
a)、b)、c)、d) 金属—石棉板　e) 冲压钢板　f) 无石棉缸垫

4. 气缸盖罩

在气缸盖上部有起到封闭和密封作用的气缸盖罩，如图 2-12 所示。气缸盖罩的结构比较简单，一般用薄钢板冲压而成，上设有加注机油用的加油孔。气缸盖罩与气缸盖之间设有密封垫。

三、油底壳

油底壳的作用是贮存机油并封闭曲轴箱。它一般由薄钢板冲压而成，如图 2-13 所示。也有的发动机为达到良好的散热效果，而采用带有散热片的铝合金铸造油底壳。

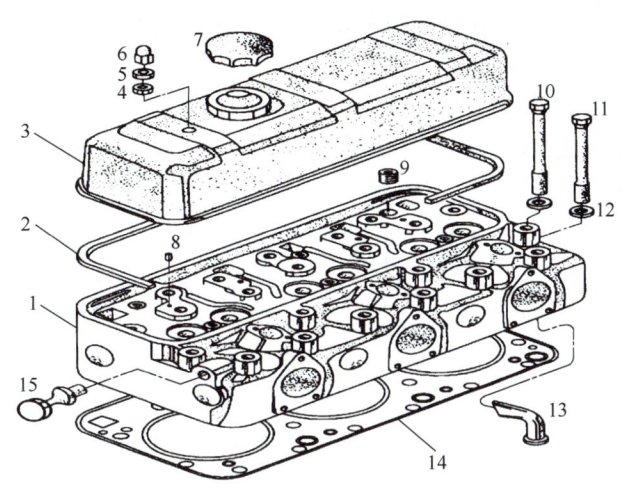

图 2-12　6120Q-1 型柴油机气缸盖

1—气缸盖　2—气缸盖罩垫片　3—气缸盖罩　4—垫圈　5—垫圈盘　6—盖型螺母
7—加油孔盖　8—定位销　9—方孔锥型螺塞　10、11—气缸盖螺栓　12—垫圈　13—喷水管　14—缸垫　15—起重螺栓

为保证发动机纵向倾斜时机油泵仍能吸到机油,油底壳中部或后部做得较深。有时在油底壳中还设有挡油板,以减轻油面波动。油底壳底部装有磁性放油螺栓,以吸附润滑油中的金属屑,减少发动机的磨损。

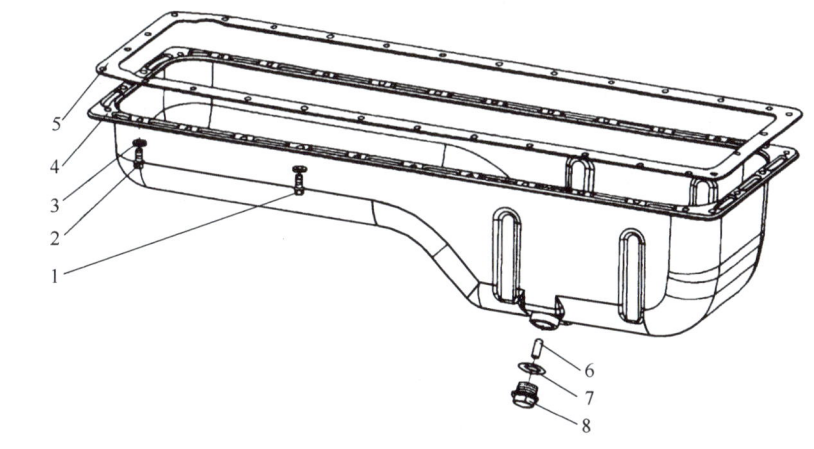

图 2-13　油底壳

1、2—螺栓　3—垫圈　4—油底壳　5—密封垫　6—放油螺塞磁铁　7—组合密封垫圈　8—螺塞

四、发动机的支承

发动机一般通过气缸体和飞轮壳或变速器壳上的支承件支承在车架上。发动机的支承方法一般有二点支承、三点支承和四点支承三种。三点支承可布置成前二后一或前一后二,四点支承前后各有两个支承点,如图 2-14 所示。

为消除或减小发动机传给底盘的振动及汽车在行驶过程中车架的扭转变形对发动机的影响,发动机被弹性支承在车架上。有时为防止在汽车制动或加速时由于弹性元件的变形而产生的发动机的纵向位移，采用带有纵向拉杆的发动机支承（见图2-15），发动机通过橡胶垫块和车架相连。

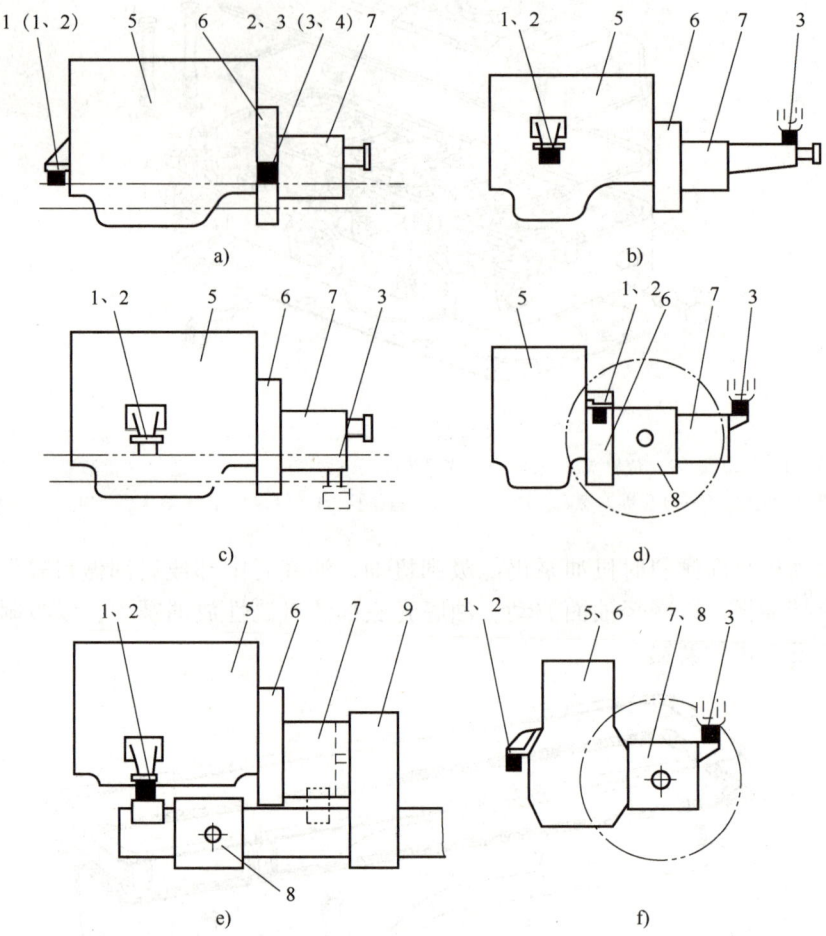

图2-14　发动机支承示意图
a) 三点和四点支承　b)、c)、d)、f) 三点支承　e) 二点支承
1、2、3、4—支承　5—发动机　6—离合器壳　7—变速器　8—主减速器　9—分动器

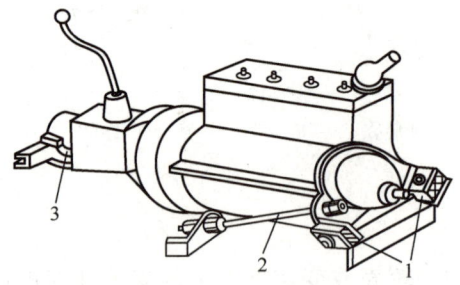

图2-15　带有拉杆的发动机支承
1—前支承　2—纵向拉杆　3—后支承

任务2.3 掌握活塞连杆组的组成

如图2-16所示,活塞连杆组由活塞5,气环1、2和油环3,活塞销6,连杆10等部件组成。

一、活塞

活塞的功用是其顶部与气缸盖、气缸壁共同组成燃烧室,承受气体压力,并将此力通过活塞销传给连杆,以推动曲轴旋转。

活塞的工作条件非常恶劣。工作时,活塞顶部直接与高温燃气接触。因此,活塞的温度也很高,其顶部的温度通常高达600~700K。高温一方面使活塞材料的机械强度显著下降,另一方面会使活塞的热膨胀量增大,容易破坏活塞与其相关零件的配合。

活塞顶部在做功行程时,承受着燃气带有冲击性的高压力。对于汽油机活塞,瞬时压力最大值可达3~5MPa。对于柴油机活塞,其最大值可达6~9MPa,采用增压时则更高。高压还将导致活塞的侧压力更大,从而加速活塞外表面的磨损,增加活塞变形量。

活塞在气缸中做变速运动,其平均速度可高达10~14m/s。这样的高速会产生很大的惯性力,它将使曲柄连杆机构的各零件和轴承承受附加的载荷。

活塞承受的气体压力和惯性力是周期性变化的,因此活塞的不同部分会受到交变的拉伸、压缩和弯曲载荷;并且由于活塞各部分的温度极不均匀,活塞内部将产生一定的热应力。

从活塞的工作条件可看出,为保证发动机的良好运行特性,要求活塞具有如下特性。

1)足够的强度和刚度,特别是活塞环槽区域要求有较大的强度,以免活塞环被击碎。

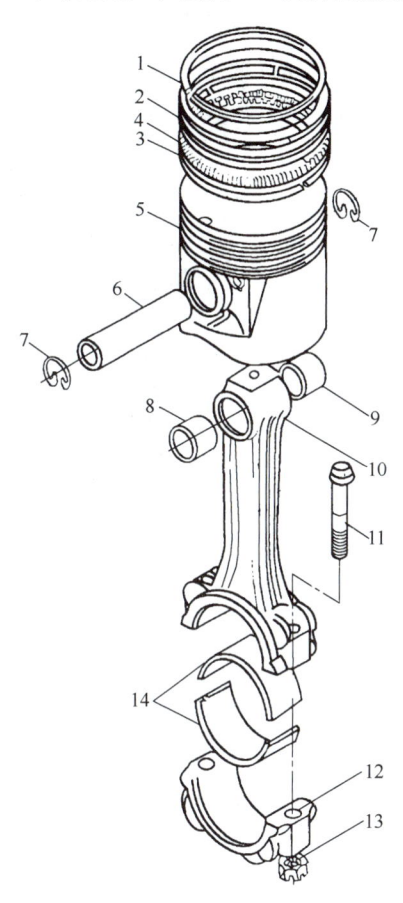

图2-16 活塞连杆组
1、2—气环 3—油环 4—油环衬簧
5—活塞 6—活塞销 7—活塞销卡环
8、9—连环衬套 10—连杆 11—连杆螺栓
12—连杆 13—紧固螺母 14—连杆轴瓦

2)较小的质量,以保持较小的惯性力。
3)耐热的活塞顶及弹性的活塞裙。
4)良好的导热性和极小的热膨胀性,以便有较小的安装间隙。
5)活塞与气缸壁间有较小的摩擦因数。

汽车发动机广泛采用的活塞材料是铝合金,如桑塔纳发动机的活塞是由Si-Cu·Mg过共晶铝合金铸造的,富康轿车的活塞材料为共晶硅铝合金。铝合金活塞具有质量小(约为同样结构的铸铁活塞的50%~70%),导热性好(导热系数约为铸铁的3倍)的优点。铝合金活塞的缺点是热膨胀系数较大,在温度升高时,强度和硬度下降较快。一般要在结构设计,机械加工或热处理上采取措施加以弥补。车用柴油机因其活塞需要承受高热、高机械负荷,故也有采用合金铸铁和耐热钢作为活塞材料的。

活塞的基本构造可分为顶部、头部和裙部三部分,如图 2-17 所示。

1)活塞顶是燃烧室的组成部分,因而常制成不同的形状。汽油机活塞顶多采用平顶(见图 2-18a),以使燃烧室结构紧凑,散热面积小,制造工艺简单。有些汽油机为了改善混合气形成和燃烧而采用凹顶活塞(见图 2-18b),凹坑的大小还可以用来调节发动机的压缩比。二冲程汽油发动机通常采用凸顶活塞(见图 2-18c)。柴油机的活塞顶部为了与柴油机混合气的形成或与燃烧要求相适应,常设有各种各样的凹坑。活塞顶部应力求光洁。

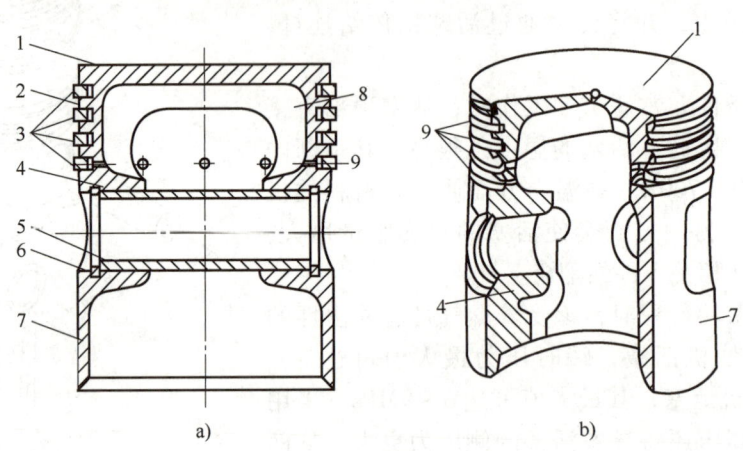

图 2-17　活塞结构剖视图

a) 全剖　b) 部分剖

1—活塞顶　2—活塞头　3—活塞环　4—活塞销座　5—活塞销　6—活塞销卡环　7—活塞裙　8—加强肋　9—环槽

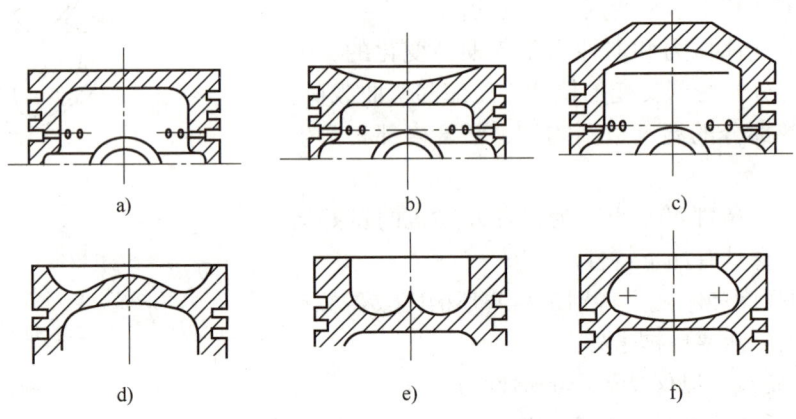

图 2-18　活塞顶部形状

a) 平顶　b) 凹顶　c) 凸顶　d)、e)、f) 凹坑

2)活塞头部指的是由活塞顶至最下面一道活塞环槽之间的部分。其主要作用为:承受气体压力,并将力通过活塞销座、销传给连杆;同时与活塞环一起实现气缸的密封;将活塞顶所吸收的热量通过活塞环传导到气缸壁上。活塞头切有若干环槽,用以安装活塞环。上面的 2～3 道槽用来安装气环,下面的一道用来安装油环。油环槽的底部钻有若干个小孔,以使油环从气缸壁上刮下的多余润滑油经此流回油底壳。

活塞头部相对活塞其他部分做得较厚,以便于热量从活塞顶经活塞环传到气缸的冷却壁面上,从而防止活塞顶部的温度过高。活塞头部切有若干道用以安装活塞环的环槽。有的发动机活塞在第一道环槽上面车出较环槽窄的隔热槽,其作用是隔断从活塞顶部流下来的部分热流通路,迫使热流方向转折,把原来应由第一道活塞环散走的热量,分散给第二、第三道环,以消除第一道环过热后产生积炭和卡死在环槽中的可能性(见图2-19b)。

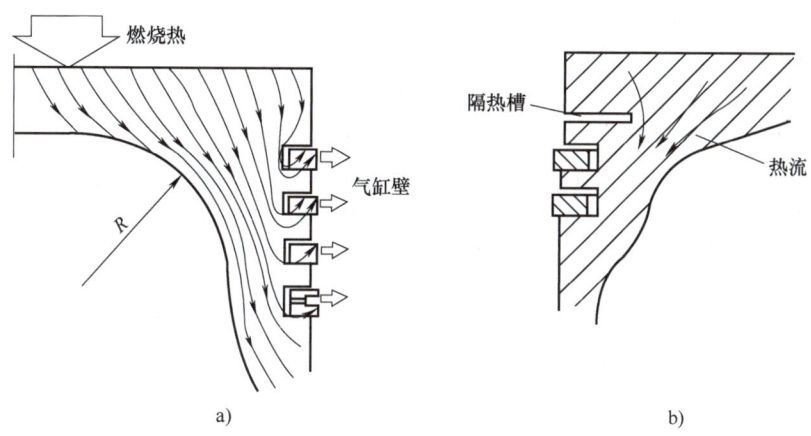

图2-19 减轻第一道气环热负荷的隔热槽原理
a) 由活塞顶到气缸壁的热流 b) 活塞隔热槽

轿车用汽油机由于转速较高,大都采用两道气环和一道油环的结构,并向一道气环和一道油环方向探索。轿车用柴油机活塞由于转速不断提高,其配置方案也从三道气环一道油环发展到两道气环一道油环。

3)活塞裙部是指自油环槽下端面起至活塞底面的部分。其作用是为活塞在气缸内作往复运动导向和承受侧压力。

活塞在工作时会产生机械变形和热变形。所谓机械变形是指活塞在燃烧气体压力p和侧压力F_N的作用下,其裙部直径在活塞销轴线方向上增大;而热变形是指活塞销座处金属堆积,并在受热后膨胀致使裙部直径在活塞销轴线方向增加。这两种变形的最后结果就是活塞工作时产生机械变形和热变形,使活塞裙部横断面变成长轴在活塞销轴线方向上的椭圆,如图2-20b所示。

为了使活塞在正常温度下与气缸壁间保持有比较均匀的间隙,以免在气缸内卡死或引起局部磨损,必须预先在冷态下把活塞加工成其裙部断面为长轴垂直于活塞销方向的椭圆形,如图2-20c所示。为了减少销座附近的热变形量,有的活塞将销座附近的裙部外表面制成下陷0.5~1.0mm。

由于活塞沿轴线方向温度分布和质量分布都不均匀,因此各个断面的热膨胀量是上大下小。铝合金活塞的这种差异尤其显著。为了使铝合金活塞在工作状态(热态)下接近一个圆柱形,把活塞裙部形状做成变椭圆筒形,即在裙部的不同部位其椭圆度不同,椭圆度由下而上逐渐增大,即裙部横截面越往上越扁,裙部纵向截面呈筒形,其轮廓线为一抛物线,故又称为抛物线形裙部。这种裙部不仅适应活塞的温度分布,而且裙部承受侧压力的一边与缸壁之间容易形成双向"油楔",活塞无论向上或向下运动,都能保证裙部有良好的润滑及较高的承载能力。但这种裙部由于形状复杂,需要特殊机床加工。

活塞裙部要有一定的长度和足够的面积，以保证可靠导向和减轻磨损。裙部的基本形状为一薄壁圆筒，若该圆筒为完整的则称为全裙式。许多高速发动机为了减小活塞质量，在活塞不受作用力的两侧，即沿销座孔轴线方向的裙部切去一部分，形成拖式裙部。这种结构的活塞裙部弹性较好，可以减小活塞与气缸的装配间隙，如图2-21所示。

为了限制活塞裙部的热膨胀量，目前在汽车上广泛采用双金属活塞。根据其结构和作用原理不同，双金属活塞可分为恒范钢片式和筒形钢片式等。

有的汽油机活塞在活塞销座中镶铸有热膨胀系数低的"恒范钢片"，如图2-22所示。恒范钢是含镍33%～36%的合金钢，其线膨胀系数仅为铝合金的1/10左右，以"恒范钢片"来牵制活塞裙部的热膨胀。其膨胀控制原理是：由于钢的热膨胀系数远比铝小，而铸入的钢件与铝之间又无金属间结合，因此在铝合金从液态凝固后再冷却到室温的过程中与钢件一起发生不同程度的收缩，钢的收缩比铝小。钢件外侧的铝在收缩时由于受到内层钢件的阻碍而紧抱在钢件上，使两者产生残余应力。当活塞在工作受热时，外层铝首先要消除原有残余应力才会向外膨胀，在膨胀中又受到钢件阻碍，使两者也产生内应力。

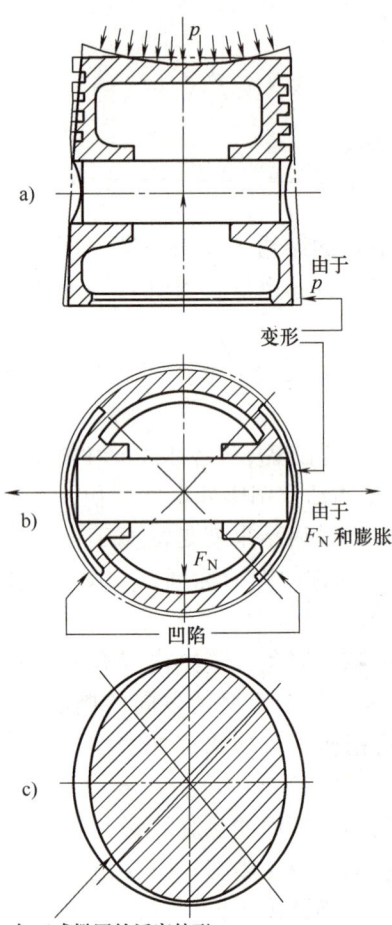

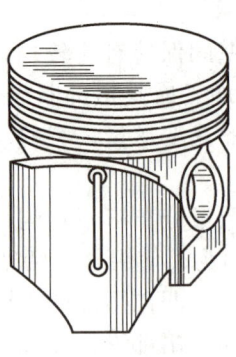

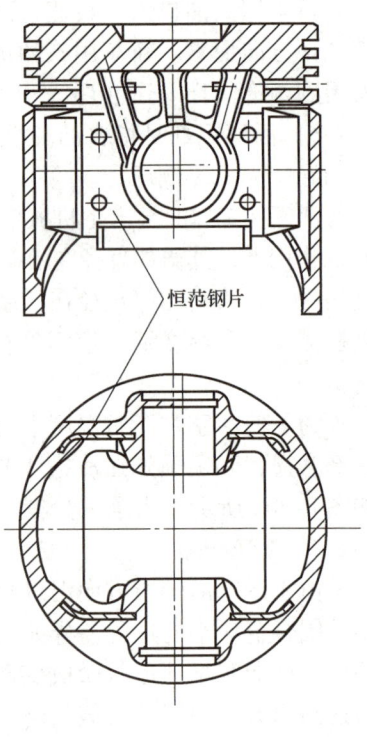

图2-20　活塞裙部的椭圆变形
　　a) 由于 P 力的变形
　b) 由于 F_N 力的变形　c) 加工形状

图2-21　拖式活塞

图2-22　裙部铸有恒范钢片式活塞

有的柴油机铸铝活塞的裙部镶铸筒形钢片，如图 2-23 所示。还有的采用镶复式钢片的结构，如图 2-24 所示。这种结构在裙部上方受膨胀侧压力的那一面镶入两片比较短的弓形钢片 1，在销座位置铸入相应于裙部圆周形状的筒形钢片 2。两部分钢片的联合作用，保证了整个裙部的膨胀量很小而且很均匀。采取了上述结构措施以后，活塞裙部与气缸壁之间的冷态装配间隙便可减小，使发动机不产生冷"敲缸"现象。对于新装配的活塞裙部和气缸表面，为了改善其磨合性，通常都对活塞裙部进行表面处理。汽油机铸铝活塞的裙部外表面镀锡；柴油机铸铝活塞的裙部外表面磷化；对于锻铝活塞，在裙部的外表面上可涂以石墨。

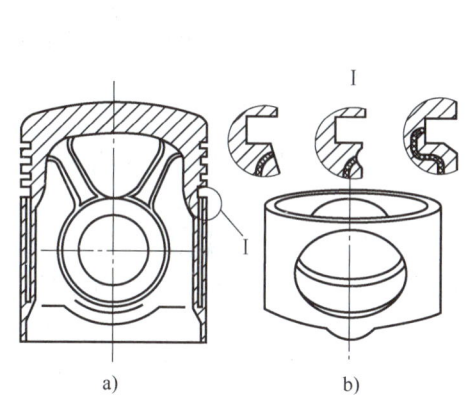

图 2-23　镶铸筒形钢片的活塞
a）裙部镶筒形钢片　b）筒形钢片形

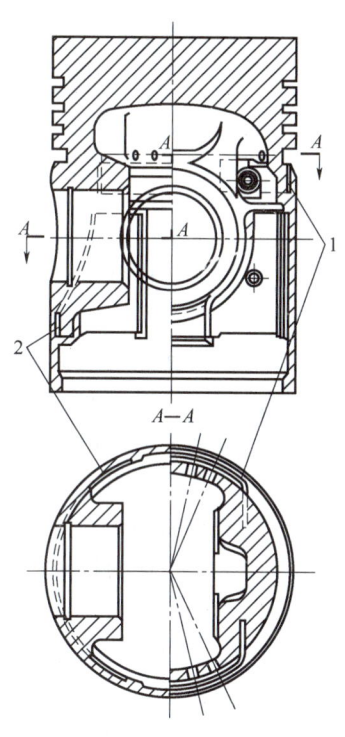

图 2-24　镶复式钢片的活塞
1—弓形钢片 2 个　2—筒形钢片 2 个

4）活塞销座。活塞的销孔与活塞销组成一对摩擦副。活塞顶部气体作用力通过活塞销座传给活塞销，然后再传递到连杆和曲轴。因此，销座与活塞销必须有足够的强度、承压面积和耐磨性。销座通常由肋片与活塞内壁相连，以提高其刚度。销座孔内接近外端面处车有安放弹性锁环的锁环槽，锁环用来防止活塞销在工作中发生轴向窜动。加工时，销座孔要求有很高的精度，并与活塞销进行分组选配，以达到高精度的配合。活塞销座孔的尺寸分组通常用色漆标于销座孔下方的外表面。销孔的中心线一般位于活塞中心线的平面内，但有些高速汽油机的销孔中心线偏离活塞中心线平面，如图 2-25 所示。图中销孔轴线在做功行程中向受侧向力的一面偏移了 1～2mm。这是为了防止活塞在越过上止点时发生"敲缸"现象，从而降低噪声。但这种活塞偏置的结构，却使裙部两端的尖角负荷增大，引起这些部位的磨损或变形增大，这就要求活塞与缸壁的间隙尽可能地减小。

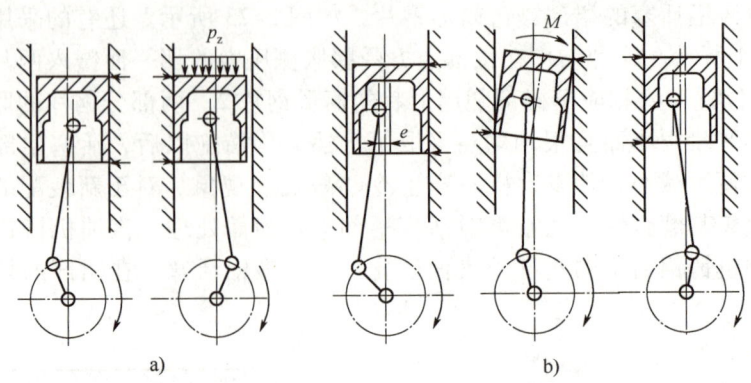

图 2-25 活塞销偏置时的工作情况
a) 活塞销对中布置　b) 活塞销偏移布置

二、活塞环

按功用的不同可将活塞环分为气环和油环两种。

1. 气环

气环又称为压缩环，其作用是保证活塞与气缸壁间的密封，防止气缸中的高温、高压燃气大量漏入曲轴箱，同时还将活塞顶部的热量传导到气缸壁，再由冷却液或空气带走。一般发动机上每个活塞上装有 2～3 道气环。

气环主要的作用是密封，因为密封是导热的前提。如果气环密封性能不好，高温燃气将直接从气环外圆表面漏入曲轴箱，此时不但由于气环和气缸贴合不严而不能很好地散热，相反，气环外圆表面还接受附加的热量，最后必将导致活塞和气环烧坏。

活塞环是在高温、高压、高速以及润滑困难的条件下工作的。它的运动情况很复杂，一方面与缸壁间有相对高速的滑动摩擦，以及由于环的胀缩而产生的环与环槽侧面相对的摩擦；另一方面，存在着活塞环对活塞环槽侧面的上下撞击。高温使活塞环的弹力下降，润滑变坏，尤其第一道活塞环工作条件最为恶劣，故活塞环是发动机所有零件中工作寿命最短的。当活塞环磨损、损坏或失效时，将出现发动机起动困难，功率不足，曲轴箱内压力升高，通风系统严重冒烟，机油消耗增大，排气冒蓝烟，燃烧室、活塞等表面严重积炭等不良状况。

常见活塞环材料是合金铸铁（在优质灰铸铁中加入少量铜、铬、钼等）或球墨铸铁。随着发动机的强化，活塞环特别是第一道活塞环承受着很大的冲击负荷，因此要求材料除耐热、耐磨以外，还应有较高的强度和冲击韧性。一些发动机的第一道气环，甚至所有气环，其外圆柱表面一般都镀上多孔性铬或喷钼，以减缓活塞环和气缸的磨损。多孔性铬层硬度比较高，并能贮存少量机油，以改善润滑条件，使环的使用寿命提高 2～3 倍。但这种活塞环不能用于同样镀了硬铬的气缸内，否则反而会破坏其耐磨性。例如，桑塔纳轿车活塞装有两道气环。第一道气环采用球墨铸铁，外圆表面镀铬层厚 0.1mm，两端面经磷化处理，第二道气环采用合金铸铁。

在高速强化的柴油机上，还可以采用钢片环来提高弹力和冲击韧性。用粉末冶金的金属陶瓷和聚四氟乙烯制造的活塞环也在国外试用。

发动机工作时，活塞、活塞环等机件都会发生热膨胀。而活塞环在气缸、活塞环槽内的运动相对较为复杂,既要与活塞一起在气缸内做上下运动,径向胀缩,还要在环槽内做微量的圆周运动,保证气缸的密封性,并防止环卡死在缸内或胀死于环槽中。安装时,活塞环留有端隙、侧隙和背隙,如图 2-26 所示。

1) 端隙又称为开口间隙,是活塞环 2 装入气缸后,该环在上止点时环的两端头的间隙或活塞环在标准环规内两端头的间隙,如图 2-26 所示,一般为 0.25~0.50mm。

2) 侧隙又称为边隙,是指活塞环装入活塞后,其侧面与活塞环槽 3 之间的间隙,如图 2-26 所示。第一道环因工作温度高,一般为 0.04~0.10mm;其他环一般为 0.03~0.07mm。油环的侧隙较小,一般为 0.025~0.07mm。

3) 背隙是活塞及活塞环装入气缸后,活塞环内圆柱面与活塞环槽底部间的间隙,即 Δ_3,如图 2-26 所示,一般为 0.5~1mm。油环的背隙较气环大,目的是增大存油间隙,以利于减压泄油。

2. 气环的密封原理

活塞环在自由状态时不是圆环形,其外形尺寸比气缸内径大些,因此,它随活塞一起装入气缸后,便产生弹力 p_A 而紧贴在气缸壁上形成第一密封面 1 (图 2-27)。活塞环在燃气压力 p 作用下压紧在环槽的下端面上,形成第二密封面 2。于是气体便绕流到环的背面,并发生膨胀,其压力下降。同时,燃气压力对环背的作用力 p_2 使环更紧地贴在气缸壁形成对第一密封面的第二次密封。

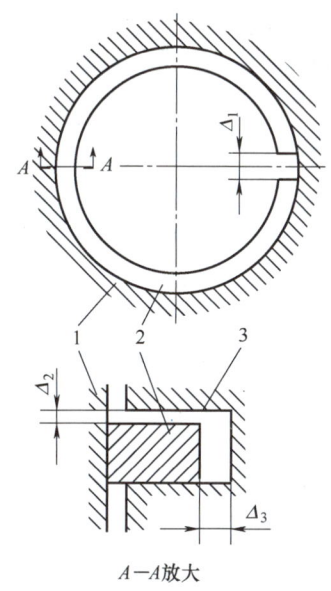

图 2-26 活塞的间隙
1—气缸壁 2—活塞环 3—活塞环槽

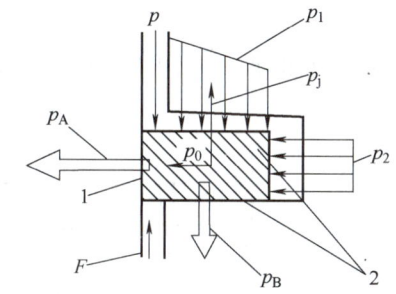

图 2-27 气环的密封原理(做功的前半行程)
1—第一密封面 2—第二密封面 p_A—第一密封面的压紧力
p_B—第二密封面的压紧力 p—气缸内气体压力 p_1—环侧气体压力
p_2—背压力 p_j—环的惯性力 F—环与缸壁的摩擦力

压力已有所降低的气体,从第一道气环的切口漏到第二道气环的上平面时,又把这道气环压贴在第二道环槽的下端面上,于是气体又绕流到这道环的背面,再发生膨胀,其压力又进一步降低(图 2-28)。如此继续进行下去,从最后一道气环漏出来的气体,其压力和流速已经大大减小,因而泄漏的气体量也就很少了。因此,为数很少的几道切口相互错开的气环所构成的"迷宫式"封气装置,就足以对气缸中的高压气体进行有效的密封。一般汽油机设有两道气环,而柴油机由于压缩比高,常设有三道气环。通常在保证密封的前提下,应该尽可能减少环数。气缸内的燃气漏入曲轴箱的主要通路是活塞环的切口,因此,切口的形状和装入气缸后的间隙大小对于漏入曲轴箱的燃气量有一定影响。切口间隙过大,则漏气严重,使发动机功率减小;间隙过小,活塞环受热膨胀后就可能卡死或折断。切口间隙值一般为 0.25~0.8mm。气环的切口形状如图 2-29 所示。活塞环的切口是直角形切口,如图 2-29a 所示,其工艺性好;活塞环的切口是阶梯形切口,如图 2-29b 所示,其密封性较好,但工艺性较差;活塞环的切口是斜切口形状的,如图 2-29c 所示,斜角一般为 30°或 45°,其密封作用和工艺性均介于前二者之间,但其锐角部位在套装入活塞时容易折损;二冲程发动机活塞环的切口为带防转销钉槽的切口,如图 2-29d 所示。压配在活塞环槽中的销钉,是用来防止活塞环在工作中绕活塞中心线转动的。

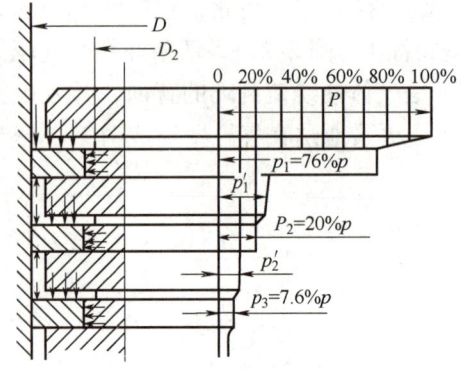

图 2-28 各环间隙处的气体压力递减情况

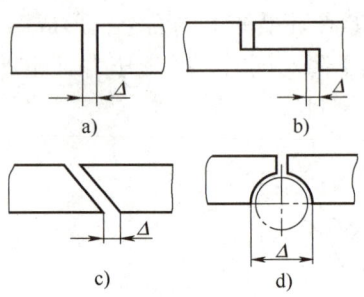

图 2-29 气环的切口形状

a) 直角形切口 b) 阶梯形切口 c) 斜切口 d) 带防转销钉槽

3. 气环的种类

气环的断面形状有多种,常见的有矩形环、锥形环、扭曲环、梯形环和桶面环等,如图 2-30 所示。

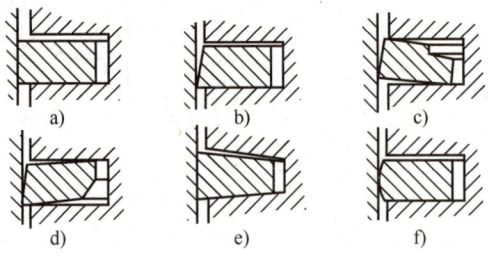

图 2-30 气环的断面形状

a) 矩形环 b) 锥形环 c) 正扭曲内切环 d) 反扭曲锥面环 e) 梯形环 f) 桶面环

(1) 矩形断面环(图 2-30a) 其断面呈矩形,结构简单,制造方便,成本低,工作接触面积大,导热效果较好,但耐磨性、密封性较差。同时,矩形断面的气环随活塞做往复运动时，会把气缸壁上的机油不断送入气缸中，如图 2-31 所示。这种现象称为"气环的泵油作用"。这是因为活塞下行时，由于环与缸壁之间的摩擦阻力以及环本身的惯性，环将压靠在环槽的上端面，缸壁上的机油就被刮入环的下边隙与背隙内。当活塞上行时，环又压靠在环槽的下端面上，环背隙里的机油经过环的上边隙进入气缸中。如此反复，结果就像油泵的作用一样，将缸壁的机油压入燃烧室。窜入气缸内的机油会使燃烧室内形成积炭和增加机油消耗，并且还可能在环槽（尤其是温度较高的第一道气环槽）中形成积炭，严重时使环被卡死在环槽中，失去密封作用，划伤气缸壁，甚至将环折断。矩形环在高速、高负荷的强化发动机上很少应用。为了消除或减少有害的泵油作用，除在气环的下面装有油环外，广泛采用非矩形断面的扭曲环，如图 2-30c、d 所示。

（2）锥形环（图 2-30b） 其断面呈锥形，外圆工作面为一很小锥度的锥面，减少了环与气缸壁的接触面，提高了表面接触压力，有利于密封和磨合。该环在活塞下行时有刮油作用，上行时有布油作用，并可形成楔形油膜以改善润滑；但不能装反，否则将产生窜机油现象。其传热性差，不宜用于第一道气环，它适用于高速柴油机和汽油机的第二、三道气环。

（3）扭曲环（图 2-30c、d） 扭曲环是在矩形的内圆上边缘或外圆下边缘切去一部分。正扭曲环是在矩形环的内圆上边缘或外圆下边缘切口（图 2-30c），而反扭曲环是在矩形环的内圆下边缘或外圆上边缘倒角（图 2-30d）。将这两种环随同活塞装入气缸时，由于环的弹性内力不对称作用而产生明显的断面倾斜，其中正扭曲环的作用原理如图 2-32 所示。活塞环装入气缸后，其外侧拉伸应力的合力 F_1 与内侧压缩应力的合力 F_2 有一力臂 e，于是就产生了扭曲力矩 M。它使环外圆周扭曲成上小下大的锥形，从而使环的边缘与环槽的上下端面接触，提高了表面接触应力，防止了活塞环在环槽内上下窜动而造成的泵油作用，同时增加了密封性。扭曲环还易于磨合，并有向下刮油的作用。正扭曲环常用于第二、三道气环，反扭曲环由于防窜油能力相对较差而用于油环上面的那道气环。在安装正、反扭曲环时，必须注意环的断面形状和方向，不能装反。

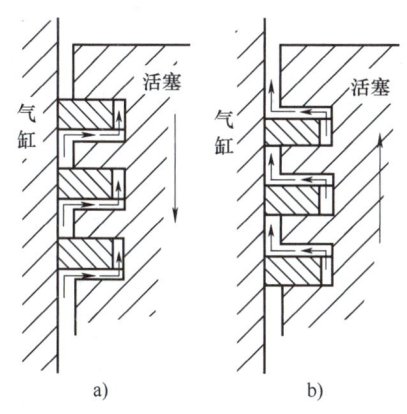

图 2-31 矩形环的泵油作用
a) 活塞下行 b) 活塞上行

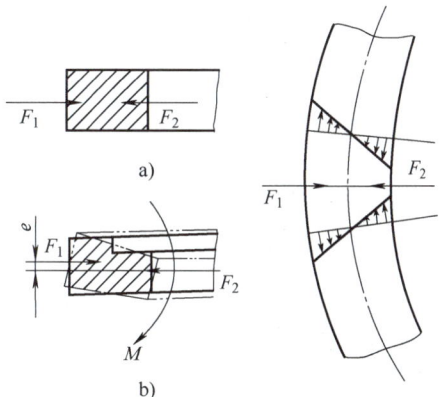

图 2-32 正扭曲环的作用原理
a) 矩形断面环 b) 扭曲环

（4）梯形环（图 2-30e） 其断面呈梯形，主要作用是使得当活塞受侧压力 F 的作用而改变位置时，环的侧隙 δ 发生相应的变化，如图 2-33a 所示，使沉积在环槽中的结焦被挤出，避免了环被粘在环槽中而引起折断。在做功行程中，作用在梯形环上的气体作用力的径向分力，加强了环的密封作用,如图2-33b所示。因此,梯形环即使在弹力丧失一些的情况下,仍能与气缸贴合良好,延长了环的使用寿命。它的主要缺点是上、下两面的精磨工艺比较复杂。这种环常用于热负荷较高的柴油机的第一道环。

(5)桶面环(图2-30f) 其特点是活塞环的外圆面为凸圆弧形。当桶面环上下运动时,均能与气缸壁形成楔形空间,使机油容易进入摩擦面,从而使磨损大为减少。桶面环与气缸是圆弧接触,接触面积小,故对气缸表面和活塞摆动的适应性均较好,密封性提高,磨合性好。它的缺点是凸圆弧表面加工较困难。目前,它广泛地在高速、高负荷的强化柴油机中用作第一道环。

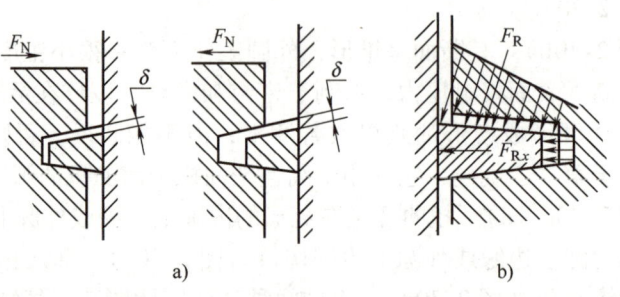

图2-33 梯形环工作示意图
a)间隙变化 b)受力情况

4. 油环

油环用来刮除气缸壁上多余的机油,并在气缸壁面上涂布一层均匀的机油膜。这样既可以防止机油窜入气缸燃烧,又可以减小活塞、活塞环与气缸壁的磨损和摩擦阻力。此外,油环也起到辅助密封作用。油环分为普通油环和组合油环两种。

(1)普通油环 普通油环又叫作整体式油环。其外圆面的中间车有一道凹槽,在凹槽底部加工出很多排油小孔或狭缝,如图2-34a所示。单体式油环一般是用合金铸铁制造的。

油环的刮油作用如图2-35所示。通常油环都要有一道或两道刮油锐边,油环上和活塞上要有足够的泄油通道,使刮下的机油能顺畅地下泄,避免因节流使油压升高,将油环推离气缸壁而失去控油能力。

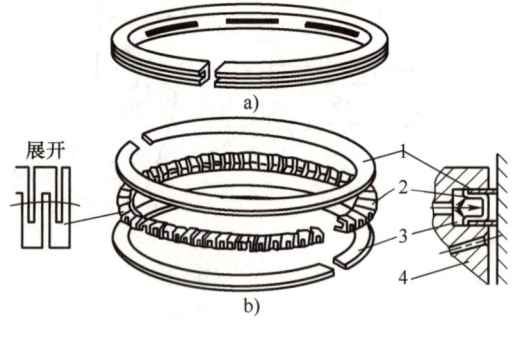

图2-34 油环
a)普通油环 b)组合油环
1—上刮片 2—衬簧 3—下刮片 4—活塞

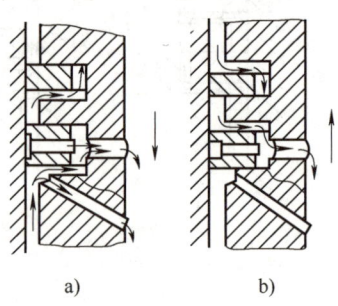

图2-35 油环的刮油作用
a)活塞下行 b)活塞上行

整体式油环的结构简单，加工容易，成本低。其缺点是径向压力最低，刮油能力和耐久性都较差；又由于整体油环与环槽间有侧面间隙，因此当油环由于正常的轴向移动或由于颤振而处在油环槽中间时，少量机油就可以通过侧隙上窜，如图2-35a所示。这是整体式油环的一个缺点，高速时影响较大，所以现代高速发动机多改用钢片组合式油环。

（2）组合油环 组合油环如图2-34b所示，由上、下刮片和产生径向、轴向弹力作用的衬簧2组成。这种油环刮片很薄，对气缸壁的比压大，刮油作用强；上、下刮片各自独立，对气缸的适应性好；质量小；回油通路大。因此，组合油环在高速发动机上得到较广泛的应用。一般活塞上装有1~2道油环。采用两道油环时，下面一道多安置在活塞裙部的下端。

三、活塞销

活塞销的功用是连接活塞和连杆小头，将活塞承受的气体作用力传递给连杆。

活塞销在高温下承受很大的周期性冲击载荷，润滑条件差，因而要求活塞销有足够的刚度和强度，表面耐磨，质量尽可能小。为此，活塞销通常做成空心圆柱体，如图2-36所示。

活塞销的材料一般为低合金渗碳钢，对高负荷发动机则采用渗氮钢。先经表面渗碳或渗氮处理以提高其表面硬度，并使心部具有一定的冲击韧性，然后进行精磨和研磨。

活塞销根据形状有如下几种：直通圆柱形孔（图3-36a）和圆锥形孔（图2-36b）的活塞销，质量较小；中间或单侧封闭的活塞销（图2-36c、d）适用于二冲程发动机，此种结构可以避免扫气损失；内部有塑料芯的钢套销（图2-36e）用于要求不高的汽油机；成形销（图2-36f）用于增压发动机。

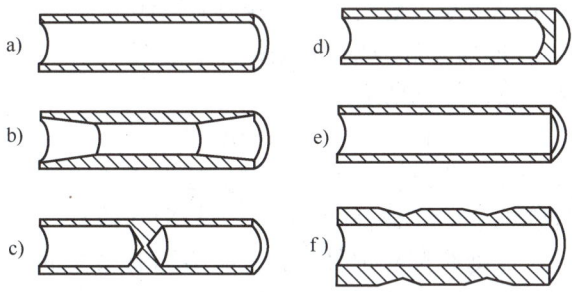

图2-36 活塞销形状
a）圆柱形孔 b）圆锥形孔 c）中间封闭式 d）单侧封闭式 e）内部有塑料芯的钢套销 f）成形销

活塞销与活塞销座孔和连杆小头衬套孔的连接配合，一般多采用"全浮式"，如图2-37所示，即在发动机运转过程中，活塞销不仅在连杆小头衬套孔内，还在销座孔内缓慢地转动，以使活塞销各部分的磨损比较均匀。

由于铝合金的活塞销座的热膨胀量大于钢活塞销，为了保证发动机正常工作时有合适的工作间隙（0.01~0.02mm），在冷态装配时活塞销与活塞销座孔为过渡配合。装配时，应先将铝合金活塞放在温度为70~90℃的水或油中加热，再将销装入。为了防止活塞销工作时轴向窜动而刮伤气缸壁，在活塞销座两端用卡环嵌在销座凹

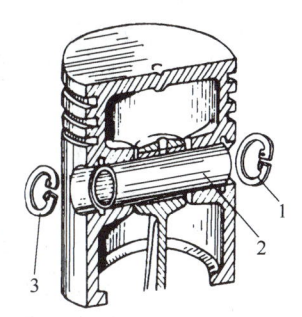

图2-37 活塞销的连接方式
1、3—卡环 2—活塞销

槽中加以轴向定位。

四、连杆

连杆的功用是将活塞承受的气体作用力传给曲轴，从而使活塞的往复运动转变为曲轴的旋转运动。

连杆主要承受活塞销传来的气体作用力和活塞组往复运动时的惯性力。此外，由于连杆变速摆动而产生的惯性力矩，还使连杆承受一定的弯矩。这些力和力矩的大小和方向都是周期性变化的，且连杆本身又是一个较长的杆件，因此连杆受到的是压缩、拉伸和弯曲等交变载荷。因此要求连杆质量尽可能小，同时还要有足够的刚度和强度。

连杆一般采用45、40Cr等中碳钢或中碳合金钢经模锻或辊锻制成，然后经机械加工和热处理。也有少数用球墨铸铁制成。为提高疲劳强度，连杆常进行表面喷丸处理。对于小型发动机的连杆则常用高强度铝合金。

连杆由连杆小头2、杆身3和连杆大头5（包括连杆盖7）三部分组成，如图2-38所示。连杆小头用来安装活塞销，以连接活塞。活塞销为全浮式的，工作时，活塞销和衬套之间应有相对转动，因此，连杆小头孔内装有青铜衬套或铁基粉末冶金衬套。为了保证其润滑良好，在连杆小头和衬套上钻出集油孔或铣出集油槽用来收集发动机运转时被飞溅上来的机油，以便润滑。有的发动机连杆小头采用压力润滑，在连杆杆身内钻有纵向的液压油通道。

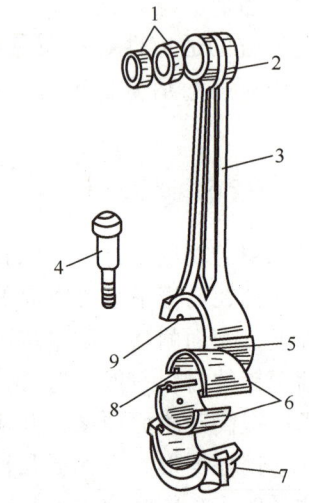

图2-38 连杆组件分解图
1—连杆衬套 2—连杆小头 3—杆身
4—连杆螺栓 5—连杆大头 6—轴瓦
7—连杆盖 8—轴瓦上的凸键 9—凹槽

连杆杆身通常做成"工"字形断面，以求在强度和刚度足够的前提下减轻质量。

连杆大头与曲轴的连杆轴颈相连，为便于安装，连杆大头一般做成剖分式的，被分开的部分称为连杆盖，用连杆螺栓紧固在连杆大头上。连杆盖与连杆大头是组合加工的，为了防止装配时配对错误，在同一侧刻有配对记号。大头孔表面有很高的光洁度，以便与连杆轴瓦（或滚动轴承）紧密贴合。连杆大头上还铣有连杆轴瓦的定位凹槽9。有的连杆大头连同轴瓦还钻有直径为1~1.5mm的小油孔，从中喷出机油以加强配气凸轮与气缸壁的飞溅润滑。

连杆螺栓4是一个经常承受交变载荷的重要零件，一般采用韧性较高的优质合金钢或优质碳素钢锻制或冷墩成形。连杆大头的两部分用连杆螺栓紧固在一起。连杆大头安装时，必须紧固可靠。连杆螺栓必须按原厂规定的拧紧力矩，分2~3次均匀地拧紧。为防紧工作时自动松动，必须用其他锁紧装置紧固。常采用的锁紧装置有开口销、双螺母、螺纹表面镀铜、自锁螺母和防松胶等。

连杆大头按剖分面的方向可分为平切口和斜切口两种。平切口连杆的剖分面垂直于连杆轴线，如图2-39b所示。柴油机的连杆，由于受力较大，其大头的尺寸往往超过气缸直径。斜切口连杆的大头剖分面与连杆轴线成30°~60°（常用45°）夹角，如图2-39a所示。无论从受力情况还是从制造角度看，平切口都优于斜切口，一般汽油机连杆大头尺寸都小于气缸直径，可以采用平切口。对于一部分柴油机和少数强化程度高的汽油机来说，由于曲柄销直径尺寸加大，连杆大头尺寸也随之增大，而在装拆活塞连杆组件时无法使平切口连杆大头通过气缸时，才采用斜切口。

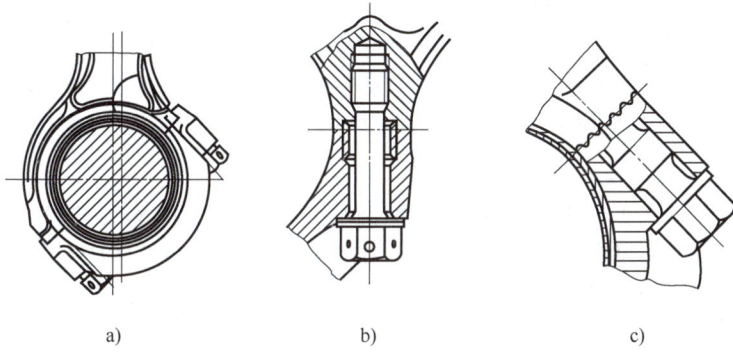

图 2-39　斜切口连杆大头的定位方式
a）止口定位　b）套筒定位　c）锯齿定位

平切口连杆的连杆盖与连杆的定位，是利用连杆螺栓上精加工的圆柱凸台或光圆柱部分，与经过精加工的螺栓孔来保证的。由于现代技术与工艺的进步，连杆锻成整体毛坯，用冷胀的方法将杆身与连杆盖分开。这样的切口面将不再是平面，而是不规则的像山峦式的犬牙交错的表面，可提高杆身与连杆盖的定位精度。一汽捷达轿车五气门发动机便采用此种结构。斜切口连杆在工作中受到惯性力的拉伸，在切口方向也有一个较大的横向分力。因此在斜切口连杆上必须采用可靠的定位措施。斜切口连杆常用的定位方法有：

（1）止口定位（图 2-39a）　其优点是工艺简单，缺点是定位不大可靠，只能单向定位，对连杆盖止口向外变形或连杆大头止口向内变形均无法防止。

（2）套筒定位（图 2-39b）　即在连杆盖的每一个螺栓孔中压配一个刚度大而且剪切强度高的短套筒。它与连杆大头有精度很高的配合间隙，故装拆连杆盖时也很方便。它的缺点是定位套筒的工艺要求高，若孔距不够准确，则可能因过定位（定位干涉）而造成大头孔严重失圆，此外，连杆大头的横向尺寸也必然因此而加大。

（3）锯齿定位（图 2-39c）　这种定位方式的优点是锯齿接触面积大，贴合紧密，定位可靠，结构紧凑。其缺点是对齿节距公差要求严格，否则连杆盖装在连杆大头上时，中间会有几个齿脱空，不仅影响连杆组件的刚度，并且连杆大头孔也会立即失圆。如果能采用拉削工艺，保证齿距公差，则这种定位方式还是较好的。

连杆轴承装在连杆大头孔内，用以保护连杆轴颈（曲柄销）及连杆大头孔。现代汽车发动机用的连杆轴承是由钢背和减磨层组成的分成两半的薄壁轴承，如图 2-40 所示。钢背由厚 1~3mm 的低碳钢带制成，既有足够的强度以承受近乎冲击性的载荷，又有一定的刚度以便与轴承孔良好贴合。减磨层由厚 0.3~0.7mm 的薄层减磨合金制成，减磨合金具有保持油膜、减少摩擦阻力和易于磨合的作用。目前汽车发动机的轴承减磨合金主要有：

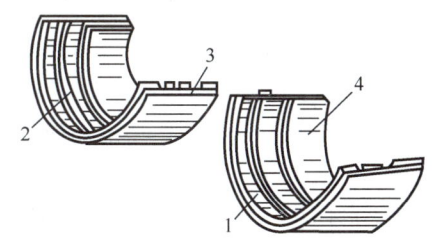

图 2-40　连杆轴承
1—钢背　2—油槽　3—定位凸键　4—减磨合金层

1）巴氏合金减磨性好，但机械强度较低、耐热性较差，常用于负荷不大的汽油机。

2）铜铅合金机械强度高、承载能力大、耐热性较好，但减磨性能差。为此，常在其表面镀一层厚度为0.02~0.03mm的铟或锡，用于高强化的柴油机。

3）高锡铝合金具有较好的力学性能和减磨性，广泛用于各类汽油机和柴油机上。

连杆轴承的背面应有很高的粗糙度。在自由状态下，轴承的曲率半径和周长都略大于连杆大头孔的曲率半径和周长，装入后，能使其紧贴在大头孔壁上，有利于散热和防止润滑油从轴承背面流失。

为了防止连杆轴承在工作中发生转动或轴向移动，在两个轴承的剖分面上，均制有定位凸键，装配时，这两个凸键分别嵌入连杆大头和连杆盖上的相应凹槽中。在连杆轴瓦内表面上还加工有油槽用以储油，保证可靠的润滑。

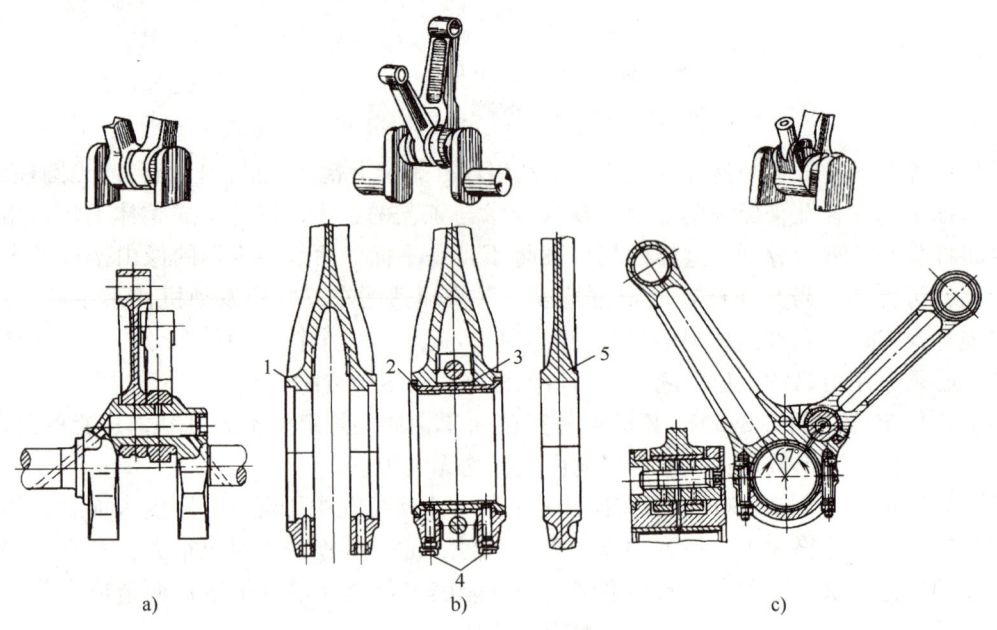

图2-41 V型发动机连杆结构示意图
a）并列连杆 b）叉形连杆 c）主副连杆
1—叉形连杆 2—叉形连杆轴承 3—内连杆轴承 4—定位销 5—内连杆

V型发动机由于左右两缸的连杆装在同一个曲柄销上，故其结构随安装布置而不同，V型发动机的连杆布置有如下三种形式。

1）并列连杆布置形式（图2-41a），相对应的左右两缸的连杆一前一后安装在同一个曲柄销上，这样布置的优点是连杆可以通用，左、右气缸的活塞连杆组的运动规律完全相同。其缺点是左、右两个气缸中心线沿曲轴轴向要错开一段距离，因而使曲轴、机体的长度增加，刚度降低。

2）叉形连杆布置形式（图2-41b），左右两列气缸的对应两个连杆中，一个连杆的大头做成叉形，跨于另一个连杆的厚度较小的片形大头两端。叉形连杆式布置的优点是：两列气缸中的活塞连杆组的运动规律相同；左右对应的两气缸轴心线不需要在曲轴轴向上错位。其缺点是叉形连杆大头结构和制造工艺比较复杂，而且大头的刚度也较低。

3）主副连杆布置形式（图2-41c），主连杆的大头直接安装在曲柄销全长上。副连杆的大头与对应的主连杆大头（或连杆盖）上的两个凸耳作铰链连接。其主要优点是左、右两个对应气缸的中心线及主、副连杆位于同一平面内，故不致加大发动机的轴向长度。其缺点是左、右两个对应气缸的活塞连杆组的运动规律不同，主缸活塞与连杆还受到副连杆施加的附加侧向作用力和附加弯矩；且主、副连杆不能互换。

任务2.4　掌握曲轴飞轮组的组成

曲轴飞轮组主要由曲轴、飞轮、扭转减振器、带轮、正时齿轮（或链条）等组成，图2-42所示是曲轴飞轮组的总体结构。

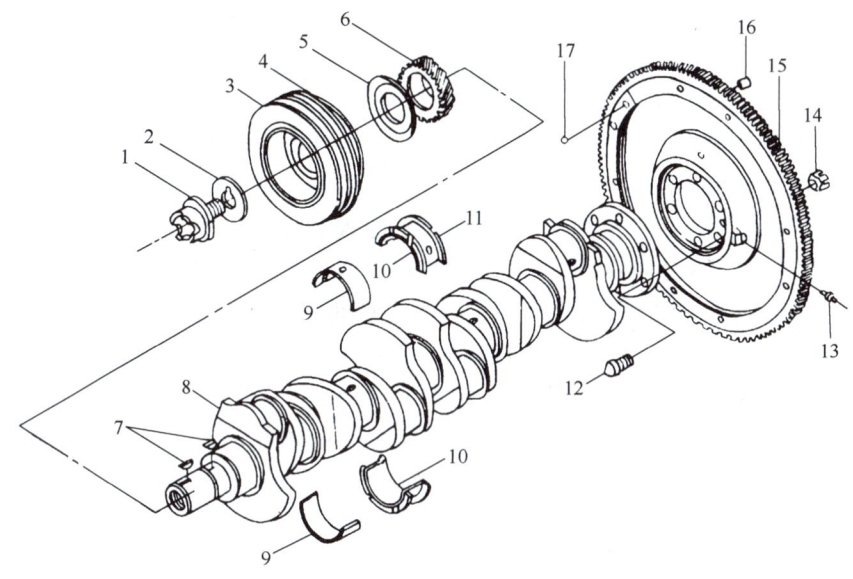

图2-42　发动机曲轴飞轮组分解图

1—起动爪　2—起动爪锁紧垫圈　3—扭转减振器　4—带轮　5—挡油片　6—定时齿轮　7—半圆键　8—曲轴　9—主轴承上下轴瓦　10—中间主轴瓦　11—止推片　12—螺柱　13—润滑脂嘴　14—螺母　15—齿圈　16—圆柱销　17——、六缸活塞处在上止点时的记号（钢球）

一、曲轴

曲轴的功用是承受连杆传来的力，并将其转变为扭矩，然后通过飞轮输出，另外，还用来驱动发动机的配气机构及其他辅助装置（如发电机、风扇、水泵、转向油泵等）。

在发动机工作中，曲轴受到旋转质量的离心力、周期性变化的气体压力和往复惯性力的共同作用，使曲轴承受弯曲与扭转载荷。为了保证工作可靠，要求曲轴具有足够的刚度和强度，各工作表面要耐磨而且润滑良好。

1. 曲轴的组成及类型

曲轴主要由三部分组成：曲轴的前端（又称为自由端）轴1；若干个由曲柄销3、它左右两端的曲柄4以及前后两个主轴颈2组成的曲拐；曲轴的后端（又称为功率输出端）凸缘5，如图2-43所示。

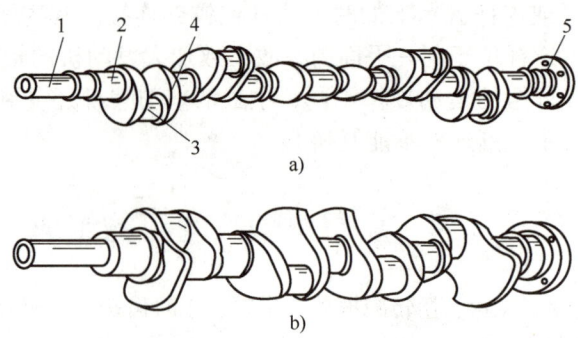

图2-43 曲轴
a）解放CA6102型发动机曲轴 b）北京BJ492型发动机曲轴
1—前端轴 2—主轴颈 3—曲柄销 4—曲柄 5—凸缘

曲轴的曲拐数取决于气缸的数目及其排列方式。直列式发动机曲轴的曲拐数等于气缸数；V型发动机曲轴的曲拐数等于气缸数的1/2。

按照曲轴的主轴颈数，可以把曲轴分为全支承曲轴和非全支承曲轴两种。在相邻的两个曲拐之间，都设置一个主轴颈的曲轴，称为全支承曲轴，如图2-44a所示；否则称为非全支承曲轴，如图2-44b所示。假设气缸数为i，则全支承曲轴的主轴颈数为$i+1$。主轴颈数少于此数者都称为非全支承曲轴。全支承曲轴的优点是可以提高曲轴的刚度，并且可减轻主轴承的载荷。其缺点是曲轴长度较长，使发动机机体长度增加。

直列式发动机的全支承曲轴，其主轴颈总数（包括曲轴前端和后端的主轴颈）比气缸数多一个；V型发动机的全支承曲轴，其主轴颈总数比气缸数的一半多一个。桑塔纳、奥迪100型轿车均采用全支承曲轴。柴油机也多采用全支承曲轴，这是因为其载荷较大的缘故。

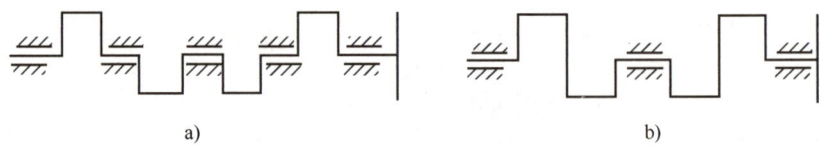

图2-44 曲轴的支承型式示意图
a）全支承曲轴 b）非全支承曲轴

多缸发动机的曲轴按曲拐之间连接方式不同，分为整体式和组合式两类。整体式曲轴如图2-43所示。其各个曲拐及前、后端都做成一个整体，一般采用滑动轴承；组合式曲轴如图2-45所示。其各个曲拐分段加工，然后再利用连接件将各个曲拐连成一体，一般采用滚动轴承，并且必须与隧道式气缸体配合使用。轿车发动机多为整体式曲轴。

2. 曲轴的材料

曲轴要求用强度、冲击韧性和耐磨性都比较好的材料制造，一般都采用优质中碳钢（如45号钢）或中碳合金钢（如45Mn2，40Cr等）模锻。为了提高曲轴的耐磨性，其主轴颈和连杆轴颈表面上均需高频淬火或氮化处理。例如，上海桑塔纳发动机曲轴采用优质50中碳钢模锻而成。有部分发动机采用了高强度的稀土球墨铸铁铸造曲轴，但这种曲轴必须采用全支承

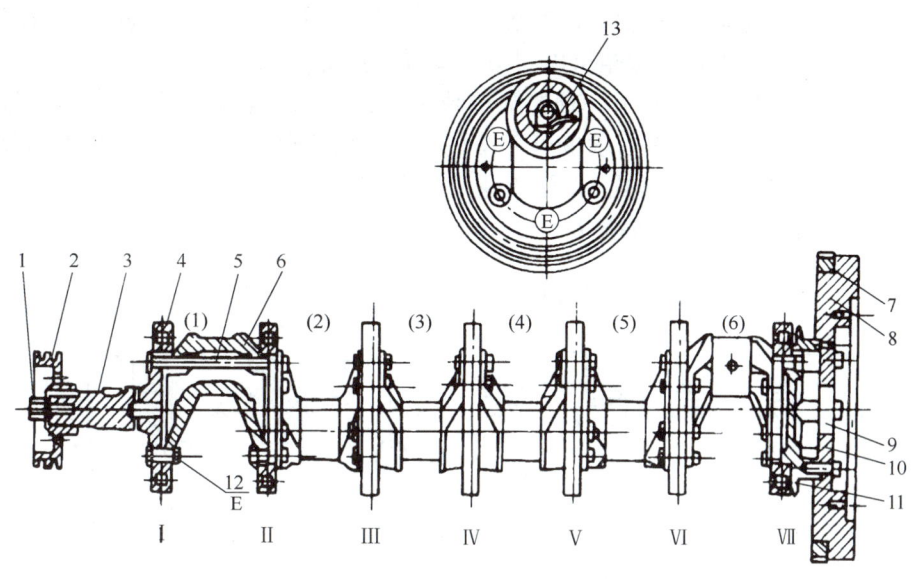

图 2-45 组合式曲轴

1—起动爪 2—带轮 3—前端轴 4—滚动轴承 5—连接螺杆 6—曲柄 7—齿圈
8—飞轮 9—后端凸缘 10—锁片 11—挡油圈 12—定位螺钉 13—油管

以保证刚度。

3. 曲轴的构造

为了减小曲轴的质量和离心力,曲柄销和主轴颈不少做成空心的,如图 2-46 所示。主轴颈、曲柄销和轴瓦上都钻有径向油孔,这些油孔由斜向的油道 6 相连。这样机油就可以进入主轴颈和曲柄销的工作表面进行润滑。当曲柄销上的油孔与连杆大头上的油孔对准时,机油可以从中喷出,对配气机构和气缸壁进行飞溅润滑。

平衡重用来平衡发动机不平衡的离心力和离心力矩,有时还用来平衡一部分往复惯性力,对于四缸、六缸等多缸发动机,由于曲柄对称布置,往复惯性力和离心力及其产生的力从整体上看都能相互平衡,但曲轴的局部却受到弯曲作用。从图 2-47a 中可以看到,第一和第四曲柄销的离心力 F_1 和 F_4,与第二和第三曲柄销的离心力 F_2 和 F_3 因大小相等、方向相反而互相平衡;F_1 和 F_2 形成的力偶矩 M_{1-2} 与 F_3 和 F_4 形成的力偶矩 M_{3-4}

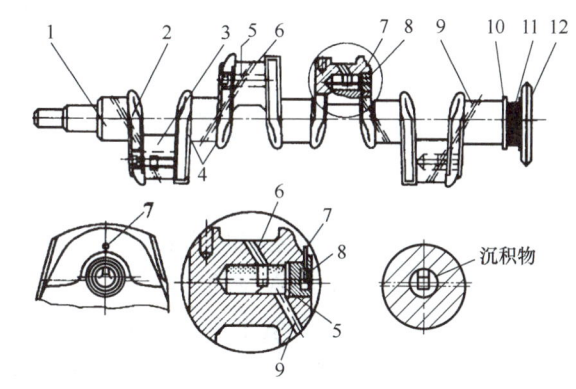

图 2-46 曲轴油道

1—主轴颈 2—曲柄销 3—连杆轴颈 4—圆角 5—积污腔 6,9—油道
7—开口销 8—螺塞 10—挡油盘 11—回油螺纹 12—凸缘盘

也能互相平衡。但两个力偶矩都给曲轴造成了弯曲载荷。曲轴若刚度不够就会产生弯曲变形,引起主轴颈和轴承偏磨。

为了减轻主轴承负荷，改善其工作条件，一般都在曲柄的相反方向设置平衡重，如图 2-47b 所示，平衡重所造成的弯矩可以同 M_{1-2} 和 M_{3-4} 造成的弯矩平衡。有的发动机平衡重做成与曲柄一体的，如图 2-47b 所示，有的则单独制造并用螺钉安装在曲轴上，如图 2-48 所示。对于有些刚度较大的全支承曲轴也可不设平衡重，如解放 CA1091 型汽车的 6102 型发动机的 6 曲拐曲轴就没有设置平衡重。曲轴不论有无平衡重，都必须经动平衡试验，对不平衡的曲轴常在其偏重的一侧钻去少许质量。

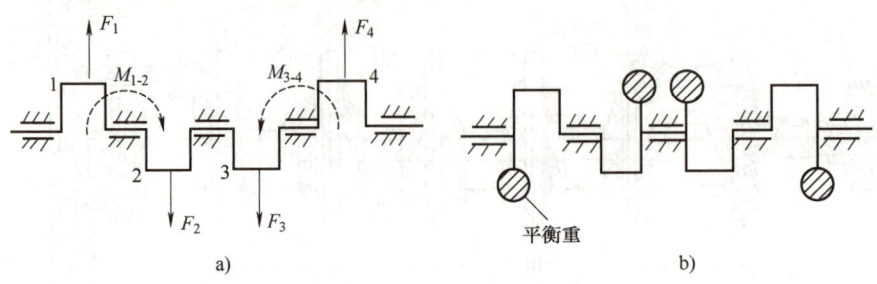

图 2-47　曲轴平衡重作用示意
a）受力平衡　b）设置平衡重

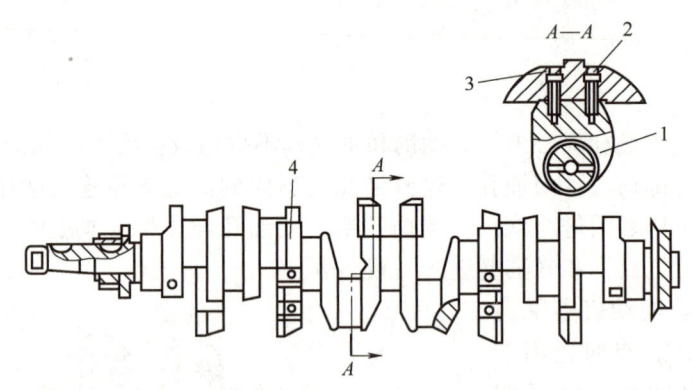

图 2-48　装配式平衡重曲轴
1—曲柄　2—平衡重紧固螺钉　3—平衡重　4—紧固螺钉焊缝

曲轴前端是第一道主轴颈之前的部分，其上装有驱动配气凸轮轴的正时齿轮，或正时齿形带轮，或链轮，驱动风扇和水泵的带轮 2 以及止推片 8 等，如图 2-49 所示。为了防止机油沿曲轴轴颈外漏，在曲轴前端上有一个甩油盘 6，随着曲轴旋转，当被齿轮挤出和甩出来的机油落到盘上时，由于离心力的作用，被甩到齿轮室盖的壁面上，再沿壁面流下来，回到油底壳中。即使还有少量机油落到甩油盘前面的曲轴段上，也被压配在齿轮室盖上的油封挡住，甩油盘的外斜面应向后，如果装错，效果将适得其反。曲轴前端为了减小扭振而装有减振器，在中、小型发动机的曲轴前端还装有起动爪，以便必要时用人力转动曲轴，使发动机起动。

曲轴后端是最后一道主轴颈之后的部分，有安装飞轮用的凸缘，如图 2-50 所示。为防止机油向后漏出，在曲轴后端通常切出回油螺纹或其他封油装置。回油螺纹可以是梯形的或矩

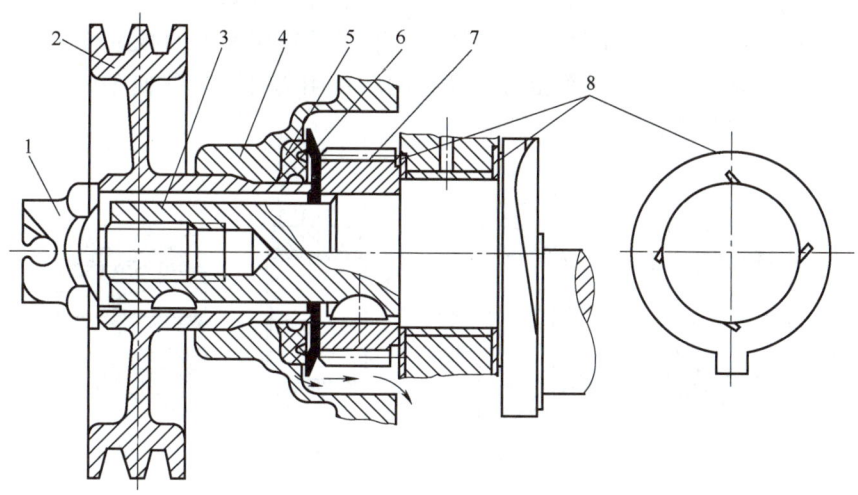

图 2-49 曲轴前端的结构
1—起动爪 2—带轮 3—曲轴 4—定时齿轮室盖 5—油封 6—甩油盘 7—定时齿轮 8—止推片

形的,其螺旋方向应为右旋。回油螺纹的封油原理如图 2-51 所示。当曲轴旋转时,流到回油螺纹槽中的机油也被带动旋转。因为机油本身具有黏性,所以受到机体后盖孔壁的摩擦阻力 F_r。F_r 可分解为平行于螺纹的分力 F_{r1} 和垂直于螺纹的分力 F_{r2}。机油在 F_r 的作用下,顺着螺纹槽道被推送向前,流回油底壳。

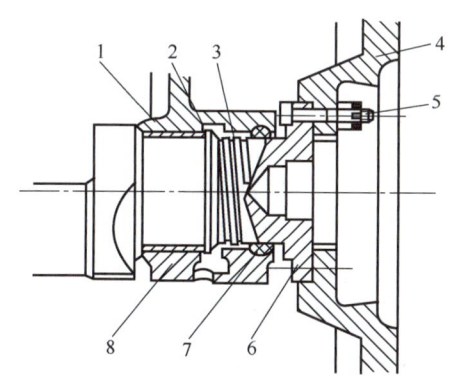

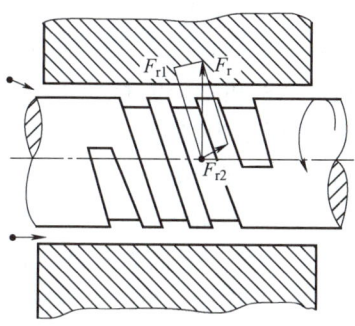

图 2-50 EQ6100-1 型汽油机曲轴的后端结构示意图
1—轴承座 2—甩油盘 3—回油螺纹 4—飞轮 5—飞轮螺栓
6—曲轴凸缘盘 7—填料油封 8—轴承盖

图 2-51 回油螺纹的封油原理

4. 曲轴的轴向定位

为阻止车辆行驶时离合器经常结合与分离和带斜齿轮驱动时施加于曲轴上的轴向力以及在上、下坡行驶或突然加速、减速出现的轴向力作用而使曲轴有轴向窜动的趋势,曲轴必须有轴向定位,以保证曲柄连杆机构的正常工作。但也应允许曲轴受热后能自由膨胀。曲轴作为转动件,必须与其固定件之间有一定的轴向间隙。曲轴轴向定位是通过止推装置实现的,只能有一处设置轴向定位装置。

如图2-52所示，止推装置有翻边轴瓦、止推片、止推环和推力轴承等多种形式。翻边轴瓦（图2-52a）放在曲轴的某一主轴承内，靠翻边轴瓦两外侧表面的减摩合金层（与轴瓦内表面的合金层相同）降低与轴颈端面相对运动时的摩擦阻力并可挡住曲轴的左、右窜动。翻边轴瓦工艺复杂，成本较高，现已很少采用。

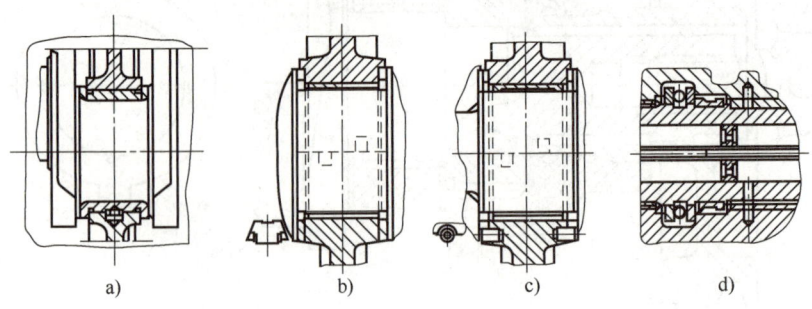

图2-52 曲轴的止推示意图
a）翻边轴瓦 b）止推片 c）止推环 d）推力轴承

止推片如图2-52b所示，它是外侧有减摩合金层的半环状钢片，装在机体或主轴承盖的槽内。为防止止推片的转动，止推片上有凸起卡在槽内，止推片用4片，也可用2片。

当止推装置放在曲轴第一主轴颈（曲轴自由端）上时，可采用两个带有减摩合金层的止推环（图2-52c）。因为它可从曲轴端部直接套入主轴颈上。为防止止推环转动，止推环上有止转销孔与主轴承盖上的止转销相配合。安装止推环时钢背应面向机体与轴承盖。止推片与止推环广泛用于内燃机曲轴止推。

5. 曲轴径向密封

曲轴径向密封环安放在曲轴的自由端（前端）和飞轮端（功率输出端）。其作用是防止内燃机机体内的机油外溢和水（汽）与灰尘进入机体内。

图2-53所示为典型的车用内燃机曲轴径向密封环。它由金属保持架7、拉力弹簧圈5和橡胶密封体6三部分组成。橡胶密封体的几何形状及尺寸必须精心设计与制造。它与曲轴轴颈的密封宽度，即密封唇，为0.1~0.2mm，空气侧密封角$\beta \approx 25°$，机油侧密封角α比外侧角约大20°。拉簧作用平面与密封面的外偏距离，即拉簧杠杆臂11为0.05~1mm。

保护唇8的作用是防止水（或汽）与灰尘进入机体内。平时，它处于闭合状态。当曲轴受热时，保护唇张开，使保护唇与密封唇4之间不会出现负压。橡胶密封体靠自身的弹力与拉力弹簧圈5的拉力将密封唇压在曲轴轴颈上，以保证一定的径向密封力。

6. 曲拐的布置

曲轴的形式和各曲拐的相对位置，取决于气缸数、气缸排列方式（直列或V型等）和发火次序。在安排多缸发动机的发火次序时，应注意，使相继做功的两缸相距尽可能远，以减轻主轴承的载荷，同时避免进气行程中可能发生的抢气现象（即相邻两缸进气门同时开启）；做功间隔应力求均匀，也就是说，在发动机完成一个工作循环的曲轴转角内，每个气缸都应发火做功一次。而且各缸发火的间隔时间（以曲轴转角表示，称为发火间隔角）应力求均匀。对缸数为i的四冲程直列发动机而言，发火间隔角为$720°/i$，即曲轴每转$720°/i$时，就应有一缸做功，以保证发动机运转平稳。

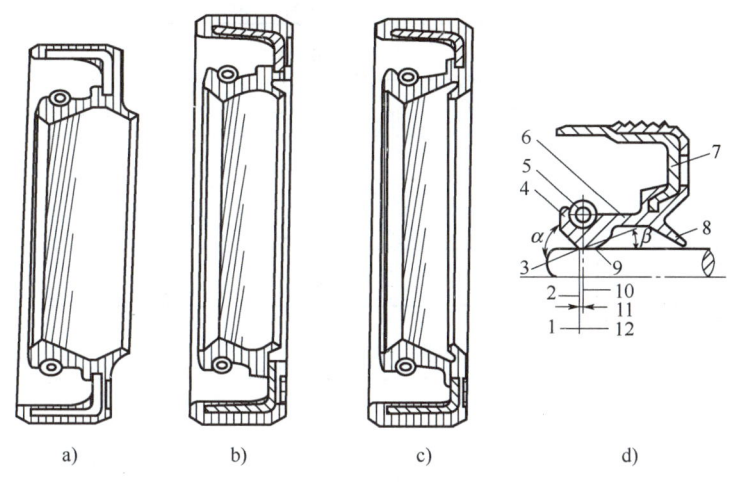

图 2-53 曲轴径向密封环的结构
a）保护唇在外　b）保护唇在内（逆向）　c）保护唇在内（顺向）　d）局部结构
1—机油侧　2—密封面　3—密封棱边　4—密封唇　5—拉力弹簧圈　6—密封体　7—金属保持架
8—保护唇　9—辅助密封棱边　10—拉簧作用平面　11—拉簧杠杆臂　12—空气侧
α—油侧密封角　β—空气侧密封角

常用的多缸发动机曲拐布置和发火次序如下。

1）四冲程直列四缸发动机发火间隔角应为 $720°/4 = 180°$。其曲拐布置如图 2-54 所示，四个曲拐布置在同一平面内。发火次序有两种可能的排列法，即 1-2-4-3 或 1-3-4-2，它们的工作循环见表 2-1 及表 2-2。

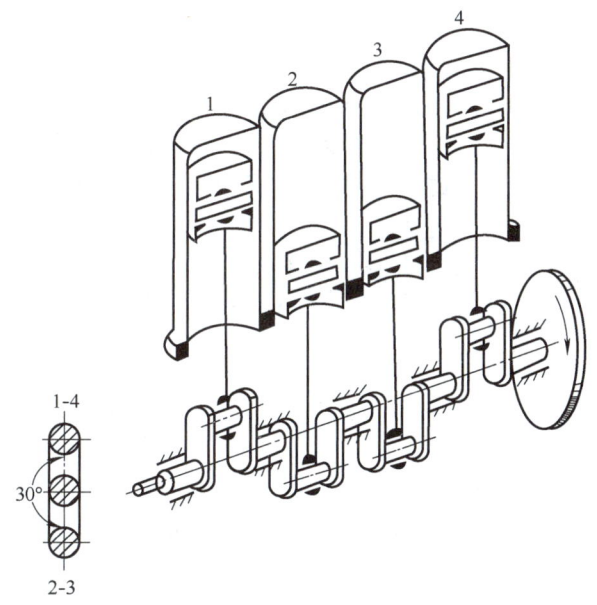

图 2-54 四冲程直列四缸发动机的曲拐布置

表2-1 四缸机工作循环（发火次序：1-2-4-3）

曲轴转角/(°)	第一缸	第二缸	第三缸	第四缸
0~180	做功	压缩	排气	进气
180~360	排气	做功	进气	压缩
360~540	进气	排气	压缩	做功
540~720	压缩	进气	做功	排气

表2-2 四缸机工作循环（发火次序：1-3-4-2）

曲轴转角/(°)	第一缸	第二缸	第三缸	第四缸
0~180	做功	排气	压缩	进气
180~360	排气	进气	做功	压缩
360~540	进气	压缩	排气	做功
540~720	压缩	做功	进气	排气

2）四冲程直列六缸发动机发火间隔角应为720°/6 = 120°。其曲拐布置如图2-55所示，六个曲拐分别布置在三个平面内，各平面夹角为120°。曲拐的具体布置有两种方案：第一种发火次序是1-5-3-6-2-4，这种方案应用较普遍，国产汽车的六缸发动机的点火次序都用这种，其工作循环在表2-3列出；另一种发火次序是1-4-2-6-3-5。

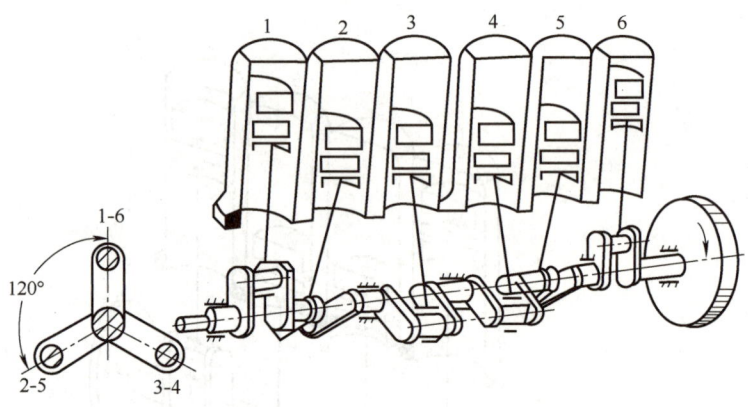

图2-55 四冲程直列六缸发动机连杆轴颈布置（曲拐布置）

3）四冲程V型八缸发动机的缸数$i=8$，所以发火间隔角应为720°/8 = 90°。V型发动机左右两列中相对应的一对连杆共用一个曲拐，所以V型八缸机只有四个曲拐，其布置可以与四缸机一样，四个曲拐布置在同一平面内，也可以布置在两互相错开90°的平面内，如图2-56所示，这样可使发动机得到更好的平衡性。其发火次序为1-5-4-8-6-3-7-2，其工作循环见表2-4。

表 2-3　六缸机工作循环（发火次序：1-5-3-6-2-4）

曲轴转角/(°)	第一缸	第二缸	第三缸	第四缸	第五缸	第六缸
0 ↓ 90~180	做功	排气 / 进气	进气 / 压缩	做功 / 排气	压缩 / 做功	进气
180 ↓ 270~360	排气	进气 / 压缩	压缩 / 做功	排气 / 进气	做功 / 排气	压缩
360 ↓ 450~540	进气	压缩 / 做功	做功 / 排气	进气 / 压缩	排气 / 进气	做功
540 ↓ 630~720	压缩	做功 / 排气	排气 / 进气	压缩 / 做功	进气 / 压缩	排气

表 2-4　四行程 V 型八缸发动机工作循环（工作顺序：1-5-4-8-6-3-7-2）

曲轴转角/(°)	第一缸	第五缸	第四缸	第八缸	第六缸	第三缸	第七缸	第二缸
0 ↓ 90~180	做功	压缩 / 做功	压缩	进气 / 压缩	进气	排气 / 进气	排气	做功 / 排气
180 ↓ 270~360	排气	做功 / 排气	做功	压缩 / 做功	压缩	进气 / 压缩	进气	排气 / 进气
360 ↓ 450~540	进气	排气 / 进气	排气	做功 / 排气	做功	压缩 / 做功	压缩	进气 / 压缩
540 ↓ 630~720	压缩	进气 / 压缩	进气	排气 / 进气	排气	做功 / 排气	做功	压缩 / 做功

二、曲轴扭转减振器

在发动机工作过程中，连杆作用在曲轴上的力呈周期性变化。这样就会使质量较小的曲拐相对于质量较大的飞轮有扭转摆动（曲拐转速较飞轮转速忽快忽慢），这就是曲轴的扭转振动。而曲轴也具有一定弹性和旋转质量，即它是一种扭转弹性系统，本身具有一定的固有频率。当曲轴发生扭振时，曲轴前端的角振幅最大，如果扭振的频率与曲轴系统的固有频率相等或是它的某一倍数时，就会发生共振。这种现象既损失发动机的功率，也会破坏曲轴和安装在上面的驱动齿轮、链轮、链条等附件，严重时甚至将曲轴扭断。为消除这种现象，曲轴前端装有扭转减振器，如图2-57所示。

汽车发动机最常用的曲轴扭转减振器是摩擦式扭转减振器，其可分为橡胶式扭转减振器及硅油式扭转减振器两类。

橡胶式扭转减振器如图2-57所示。惯性盘1和减振器壳体2都与硫化橡胶层4硫化粘接。风扇带轮轮毂5固定在曲轴前端，减振器壳体的毂部用紧固螺栓6固定在风扇带轮轮毂上。当曲轴发生扭转振动时，曲轴前端的角振幅最大，而且通过带轮轮毂带动减振器壳体一起转动。扭转振动惯性质量则因转动惯量较大而实际上相当于一个小型飞轮，其转动瞬时角速度也比减振器壳体均匀得多。这样，扭转振动惯性质量就同减振器壳体有了相对角振动，而使硫化橡胶层产生了反方向交替变化的扭转变形，消耗了扭转振动能量，使整个曲轴的扭转振幅减小，把曲轴共振转速移向更高的转速区域内，从而避免在常用转速范围内出现共振。

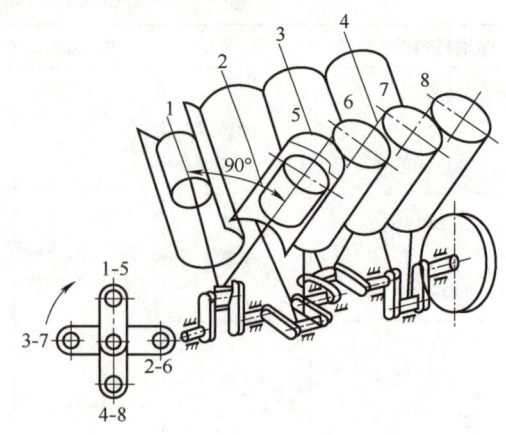

图2-56 四冲程V型八缸发动机的曲拐布置

橡胶式减振器的主要优点是质量小、结构简单、工作可靠，可选择获得最大减振效果的固有频率，也可系列化，所以在汽车发动机上应用广泛，天津夏利、上海桑塔纳轿车发动机的曲轴上都采用了橡胶式扭转减振器。橡胶式减振器的主要缺点是对曲轴扭转振动的衰减作用不够强，而且橡胶由于内摩擦发热升温而容易老化。在一些高级轿车内燃机上，还采用双重减振器，它是在带轮的外圆柱面和内侧端面分别用橡胶与一个扭振减振体和一个弯曲减振体硫化成整体，它可抑制曲轴的扭转振动和弯曲振动。

硅油式扭转减振器如图2-58所示。减振器壳体3是由钢板冲压而成的，连接在曲轴上。

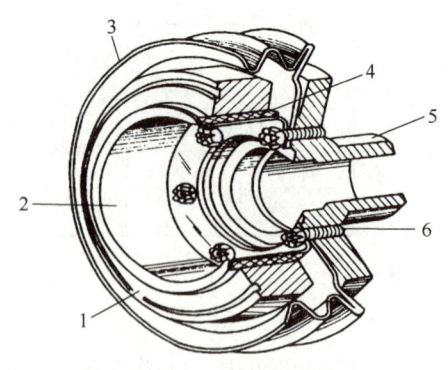

图2-57 橡胶式扭转减振器
1—惯性盘 2—减振器壳体 3—带轮 4—硫化橡胶层
5—带轮轮毂 6—紧固螺栓

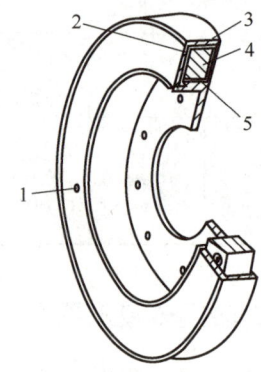

图2-58 硅油式扭转减振器示意图
1—注油螺塞 2—侧盖 3—减振器壳体
4—惯性质量 5—衬套

扭转振动惯性质量4滑套在侧盖2与减振器壳体组成的封闭腔中，惯性质量与封闭腔之间留有一定的间隙，里面充满高黏度硅油。当发动机工作时，减振器壳体与曲轴一起旋转、一起振动，惯性质量则被硅油的黏性摩擦阻尼和衬套的摩擦力所带动，于是在惯性质量与减振器壳体之间产生相对运动。因为惯性质量相当大，所以它做匀速转动。曲轴的振动能量被硅油的内摩擦阻尼吸收，使扭振逐渐消减。这种减振器的主要优点是质量和容积均比较小，减振性能良好；其主要缺点是硅油散热较差，因而容易升温而降低黏度，对曲轴的扭振衰减作用减弱。

三、飞轮

飞轮是一个转动惯量很大的圆盘。其主要作用是储存做功行程的一部分能量，以克服各辅助行程的阻力，使曲轴均匀旋转，使发动机具有克服短时超载的能力。此外，飞轮又常作为汽车传动系统中摩擦离合器的主动盘。

为了保证有足够的转动惯量，并尽可能减小飞轮的质量，应使飞轮的大部分质量都集中在轮缘上，因而轮缘通常做得宽而厚。

飞轮多采用灰铸铁制造，当轮缘的圆周速度超过50m/s时，要采用强度较高的球墨铸铁或铸钢制造。

飞轮外缘上压有一个齿圈，可与起动机的驱动齿轮啮合，供起动发动机用。飞轮上通常刻有第一缸发火正时记号，以便校准发火时间。CA6102型发动机的正时记号是"上止点/1—6"，当这个记号与飞轮壳上的刻线对正时，即表示1—6缸的活塞处在上止点位置，如图2-59a所示。EQ6100—1型发动机的飞轮上的这一记号为一个镶嵌的钢球，当钢球与飞轮壳上的刻线对准时，为1—6缸的活塞处于上止点位置，如图2-59b所示。BJ492Q型发动机带轮边缘的缺口与正时齿轮罩上记号对准时，为1—4缸的活塞处于上止点位置，如图2-59c所示。

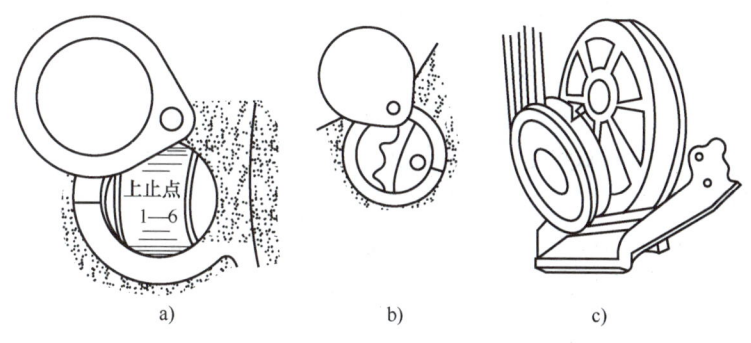

图2-59 汽车发动机发火正时记号

飞轮与曲轴装配后应进行动平衡试验，所以在某些发动机飞轮上和曲轴上能看到有钻过的孔。否则在旋转时因质量不平衡而产生离心力，将引起发动机振动并加速主轴承的磨损。为了在拆装时不破坏它们的平衡状态，飞轮与曲轴之间应有严格的相对位置，用定位销或不对称布置螺栓予以保证。

考证要点

一、填空题

1. 曲柄连杆机构由_____、_____以及_____等三部分构成。
2. 发动机各个机构和系统的装配基体是_____。
3. 活塞连杆组由_____、_____、_____、_____等组成。
4. 活塞环包括_____和_____两种。
5. 在安装气环时,各个气环的切口应该_____。
6. 油环分为_____和_____两种,组合油环一般由_____和_____组成。
7. 在安装扭曲环时,还应注意将其内圈切槽向_____,外圈切槽向_____,不能装反。
8. 活塞销与活塞销座孔及连杆小头衬套孔的配合,一般都采用_____。
9. 连杆由_____、_____和_____三部分组成。连杆_____与活塞销相连。
10. 曲轴飞轮组主要由_____和_____以及其他不同作用的零件和附件组成。
11. 曲轴的曲拐数取决于发动机的_____和_____的排列方式。
12. 曲轴按支承型式的不同分为_____和_____;按结构型式的不同分为_____、_____和_____曲轴;按加工方法的不同分为_____和_____。
13 曲轴前端装有驱动配气凸轮轴的_____,驱动风扇和水泵的_____及止推片等,有些中小型发动机的曲轴前端还装有_____,以便必要时用人力转动曲轴。

二、简答题

1. 曲柄连杆机构的作用是什么?
2. 发动机的气缸有哪几种排列方式?各适用于什么情况?
3. 发动机机体镶入气缸套的目的是什么?气缸套有哪几种形式?柴油机采用哪种形式的气缸套?为什么?
4. 对活塞的要求是什么?它一般是由什么材料制成的?
5. 活塞是由哪几部分组成的?各个部分的作用是什么?
6. 活塞在工作中易产生哪些变形?为什么?怎样防止这些变形?
7. 活塞环包括哪两种?它们的作用是什么?
8. 试分析矩形环的泵油作用,它会带来什么危害?怎样防止泵油?
9. 全浮式活塞销有什么优点?为什么要轴向定位?
10. 为什么连杆大头的剖分面方向有平切口和斜切口两种?
11. 四冲程六缸机的发火间隔角是多少?试画出以 1-3-4-2 次序发火时的工作循环表。

扩展知识

发动机气缸体与气缸盖破裂常见部位及原因的分析

1. 气缸体与气缸盖破裂常见部位

气缸体和气缸盖破裂的部位与发动机的结构有关。气缸体和气缸盖的破裂,多发生在气门座附近和水套薄壁处以及应力集中部位。

2. 气缸体与气缸盖破裂的原因

（1）热应力的影响　发动机气缸体与气缸盖多用灰铸铁或铝合金铸造，其断面结构复杂和各部位壁厚不均匀，在铸造冷却时，收缩间和收缩量也不等而产生内应力；气缸体和气缸盖被切削加工时局部发热，冷却后也易产生残余应力；另外，发动机工作时各部分工作温度不均匀，也同样会引起热应力。

（2）机械应力的影响　发动机工作时受力情况比较复杂。燃气压力、曲柄连杆机构往复运动质量及旋转质量惯性力的合力作用在气缸上曲轴向外输出转矩时，气缸体又受到侧压力构成的反转矩扭转作用，产生一个扭转力矩。这些力作用在气缸体上使气缸体产生拉应力、压应力和弯曲应力。当应力大于气缸体或缸盖材料屈服强度时，多会引起气缸体或气缸盖的变形，甚至还有可能导致裂纹。

（3）使用及维修不当的影响　发动机在高温时严重缺水的情况下突然加入冷水，或在严寒季节起动时加入高温水，均会使气缸套突然收缩或胀裂；装有冷却水的发动机，在严寒季节，如果没有把冷却水放出，会将气缸体或气缸盖冻裂；由于碰撞或严重受振也能造成裂纹。

另外，在镶配气门座圈、气门导管或气缸套时，若配合过盈量过大也能产生裂纹。

单元 3　配气机构

【任务目标】
1）了解配气机构的功用及组成。
2）掌握配气机构的三种传动方式及特点。
3）掌握液压挺柱的结构及工作原理。
4）理解充气效率。
5）熟悉配气相位的基本内容。
6）了解可变配气机构的工作特点。

【任务描述】
配气机构的功用是保证发动机进气充分，排气干净，以保证发动机在各种工况下工作时发挥最好的性能。本单元主要讨论配气机构的构造、配气相位及可变配气机构。

任务3.1　了解配气机构的功用、组成及类型

一、配气机构的功用

配气机构的功用是根据发动机每一气缸内所进行的工作循环和发火次序的要求，定时打开和关闭各气缸的进、排气门，使新鲜可燃混合气（汽油机）或空气（柴油机）得以及时进入气缸，废气得以及时从气缸排出，使换气过程最佳，以保证发动机在各种工况下工作时发挥最佳的性能。

发动机吸入气缸的新鲜空气或可燃混合气越多，发出的功率和转矩越大。新鲜空气或可燃混气充满气缸的程度，常用充气效率 η_v 表示。其公式为

$$\eta_v = M/M_0 \tag{3-1}$$

式中　M——进气过程中实际充入气缸的新鲜空气或可燃混合气的质量；
　　　M_0——理想状态下充满气缸工作容积的新鲜空气或可燃混合气的质量。

对于一定工作容积的发动机而言，充气效率与进气终了时气缸内的压力和温度有关。进气终了压力越高，温度越低，则一定容积的气体质量就越大，表明充气效率就越高。

由于充气时间很短，进气系统对气流的阻力，造成进气终了时缸内气体压力降低，又由

于上一循环中残留在气缸内的高温废气,以及燃烧室、活塞顶、气门等高温零件对进入气缸的新鲜气体有加热作用,使进气终了时气体温度升高,实际充入气缸的新鲜气体的质量总是小于在理想状态下充满气缸工作容积的新鲜气体的质量。也就是说,充气效率总是小于1,一般为0.80~0.90。

影响发动机充气效率的因素很多,故要求配气机构的结构有利于减小进气和排气的阻力,而且进、排气门的开启时刻和持续开启的时间要适当,使进气和排气都尽可能充分。

二、配气机构的组成

如图3-1所示,配气机构由气门组、气门传动组组成。

三、配气机构的类型

(1) 按气门的布置形式分类 按气门布置形式不同,配气机构主要有气门顶置式和气门侧置式两种,如图3-2所示。

气门位于气缸体侧面的配气机构称为气门侧置式配气机构(见图3-2a)。因为它的进、排气门在气缸的一侧,所以压缩比受到限制,进、排气阻力较大,发动机的动力性和高速性均较差,现在很少采用。

图3-1 配气机构的组成

气门位于气缸盖上的配气机构称为气门顶置式配气机构(见图3-2b)。其特点是,进气阻力小,燃烧室结构紧凑,气流涡流强,能达到较高的压缩比,目前汽车发动机主要采用气门顶置式配气机构。

(2) 按凸轮轴的布置位置分类 按凸轮轴的布置位置不同,配气机构可分为凸轮轴下置式、凸轮轴中置式和凸轮轴上置式三种,如图3-3所示。

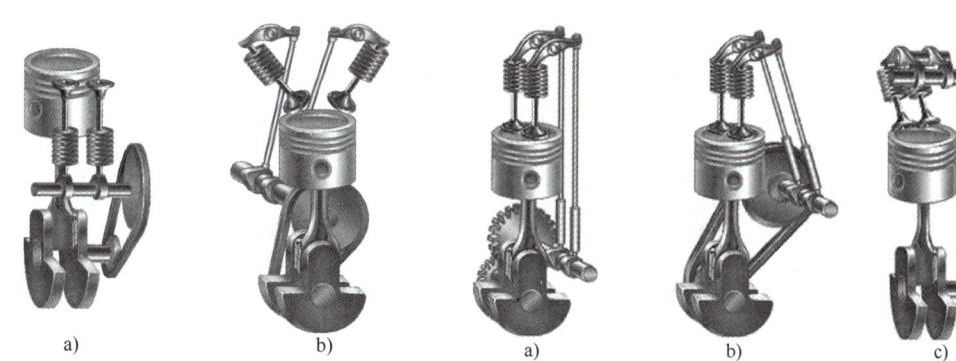

图3-2 配气机构按气门布置形式分类
  a) 气门侧置式 b) 气门顶置式

图3-3 配气机构按凸轮轴的布置位置分类
  a) 凸轮轴下置式 b) 凸轮轴中置式 c) 凸轮轴上置式

1) 顶置气门、下置凸轮轴配气机构(见图3-3a),在潍柴WP12发动机上应用。因其传动环节多、路线长,在高速运动下,整个系统容易产生弹性变形,影响气门运动规律和开启、关闭的准确性,发动机高度也有所增加,所以不适应高速汽油机的要求。

2) 凸轮轴中置式如图3-3b所示。凸轮轴位于气缸体的中部,由凸轮轴经过挺柱直接驱动摇臂，省去了推杆，这种结构称为凸轮轴中置式配气机构。

3）凸轮轴上置式如图3-3c所示，即凸轮轴布置在气缸盖上。凸轮轴上置式有两种结构形式：一种是凸轮轴直接通过摇臂来驱动气门，这样既无挺柱又无推杆，往复运动质量大大减小，此结构适用于高速发动机；另一种是凸轮轴直接驱动气门或带液压挺柱的气门，此种配气机构的往复运动质量更小，特别适用于高速发动机。

（3）按曲轴和凸轮轴的传动方式分类　按曲轴和凸轮轴的传动方式不同，配气机构可分为齿轮传动式、链条传动式和同步带传动式三种，如图3-4所示。

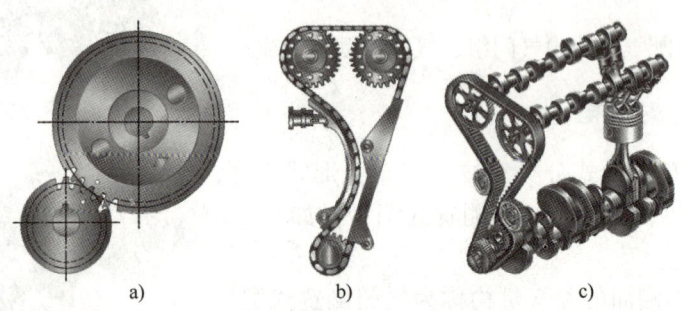

图3-4　按曲轴和凸轮轴的传动方式分类
a）齿轮传动式　b）链条传动式　c）同步带传动式

凸轮轴下置、中置式的配气机构大多采用正时齿轮传动（见图3-4a）。一般从曲轴到凸轮轴只需一对正时齿轮传动，若齿轮直径过大，可增加一个中间齿轮。为了确保啮合平稳，减小噪声，正时齿轮多用斜齿轮。

链条传动（见图3-4b）适用于凸轮轴上置式的配气机构，但其工作可靠性和耐久性不如齿轮传动。近年来高速汽车发动机上广泛采用同步带（见图3-4c）来代替传动链。同步带传动噪声小、工作可靠、成本低。

（4）按每缸气门数目分类　按每缸气门数目不同，配气结构可分为二气门式、三气门式、四气门式和五气门式等形式，如图3-5所示。

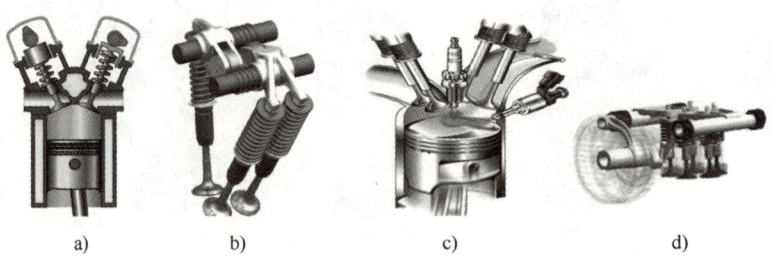

图3-5　按每缸气门数目分类
a）二气门式　b）三气门式　c）四气门式　d）五气门式

一般发动机都采用每缸两个气门，即一个进气门和一个排气门的结构（见图3-5a）。为了改善换气情况，在可能的条件下，应尽量加大气门的直径，特别是进气门的直径。但是，由于受到燃烧室尺寸的限制，气门直径最大一般不能超过气缸直径的1/2。当气缸直径较大，活塞平均速度较高时，每缸一进一排的气门结构就不能保证良好的换气质量了。因此，在很多新型汽车发动机上多采用每缸四个气门的结构（见图3-5c），即两个进气门和两个排气门。

任务3.2　掌握气门组的组成

气门组包括气门、气门导管、气门弹簧、弹簧座及锁片等零件，如图3-6所示。

气门组应保证气门能够实现气缸的密封，具体要求是：气门头部与气门座贴合严密；气门杆的上下运动有良好的导向；气门弹簧的两端面与气门杆的中心线相垂直，以保证气门头在气门座上不偏斜；气门弹簧的弹力足以克服气门及其传动件的运动惯性力，使气门能迅速关闭，并保证气门紧压在气门座上。

一、气门

气门由头部和杆部两部分组成，如图3-7所示。头部用来封闭气缸的进、排气通道，杆部则主要为气门的运动导向。气门头部的工作温度很高，进气门的温度可高达600～700K，排气门的温度更高，可达800～1100K，而且气门头部还要承受气体压力、气门弹簧力以及气门传动组零件惯性力的作用，其冷却和润滑条件又比较差。因此，要求气门必须具有足够的强度、刚度、耐热和耐磨能力。

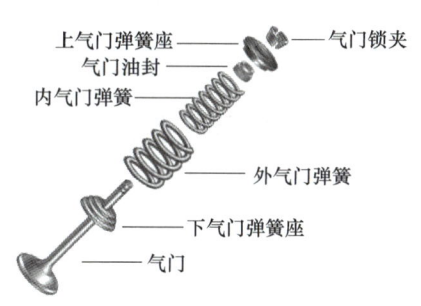

图3-6　气门组的组成

图3-7　气门的结构
1—气门杆部　2—气门头部

气门的顶部有平顶、球面顶和喇叭形顶等形式，如图3-8所示。平顶气门头部（见图3-8b）结构简单，制造方便，吸热面积小，质量也较小，进、排气门均可采用，目前使用最多。喇叭形气门头部（见图3-8d）与杆部的过渡部分具有一定的流线型，可以减少进气阻力，但其顶部受热面积大，故适用于进气门。球面顶气门头部（见图3-8a），因其强度高，排气阻力小，废气的清除效果好，适用于排气门。但球面顶气门头的受热面积大，质量和惯性力大，加工较复杂。

气门头部与气门座接触的工作面是与杆部同心的锥面，通常将这一锥面与气门顶平面的夹角称为气门锥角，一般做成45°。有的发动机进气门的锥角做成30°，如图3-9所示。这是考虑到在气门升程相同的情况下，气门锥角较小时，气流通过的断面较大，进气阻力较小。锥角较小的气门头部边缘较薄，刚度较小，致使气门头部与气门座的密封性及导热性均较差。排气门因热负荷较大而用较大的锥角。气门头部的边缘应保持一定的厚度，一般为1～3mm，

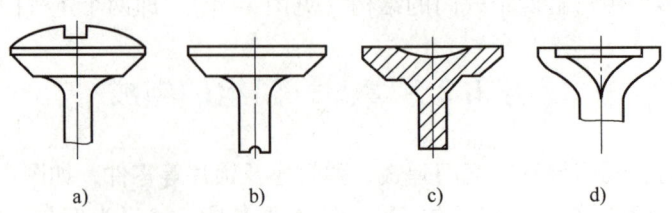

图 3-8　气门的顶部形状
a）球面顶　b）平顶　c）凹顶　d）喇叭形顶

以防止工作中由于气门与气门座之间的冲击而造成气门损坏或被高温气体烧蚀。为了减少进气阻力，提高充气效率，多数发动机进气门的头部直径比排气门的大。为保证良好密合，装配前应对气门头部与气门座的密封锥面进行配对研磨，研磨好的零件不能互换。

气门杆部呈圆柱形，在气门导管中不断进行往复运动。其表面应具有较高的加工精度和较低的表面粗糙度值，并经热处理以保证同气门导管的配合精度和耐磨性，并起到良好的导向和散热作用。气门杆端的形状取决于气门弹簧座的固定方式，如图 3-10 所示，常用剖分或两半的锥形锁片 3 来固定弹簧座 4。

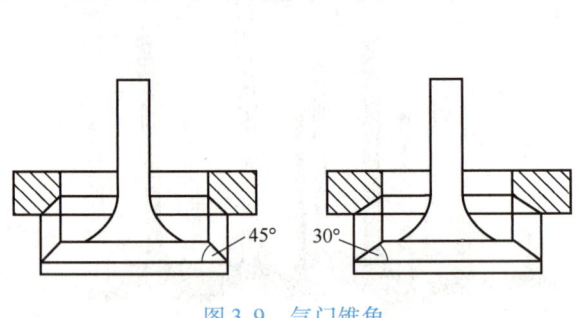

图 3-9　气门锥角

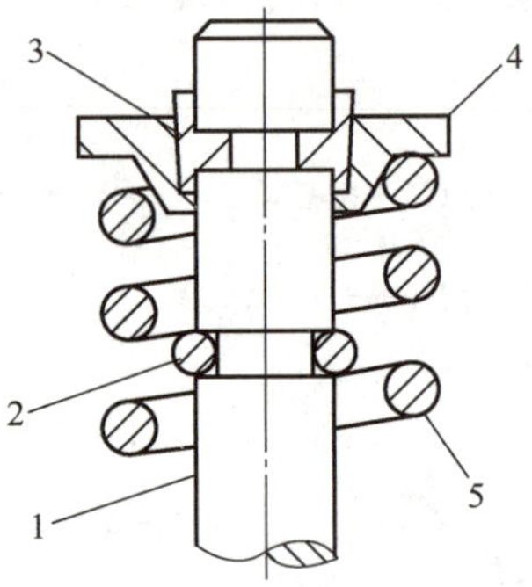

图 3-10　弹簧座的固定方式
1—气门杆部　2—锁销　3—锁片
4—弹簧座　5—气门弹簧

二、气门油封

有的发动机高速化后，进气管中的真空度显著提高，气门室内的机油会通过气门杆部与气门导管之间的间隙被吸入气缸内。为此，在发动机的气门杆部安装有气门油封，以减少机油的消耗和燃烧室内积炭的产生，如图 3-11 所示。

三、气门导管

气门导管是气门在其中做直线运动的导套，以保证气门与气门座正确贴合。此外，气门导管还在气门杆部与气缸盖之间起导热作用。气门导管一般用耐磨的合金铸铁或粉末冶金材料制造，然后以一定的过盈量压入气缸盖的气门导管孔内。为了防止其轴向运动，保证气门导管伸入进、排气歧管的合适深度，有的发动机用卡环对气门导管定位，如图 3-12 所示。

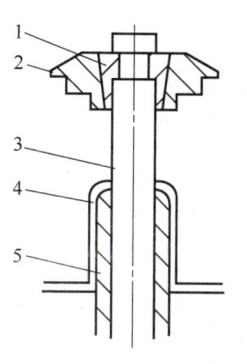

图 3-11 气门油封
1—锁片 2—弹簧座 3—气门杆部
4—防油罩或密封圈 5—气门导管

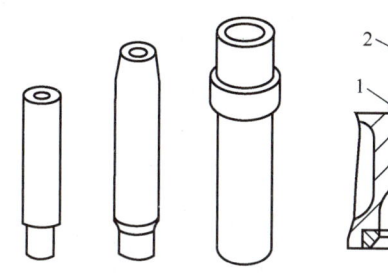

图 3-12 气门导管
1—卡环 2—气门导管 3—气缸盖

气门导管的工作温度也较高，约为500K。气门杆部在气门导管中运动时，仅靠配气机构飞溅的机油进行润滑，因此易磨损。气门导管大多数用灰铸铁、球墨铸铁或铁基粉末冶金制造。气门导管内、外圆柱面经加工后压入气缸盖的气门导管孔中，气门杆部与气门导管之间一般有 0.05～0.12mm 的间隙，使气门杆部能在气门导管中自由运动。

四、气门座

气缸盖（或气缸体）的进、排气道与气门锥面相接合的部位称为气门座。它也有相应的锥角，如图 3-13 所示。气门座与气门头部共同对气缸起密封作用，并接受气门传来的热量。气门座在高温条件下工作，磨损严重，故有不少发动机的气门座用较好的材料（合金铸铁、奥氏体钢等）单独制作，然后镶嵌到气缸盖上。采用铝合金气缸盖的发动机，由于铝合金材质较软，气门座必须镶嵌。

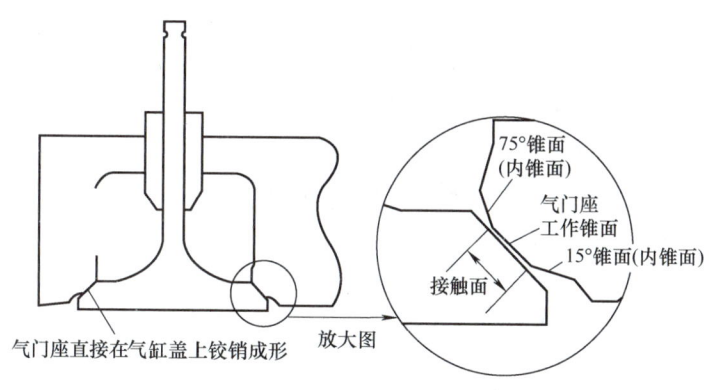

图 3-13 气门座

五、气门弹簧

气门弹簧的作用是使气门自动回位，克服在气门关闭过程中气门及传动件因惯性力的作用而产生间隙，保证气门与气门座紧密贴合，防止气门在发动机振动时发生跳动，破坏其密封性。为此,气门弹簧应具有足够的刚度和安装预紧力。

气门弹簧一端支承在气缸盖或气缸体上,另一端压靠在气门弹簧座上,如图3-14所示。为防止因弹簧折断而使气门工作失效,有些发动机安装了两根同心气门弹簧。气门弹簧在工作时,当其工作频率与自然振动频率相等或成某一倍数时,将会发生共振。为了防止这一现象的发生,两根同心弹簧应以旋向相反的方式安装。当一根弹簧折断时,另一根还可维持工作,可防止折断的弹簧圈卡入另一个弹簧圈内,并能使气门弹簧的高度有所减小。

气门弹簧多为圆柱形螺旋弹簧,其材料为高碳锰钢、铬钒钢等冷拔钢丝,加工完成后要进行热处理。钢丝表面还要经磨光、抛光或喷丸处理,以提高疲劳强度,增强弹簧的工作可靠性。此外,为了避免气门弹簧发生锈蚀,弹簧表面应进行镀锌、镀铜、磷化或发蓝处理。

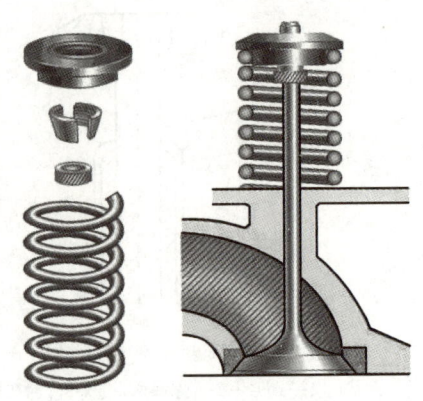

图3-14 气门弹簧

任务3.3 掌握气门传动组的组成

气门传动组主要包括凸轮轴及正时带轮、挺柱、导管、推杆、摇臂和摇臂轴等,如图3-15所示。气门传动组的作用是使进、排气门能按配气相位规定的时刻开闭,且保证有足够的开度。

一、凸轮轴

凸轮轴(见图3-16)上主要配置有各缸进、排气凸轮,可以使气门按一定的工作次序和配气相位及时开闭,并保证气门有足够的升程。凸轮受到气门间歇性开启的周期性冲击载荷作用,因此要求凸轮表面耐磨以及具有足够的韧性和刚度。

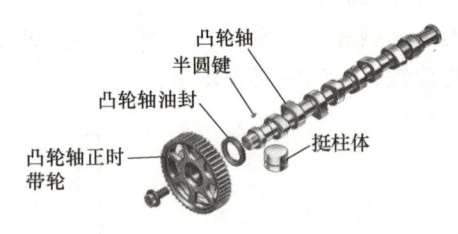

图3-15 气门传动组的组成

凸轮轴的变形会影响配气相位,因此有的发动机凸轮轴采用全支承方式以减小其变形。支承数越多,加工工艺越复杂。一般发动机的凸轮轴每隔两个气缸设置一个轴颈,如图3-16所示的凸轮轴有四个轴颈。为了安装方便,凸轮轴各轴颈直径是做成从前向后依次减小的。

凸轮轴一般用优质钢模锻而成,也可采用合金铸铁或球墨铸铁铸造。凸轮和轴颈的工作表面一般经热处理后精磨,以改善其耐磨性。

如图3-16所示,同一气缸的进、排气凸轮的相对角位置是与既定的配气相位相适应的,发动机各个气缸的进气(或排气)凸轮的相对角位置应符合发动机各气缸的点火次序和点火间隔时间的要求。因此,根据凸轮轴的旋转方向以及各进气(或排气)凸轮的工作次序,就可以判定发动机的点火次序。四缸四冲程发动机每完成一个工作循环,曲轴需旋转两周而凸轮轴只旋转一周。在这一期间内,每个气缸都要进行一次进气和排气过程,且各缸进气(或排气）的时间间隔相等，即各缸进（或排）气凸轮彼此间的夹角均为 90°。点火次序为 1—2—4—3 的四缸四冲程发动机的凸轮轴，从前端向后看，沿凸轮轴旋转方向，任何两个相继点火的气缸的进（或排）气凸轮间的夹角均为 360°/4 = 90°。

图 3-16　四缸发动机凸轮轴

凸轮的轮廓应保证气门开启和关闭的持续时间符合配气相位的要求，且使气门升程和升降过程有合适的运动规律。凸轮轮廓形状如图 3-17 所示。点 O 为凸轮旋转中心，$\overset{\frown}{EA}$ 为以 O 为圆心的圆弧。当凸轮按图中箭头方向转过 $\overset{\frown}{EA}$ 时，挺柱不动，气门关闭。凸轮转过点 A 后，挺柱（液压挺柱除外）开始上移。至点 B 时，气门间隙消除，气门开始开启。凸轮转到点 C 时，气门开度达到最大值。到点 D 时，气门闭合终了。φ 对应着气门开启持续角，ρ_1 和 ρ_2 分别对应着消除和恢复气门间隙所需的转角。凸轮轮廓 BCD 段的形状决定气门的升程及其升降过程的运动规律。

为防止凸轮轴发生轴向窜动，凸轮轴必须有轴向定位装置。常用的轴向定位方法有止推轴承定位、止推片轴向定位及止推螺钉轴向定位。

二、挺柱

挺柱的功用是将凸轮轴的推力传给推杆或气门，并承受凸轮轴旋转时所施加的侧向力。采用液力挺柱，如图 3-18 所示，消除了配气机构中的间隙，减小了各零件的冲击载荷和噪声，同时凸轮轮廓可设计得比较陡一些，气门开启和关闭更快，以减小进排气阻力，改善发动机的换气，提高发动机的性能，特别是高速性能。发动机工作时，机油沿主油道供到气门挺柱。

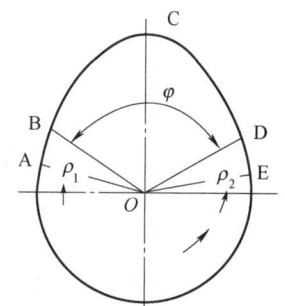

图 3-17　凸轮轮廓形状

1) 当气门关闭时，机油经挺柱体和柱塞上的油孔进入柱塞腔 A，并经过单向阀充入挺柱体腔 B 内。柱塞便在挺柱体腔内油压及弹簧的作用下上行，压紧气门推杆。但此压力远小于气门弹簧的张力，气门不会被打开，只是消除了整个配气机构中的间隙。与此同时，挺柱体腔 B 内的油液也已充满，单向阀在碟形弹簧作用下关闭。

2) 气门的开启：当凸轮转到工作面使挺柱上行时，气门弹簧的张力便通过推杆作用在柱塞上，由于单向阀已关闭，柱塞便推压挺柱体腔 B 内的油液，使压力升高，而液体具有不可压缩性，挺柱便像一个整体一样推动气门开启。在此过程中，由于挺柱体腔内油压较高，在柱塞与挺柱体的间隙处，将有少许油液泄漏而使"挺柱缩短"。

3) 气门的关闭：当凸轮转到非工作面与挺柱接触时，解除了对推杆的推力，使挺柱腔内油压降低。于是，主油道中的油压将再次使单向阀打开，向挺柱体腔内充油，以补充工作时的泄漏,并且此油压又和弹簧一起使柱塞上行,如此始终保持了配气机构的无间隙传力。

4)若气门、推杆受热膨胀,挺柱回落后向挺柱体腔内的补油过程便会减少补油量(工作过程中)或使挺柱体腔内的油液从柱塞与挺柱体间隙中泄漏一部分(停车时),从而使挺柱自动"缩短",因此可不留气门间隙而仍能保证气门关闭。相反,若气门、推杆遇冷收缩,则向挺柱体腔内的补油过程便会增加补油量(工作过程中)或在柱塞弹簧作用下使柱塞上行,打开单向阀向挺柱体腔内补油(停车时),从而使挺柱自动"伸长",因此仍能保持配气机构无间隙。

由于在气门开启过程中挺柱体腔内的油液会有少量泄漏,而且油液并非刚性,所以挺柱工作时会被微量压缩,从而使气门开启持续角稍有减小,一般减小量只有几度凸轮转角。但是,当柱塞与挺柱体配合处磨损过大、泄油过多时,配气相位角将明显减小。

三、推杆

推杆(见图 3-19)的作用是将从凸轮轴经过挺柱传来的推力传给摇臂。它是配气机构中最易弯曲的零件。因此,要求推杆具有较高的刚度,在动载荷大的发动机中,推杆应尽量做得短些。

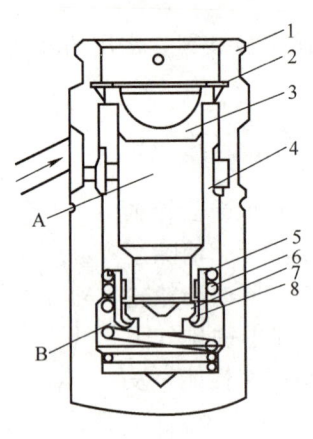

图 3-18 液压挺柱
1—挺柱体 2—卡簧 3—球座 4—柱塞 5—单向阀架
6—柱塞弹簧 7—单向阀 8—碟形弹簧
A—柱塞腔 B—挺柱体腔

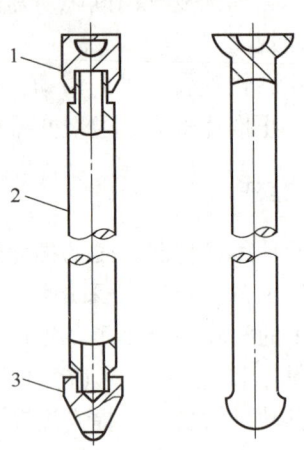

图 3-19 推杆
1—上端头 2—杆身 3—下端头

推杆通常采用冷拔无缝钢管制成。推杆的两端焊接或压配有不同形状的端头,下端头通常是圆球形,以便与挺柱的凹球形支座相适应;上端头一般采用凹球形,主要是为了与摇臂上的气门间隙调整螺钉的球形头部相适应,另外,还可以积存少量润滑油以减小磨损。推杆的上、下端头均经热处理并磨光,以提高耐磨性。

四、摇臂

摇臂的功用是将凸轮经推杆传来的力改变方向并作用到气门杆尾端以使气门开启。摇臂

实际上是一个双臂杠杆，如图3-20所示。摇臂6的两边臂长的比值（称为摇臂比）为1.2~1.8，其中长臂一端是推动气门的。长臂端头的工作表面一般制成球形，当摇臂摆动时可沿气门杆端面滚滑，这样可使其作用在气门杆上的力沿气门轴线方向。摇臂内还钻有润滑油道和油孔。在摇臂的短臂一端装有用以调节气门间隙的调节螺钉及锁紧螺母，螺钉的球头与推杆顶端的凹球座相接触。

摇臂通过衬套空套在摇臂轴5上，而后者又支承在支座2上，摇臂上还钻有油孔。摇臂轴为空心管状结构，机油从支座上的油道经摇臂轴内腔和摇臂中的油道流向摇臂两端进行润滑。为了防止摇臂发生窜动，在摇臂轴上，每两摇臂之间都装有定位弹簧7。

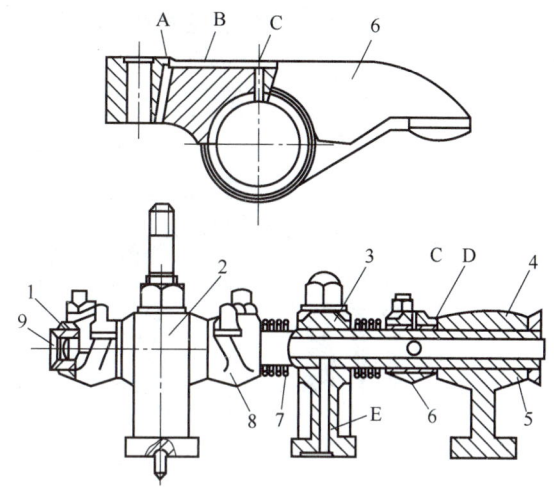

图 3-20　摇臂及摇臂组
1—垫圈　2、3、4—摇臂轴支座　5—摇臂轴
6、8—摇臂　7—弹簧　9—堵头
A、C、D、E—油孔　B—油槽

五、气门间隙

发动机在冷态时，气门处于关闭状态，气门与传动件之间的间隙就是气门间隙，如图3-21所示。如果气门及其传动件之间，在冷态时无间隙或间隙过小，则在热态下气门及其传动件的受热膨胀会将气门自动顶开，引起气门关闭不严，造成发动机在压缩和做功行程中的漏气，使功率下降，严重时甚至使发动机不易起动。为消除上述现象，通常在发动机冷态装配时，在气门与其传动机构中，留有适当的间隙，以补偿气门受热后的膨胀量。

气门间隙视配气机构的总体结构形式而定，同时这一间隙也可调整。气门间隙的大小一般由发动机制造厂根据试验确定。通常在冷态时，进气门的气门间隙为0.25~0.30mm，排气门的气门间隙为0.3~0.35mm。若气门间隙过大，则使传动零件之间以及气门和气门座之间产生撞击，进而加速磨损，同时也使气门开启的持续时间缩短。

采用液力挺柱的发动机，挺柱的长度能自动变化，随时补偿气门的热膨胀量，故不需要预留气门间隙。

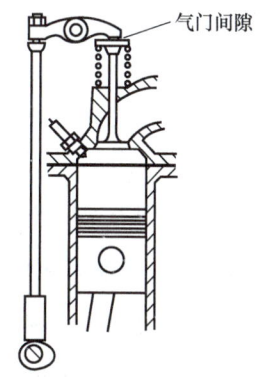

图 3-21　气门间隙

任务3.4　熟悉配气相位的基本内容

一、配气相位定义

配气相位就是用曲轴转角表示的进、排气门的实际开闭时刻和开启的持续时间。用曲轴

转角的环形图来表示配气相位，这种图称为配气相位图，如图3-22所示。

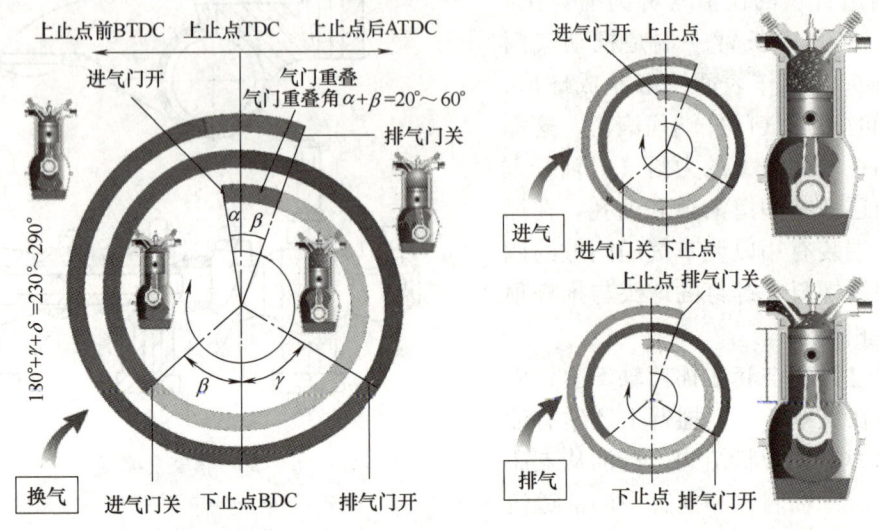

图3-22　配气相位图

二、配气相位对发动机工作性能的影响

理论上四冲程发动机的进气门应当在活塞处于上止点时开启，当活塞运动到下止点时关闭；排气门则应当在活塞处于下止点时开启，在上止点时关闭；进气时间和排气时间各占180°曲轴转角。实际发动机的曲轴转速都很高，活塞每一行程历时都很短。例如上海桑塔纳轿车发动机，在最大功率时的转速为5600r/min，一个行程历时仅为0.0054s。这样短时间的进气和排气过程，往往会使发动机充气不足或排气不干净，从而使发动机功率下降。因此，现代发动机都采取延长进、排气时间的方法，即气门开启和关闭的时刻并不正好是活塞处于上止点和下止点的时刻，而是分别提前或延迟一定的曲轴转角，以改善进、排气状况，从而提高发动机的动力性能。

三、进气配气相位

在排气行程接近终了，活塞到达上止点之前，进气门便开始开启，即曲轴转到活塞处于上止点位置还差一个角度 α（称为进气提前角）。直到活塞过了下止点又上行，即曲轴转到超过活塞下止点位置以后一个角度 β（称为进气迟后角）时，进气门才关闭。进气提前角一般为10°~30°，进气迟后角一般为40°~80°。这样，整个进气过程中，进气门开启持续时间为180°+α+β。

进气门早开晚关的目的是保证进气行程开始时进气门已有一定开度。在进气行程中获得较大进气通道截面，使新鲜气体能顺利地充入气缸。当活塞到达下止点时，气缸内压力仍低于大气压力，在压缩行程开始阶段，活塞上移速度较慢的情况下，仍可以利用气流较大的惯性和压力差继续进气，因此进气门晚关是利于充气的。发动机转速越高，气流惯性越大，进气迟后角应越大，以充分利用进气惯性充气。

四、排气配气相位

在做功行程接近终了,活塞到达下止点前,排气门便开始开启,提前开启的角度 γ 称为排气提前角,一般为 40°~80°。经过整个排气行程,在活塞越过上止点后,排气门才关闭,排气门关闭的延迟角 δ 称为排气迟后角,一般为 10°~30°。这样,整个排气过程中,排气门开启持续时间的曲轴转角,即排气持续角为 180°+γ+δ。

排气门早开的目的是利用做功过程后期,活塞接近下止点时,气缸内的气体仍有 300~500kPa 的压力。但就活塞做功而言,作用不大,这时若稍开启排气门,大部分废气在此压力作用下可高速从缸内排出以减小排气行程消耗的功。当活塞到下止点时,气缸内压力大大下降(110~120kPa),这时排气门的开度进一步增加,从而减少了活塞上行时的排气阻力。高温废气的迅速排出,还可以防止发动机过热。

排气门迟关的目的主要是利用排气气流惯性排出更多的废气。当活塞到达上止点时,燃烧室内的废气压力仍高于大气压力,加之排气气流有一定惯性,所以排气门迟关,可以使废气排放得较干净。

五、气门的叠开

同一气缸的工作行程顺序是排气行程后,接着便是进气行程。因此,在实际发动机中,在进、排气行程的上止点前后,如图 3-22 所示,由于进气门在上止点前即开启,而排气门在上止点后才关闭,这就出现了在一段时间内排气门与进气门同时开启的现象,这种现象称为气门重叠,重叠的曲轴转角 α+δ 称为气门重叠角。由于新鲜气流和废气流的流动惯性比较大,在短时间内是保持原来的流动方向,因此只要气门重叠角选择适当,就不会产生废气倒流入进气管或新鲜气体随同废气排出的可能性,这将有利于换气。但应注意,如气门重叠角过大,当汽油机小负荷运转,进气管内压力很低时,就可能出现废气倒流,进气量减少。对于不同发动机,由于结构形式、转速各不相同,因而配气相位也不相同。合理的配气相位应根据发动机性能要求,通过反复试验确定。

考证要点

一、填空题

1. 凸轮轴通过正时齿轮由_____驱动,四冲程发动机一个工作循环凸轮轴转_____周,各气门开启_____次。
2. 气门顶置式配气机构的凸轮轴布置有三种形式,它们是_____、_____、和_____。
3. 气门重叠角是_____和_____之和。
4. 气门间隙是指在_____与_____之间留有适当的间隙。气门间隙过大,气门开启时刻变_____,关闭时刻变_____;气门间隙过小,易使气门_____。
5. 气门采用双弹簧结构时,外弹簧刚度较_____,内弹簧刚度较_____,且两弹簧的旋向_____。
6. 曲轴与凸轮轴之间的传动方式有_____、_____和_____三种。

7. 气门弹簧座一般是通过_____或_____固定在气门杆尾端的。

二、简答题

1. 配气机构的功用是什么？
2. 叙述奥迪 A6 发动机可变气门的工作原理。
3. 如何从一根凸轮轴上找出各缸的进、排气凸轮和该发动机的点火顺序？
4. 气门弹簧起什么作用？对于顶置式气门如何防止弹簧断裂时气门落入气缸中？
5. 配气机构中进、排气门为什么早开晚关？
6. 简述液压挺柱的工作原理。
7. 简述凸轮轴位置不同的配气机构各自特点。
8. 什么是配气相位？

扩展知识

VVT 可变气门正时系统

VVT（Variable Valve Timing）可变气门正时系统通过配备的控制及执行系统，对发动机凸轮的相位进行调节，从而使得气门开启、关闭的时间随发动机转速的变化而变化，以提高充气效率，增大发动机功率，如图 3-23 所示。而 VVT 中文意思是"可变气门正时"，由于采用电子控制单元（ECU）控制，因此起了一个好听的中文名称叫"智慧型可变气门正时系统"。该系统主要控制进气门凸轮轴，又多了一个小尾巴"i"，就是英文"Intake"（进气）的代号。这些就是"VVT－i"的字面含义了。VVT—i 系统是智能可变气门正时系统的英文缩写，发动机已普遍安装了 VVT—i 系统。VVT—i 系统可连续调节气门正时，但不能调节气门升程。

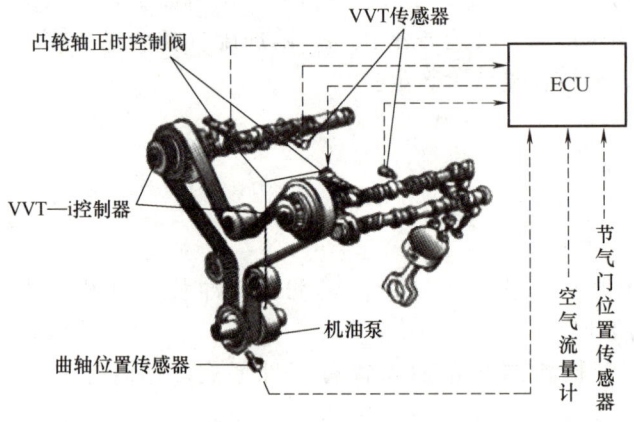

图 3-23　VVT 可变气门正时系统

发动机可变气门正时技术的工作原理是：根据发动机的运行情况，调整进气（排气）量、气门开合时间、角度，使进入的空气量达到最佳值，提高燃烧效率。它的优点是省油、功升比大；而缺点是中段转速扭矩不足。

曲轴经由齿状的传动装置带动凸轮轴转动，使得气门在做开启与关闭的动作时会与曲轴的转动角度形成一定的对应关系。而气体的流动会随着发动机运转速度的快慢而改变，如何

使气缸在不同的转速下都能够获得良好的进气效率？为此必须改变气门开启与关闭的时间。经由安装在凸轮轴前端的油压装置使凸轮轴可以另外做一些小角度转动，以使进气门在转速升高时得以提早开启。

采用可变配气定时机构可以改善发动机的性能。发动机转速不同，要求不同的配气定时。这是因为，当发动机转速改变时，由于进气流速和强制排气时期的废气流速也随之改变，因此在气门晚关期间利用气流惯性增加进气和促进排气的效果将会不同。

单元 4　汽油机燃油供给系统

【任务目标】
1）了解电控汽油喷射系统的类型。
2）熟悉电子控制汽油喷射系统的组成及工作原理。
3）掌握电子控制汽油喷射系统主要元件的结构及工作原理。
4）学会排气净化。

【任务描述】

汽油机燃油供给系统的功用是根据发动机各工况的不同要求,准确地计量空气与燃油的混合比,并将一定数量和浓度的可燃混合气供入气缸,最后将燃烧做功后的废气排入大气。本单元主要讨论电子控制汽油喷射式燃油供给系统,并介绍该系统主要元件的结构、工作原理及排气净化。

任务 4.1　了解汽油机燃油供给系统基础知识

汽油机燃油供给系统的组成如图 4-1 所示。

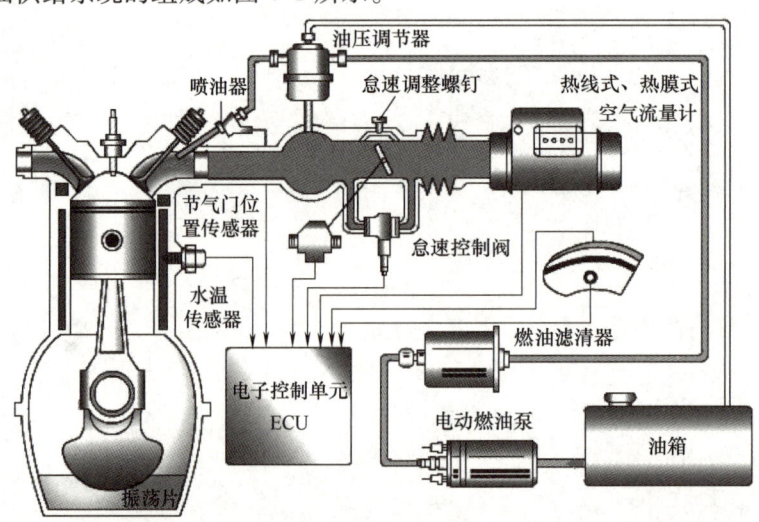

图 4-1　燃油供给系统组成

汽油机燃油供给系统有化油器式和汽油喷射式两种基本型式。化油器式发动机存在着燃油分配不均匀，在过渡与冷态运行工况下混合气成分控制质量差以及难以实施反馈控制等缺点，致使排放污染较汽油喷射系统发动机严重，因此化油器式燃油供给系统的应用越来越少。近20年来，为了适应汽车排放法规日益严格的要求，汽油喷射混合气形成方式，已取代了化油器式燃油供给系统。

汽油喷射系统按喷射控制装置的型式分为机械式和电控式两种。机械式燃油的计量是通过机械传动与液压传动实现的，电控式燃油的计量是由电子控制单元（ECU）与电磁喷油器实现的，后者的应用较广泛。本章主要以电子控制汽油喷射式燃油供给系统为主，介绍其构造和工作原理。

一、汽油

发动机的燃料主要是汽油。汽油主要是从石油中提炼出来的，是密度小而且又易于挥发的液体燃料。汽油由多种碳氢化合物组成。其主要性能指标为蒸发性、抗爆性和热值。它们对发动机性能有很大的影响。

（1）汽油的蒸发性　汽油必须含有足够比例的高蒸发性的成分，以得到良好的发动机冷起动性能，其蒸发性的大小影响发动机能否正常工作。当温度较高时，蒸发性过高的汽油易在油路中蒸发形成"气阻"；当环境温度较低时，蒸发性过低的汽油会有一部分不能蒸发、燃烧，并滞留在气缸壁上，不仅使燃油消耗量增加，而且会稀释润滑油，导致气缸加快磨损，影响发动机的寿命。

（2）汽油的抗爆性　汽油的抗爆性是指汽油在发动机气缸中燃烧时，避免产生爆燃的能力，即抗自燃能力是汽油的一项主要性能指标。"爆燃"是一种非正常燃烧，与发动机的温度、压缩比、燃油特性等有关，一般在压缩行程终了时产生。它将造成发动机过热、排气冒烟、功率下降、油耗增加，并伴有明显的敲缸声，甚至损坏机件。

汽油的抗爆性评价指标是辛烷值。辛烷值表示异辛烷（C_8H_{18}）在汽油混合物中的容积百分比，其值最大为100。辛烷值高，汽油抗爆性好；反之，汽油抗爆性差。

压缩比高的发动机选用辛烷值高的汽油，反之，选用辛烷值低的汽油。

（3）汽油的热值　汽油的热值是指单位质量（1kg）的汽油完全燃烧后所产生的热量，约为44000kJ/kg。

二、可燃混合气成分的表示方法

可燃混合气是指燃料与空气的混合物。对汽油机而言就是汽油与空气混合形成的混合物。目前可燃混合气浓度的表示方法有过量空气系数和空燃比。中国采用过量空气系数，欧美采用空燃比。

1）过量空气系数是指燃烧1kg燃料实际供给的空气质量与理论上1kg燃料完全燃烧所需空气质量之比，用α表示。α=1的可燃混合气定义为理论混合气；α<1为浓混合气；α>1稀混合气。

2）空燃比（A/F），即空气和燃油的混合比，是指实际吸入发动机中空气的质量与燃料质量的比值。A/F=14.7是理论混合气，指汽油完全燃烧并生成CO_2和H_2O；A/F>14.7为稀混合气；A/F<14.7为浓混合气。

三、发动机不同工况对混合气的要求

1. 过渡工况对混合气的要求

过渡工况主要有冷车起动、暖车、加减速等工况。

1) 冷车起动时,由于发动机的转速和燃烧室壁面温度低、空气流速慢,导致汽油蒸发和雾化条件不好,因此要求发动机供给很浓的混合气。为保证冷起动顺利,要求供给的混合气空燃比达2∶1才能在气缸中产生可燃混合气。

2) 暖车过程中,发动机随着转速的提升,温度也在逐步上升。由于发动机温度仍然较低,气缸内的废气相对增多,混合气受到稀释,对燃烧不利,为保证发动机稳定运行也要求提供较浓的混合气。暖车的加浓程度,必须在暖车过程中逐渐减小,一直到发动机能以正常的混合气在稳定工况下运转为止。

3) 汽车在加速时,节气门突然开大,进气管压力随之增加。由于液体燃料流动的惯性和进气管压力增大后燃料蒸发量减少,大量的汽油颗粒沉积在进气管壁上,形成厚油膜,这样会造成实际混合气成分瞬间被稀释,使发动机转速下降。为防止这种现象发生,要使进气管喷入附加燃油,才能获得良好的加速性能。

4) 汽车急减速时,驾驶人迅速松开加速踏板,节气门突然关闭,此时由于惯性作用使发动机仍然保持很高的转速。因为进气管真空度急剧升高,进气管内压力降低,促使附着在进气管壁上的燃油加速汽化,造成混合气过浓。为避免这一情况发生,在发动机减速时,供给的燃油应减少。

2. 稳定工况对混合气的要求

稳定工况大致可分为怠速、小负荷、中负荷、大负荷和全负荷几种工况。

怠速工况是发动机无负荷运行。这时节气门处于全闭状态,进气管内的真空度很大。在进气门开启时,气缸内的压力可能高于进气管压力,废气膨胀进入进气管内。在进气行程中,把这些废气和新混合气同时吸入气缸,结果气缸内的混合气含有百分比较大的废气。为保证这种经废气稀释过的混合气能正常燃烧,就必须供给很浓的混合气。如图4-2所示,随着节气门开度增大,稀释将逐渐减弱,所以小负荷工况下要求混合气按 AB 段供给。

在中等负荷时,节气门已有足够的开度,废气稀释影响不大,因此要求供给发动机较稀的混合气,以获得最佳的燃油经济性,这种工况如 BC 段,空燃比为 16~17。

在大负荷时,节气门开度已超过3/4,这时要求节气门开度加大,逐渐加浓混合气,这种工况如 CD 段,以满足动力要求。

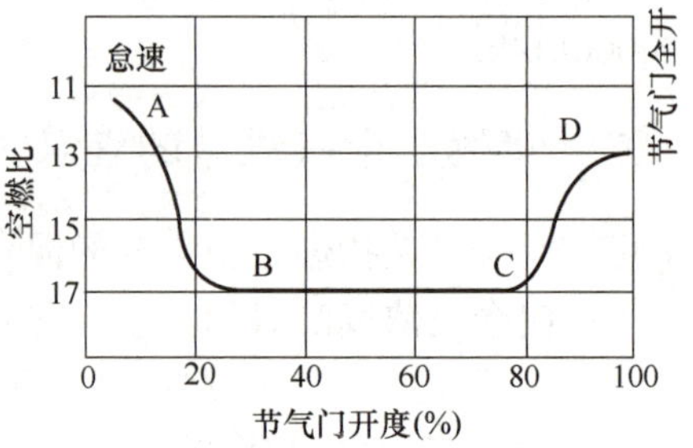

四、电控汽油喷射系统的类型

图4-2 空燃比随汽油机负荷变化的关系

电子控制燃油喷射技术从20世纪60年代以来得到较快的发展和广泛的应用。一些著名汽车公司都相继开发、研制并应用了许多不同类型、档次各异的电控汽油喷射系统。电控汽油喷射系统可按喷射位置、喷射装置、喷射方式、空气流量测量方式和有无反馈信号等方法进行分类。

1. 按喷射位置分类

根据汽油的喷射位置,汽油喷射系统可分为两大类:缸内喷射和进气管喷射。进气管喷射又进一步分为单点喷射和多点喷射。

(1) 缸内喷射 缸内喷射是将喷油器安装在缸盖上直接向缸内喷油,因此喷油器阀体要能够承受燃气产生的高温高压,另外发动机设计时需要保留喷油器的安装位置。缸内喷射是近几年燃油喷射技术的发展趋势之一,如图4-3所示。

(2) 进气管喷射

1) 单点喷射(SPI)。如图4-4a所示。单点喷射系统把喷油器安装在化油器所在的节气门段。它是用一个喷油器将燃油喷入进气流,形成混合气进入进气歧管,再分配到各缸中。

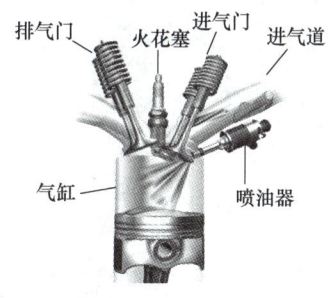

图4-3 缸内喷射

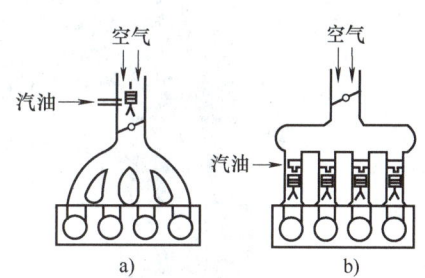

图4-4 进气管喷射
a) 单点喷射 b) 多点喷射

2) 多点喷射。如图4-4b所示,多点喷射系统在每缸进气口处都装有一只喷油器,由电子控制单元(ECU)控制进行分缸单独喷射或分组喷射。汽油直接喷射到各缸的进气门前方,再与空气一起进入气缸形成混合气。多点喷射系统是目前最普遍的喷射系统。

2. 按空气流量测量方法分类

按空气流量的测量方法,汽油喷射系统可分为三种:一种是直接测量空气质量流量的方式,称为质量流量控制的汽油喷射系统(如K型、KE型、L型、LH型等);二是根据进气管压力和发动机转速,推算吸入的空气量,并计算燃油流量的速度密度方式,称为速度密度控制的汽油喷射系统(D型);第三种是根据节气门开度和发动机转速,推算吸入的空气量并计算燃油流量的节流速度方式,称为节流速度控制的汽油喷射系统。

3. 按有无反馈信号分类

按有无反馈信号来划分,电控汽油喷射系统可分为开环控制和闭环控制两大类。

(1) 开环控制 开环控制系统只给主系统发出指令,不能检查或控制主系统的实际输出情况。它是把根据实验确定的发动机各种工况的最佳供油参数输入电子控制单元,发动机运转时电子控制单元根据各传感器的输入信号,确定喷油量,从而决定空燃比,使发动机良好运行。这种控制系统是单向的。

(2) 闭环控制 闭环控制是通过对输出信号的检测并利用反馈信号对输入进行调整,使输出满足要求。如在排气管上加装氧传感器,根据排气中的含氧量来测定发动机燃烧室内的燃烧工况,并把信号反馈到电子控制单元与原来给定的信号进行比较,对燃油量与空燃比进行修正。因此,闭环控制可达到较高的控制精度,可消除产品差异和磨损等形成的性能变化。

五、电控汽油喷射系统组成

电控汽油喷射系统的组成如图 4-5 所示。该喷射系统是电子控制的多点、间歇式汽油喷射系统,目前应用最为广泛。它以发动机的进气量和发动机转速作为基本控制参数,从而提高了喷油量的控制精度。

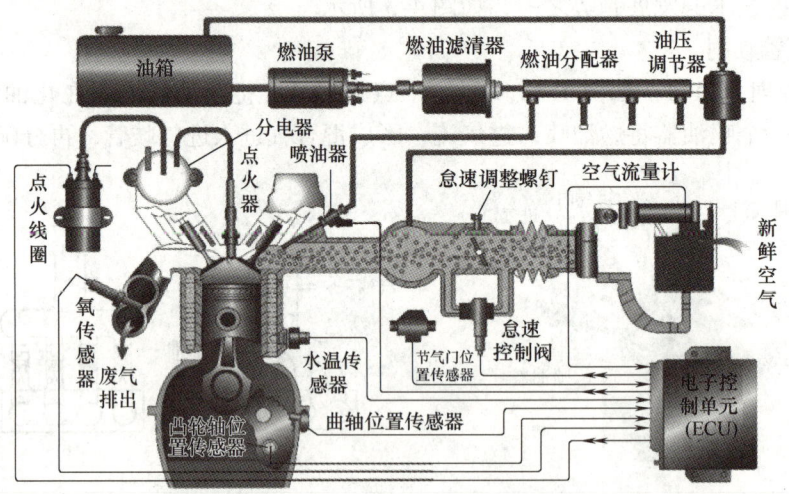

图 4-5　电控汽油喷射系统的组成

电控汽油喷射供给系统主要由燃油供给系统、电子控制系统、空气供给与废气排出系统等组成。

1) 燃油供给系统的作用是向发动机供给燃烧所需的汽油。它主要由电动燃油泵、燃油滤清器、燃油压力调节器、燃油压力脉动阻尼器、喷油器和燃油管路等组成。

2) 电子控制系统的作用是检测发动机的工作状况,精确控制燃油喷射量、喷油正时和点火时刻。它主要由各种传感器、各种执行器和控制器(又称为电子控制单元 ECU)组成。

3) 空气供给系统的作用是向发动机提供新鲜的空气。它主要由空气滤清器、进气总管、进气歧管等组成。废气排出系统主要由排气歧管及排气消声器等组成。

任务 4.2　掌握电控汽油机燃油供给系统的组成

电控汽油机燃油供给系统主要由电动燃油泵、燃油滤清器、燃油压力脉动阻尼器、燃油压力调节器、喷油器和燃油管路等组成。

一、电动燃油泵

电动燃油泵的作用是从油箱中泵出燃油并建立油压。

电动燃油泵的安装方式有两种:一种是安装在油箱外输送管路中的外装式燃油泵;另一种是安装在油箱中的内装式燃油泵,有利于冷却,不易产生高温气阻,已取代外装式燃油泵。

内装式电动燃油泵通常有两种类型,即滚柱式和叶片式。由于滚柱式电动燃油泵运转时噪声大,油压脉动也大,而且泵体内表面和转子容易磨损。近年来,越来越多的发动机采用叶片式电动燃油泵。

图4-6所示为叶片式电动燃油泵。叶轮是一个圆形平板，在平板的圆周上加工有小槽，形成泵油叶片。叶轮旋转时，小槽内的汽油随同叶轮高速旋转。由于离心力的作用，使出口处油压增高，而在进口处产生真空，使汽油从进口吸入，从出口压出。

电动燃油泵固定在汽油箱的底部，泵油压力可达 0.2～0.47MPa，油压波动较小（约2kPa）。通常燃油泵提供泵油压力为 0.3MPa 左右；工作温度为 -40～110℃，

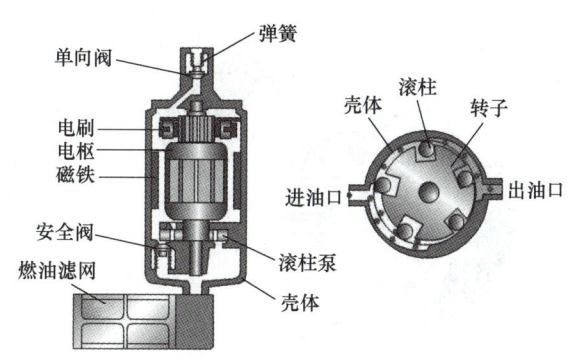

图4-6　叶片式电动燃油泵

短时间允许达到140℃；汽油温度最高70℃，短时间允许达到120℃；工作电压为直流12V。限压阀的功用是当油压超过 0.45MPa 时开启，使汽油回流到进油口，以防止油压过高损坏燃油泵。在出油口处装设单向阀，当发动机停机时关闭，防止管路中的汽油倒流回燃油泵，借以保持管路中有一定的油压，以便比较容易地再次起动发动机。

二、燃油滤清器

燃油滤清器的作用是将汽油中的氧化铁、粉尘等杂质滤去，防止燃油系统堵塞，减少机件的磨损，确保发动机稳定工作，提高可靠性。

图4-7所示为燃油滤清器的结构。滤芯一般由滤纸制造，可滤去直径约 0.01mm 的杂质。燃油滤清器安装在汽油泵的出口一侧，它是一次性用品。滤清器的寿命取决于燃油的污染程度，一般在汽车行驶40000km后需要更换。

三、燃油压力调节器

燃油压力调节器安装在燃油分配总管的一端，其作用是保证喷油器喷油压力与进气管压力之差为恒定值。这样，喷油器的喷油量就只与喷油时间有关，ECU通过控制喷油时间来控制喷油量。

如图4-8所示，燃油压力调节器主要由膜片2、弹簧4等组成。膜片下方为真空室，与进气管相通。膜片上方为燃油室，与燃油管相通。回油口7由阀门控制，经回油管与燃油箱相连。发动机运转过程中，当膜片上方燃油室中的油压与膜片下方的真空吸力和弹簧张力的合力平衡时，膜片位置一定，阀门开度和回油量一定，油压也一定。

燃油压力与进气管压力（真空度）的关系如图4-9所示，燃油压力调节器的工作原理如图4-10所示。

当节气门开度变小或曲轴转速升高时，进气管真空度增大，真空吸力增大，这时膜片克服弹簧4的弹力向下拱曲度增大，回油管口开度加大，回油增加，汽油经回油口7流回汽油箱，系统燃油压力下降，如图4-9和图4-10a所示，但两者的压差保持不变，即喷油压力（Δp）= 燃油压力（p）+ 进气支管真空度（Δp_x）= 恒值。

图4-7 燃油滤清器

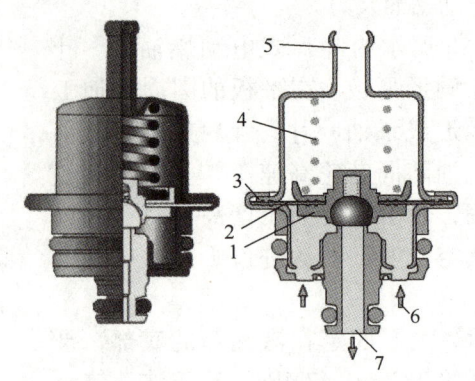

图4-8 燃油压力调节器
1—阀座 2—膜片 3—阀门 4—弹簧 5—真空接管
6—进油口 7—回油口

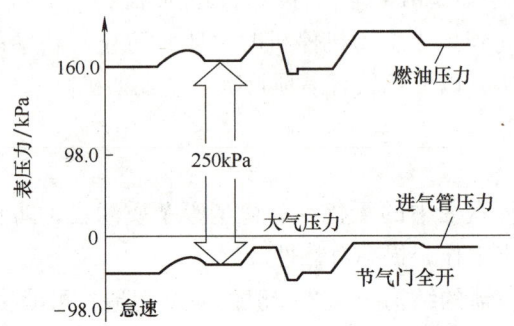

图4-9 燃油压力与进气管压力（真空度）的关系

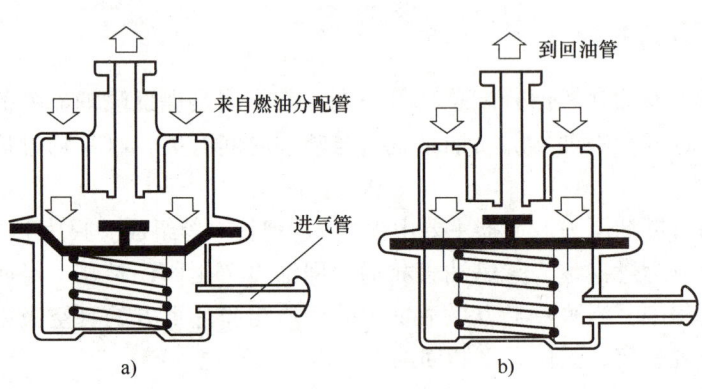

图4-10 燃油压力调节器的工作原理
a) 急速时 b) 全负荷时

当节气门开度变大或曲轴转速降低时，进气管真空度降低，真空吸力减小，这时膜片在弹簧的弹力作用下向下拱曲度变小，回油管口开度变小，回油减少，系统燃油压力升高，如图4-9所示，但两者的压差仍然保持不变，即喷油压力（Δp）= 燃油压力（p）+ 进气管真空度（Δp_x）= 恒值。

燃油供给装置的压力与进气管压力之差由油压调节器中弹簧的弹力限定，调节弹簧预紧力即可改变两者的压力差，也就是改变喷油压力，一般为0.3~0.5MPa。

四、燃油压力脉动阻尼器

燃油压力脉动阻尼器的作用是减小燃油管路中油压的波动，进而降低噪声。

图4-11所示为燃油压力脉动阻尼器的结构示意图。它主要由燃油接头、膜片、弹簧、壳体和调节螺钉等组成。

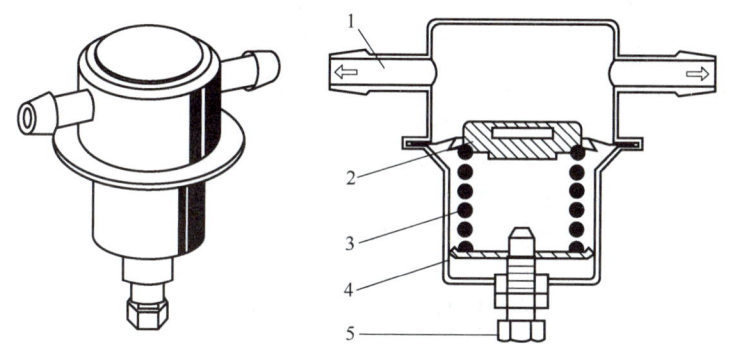

图4-11 燃油压力脉动阻尼器的结构示意图
1—燃油接头 2—膜片 3—弹簧 4—壳体 5—调节螺钉

当燃油总管内的油压升高时，弹簧被压缩，膜片下移，膜片上方的容积增大，使油压减小；当燃油总管的油压降低时，弹簧伸长，膜片上移，膜片上方的容积减小，使油压升高，从而减小燃油压力的脉动。

有些发动机的燃油总管容积相对于发动机的循环喷油量要大得多，也具有储油蓄压的作用，能减小燃油压力的脉动。

五、喷油器

喷油器是电控燃油喷射系统的一个重要的电磁执行器。它根据ECU发来的喷油脉冲信号，精确地计量燃油喷射量。影响喷油量的因素主要有喷油孔尺寸、喷油压力、喷油持续时间和喷油器动态响应特性等。对于一定型式的喷油器，其喷油孔尺寸和喷油器动态响应特性是确定的，喷油压力由燃油压力调节器调节为恒定值。因此，喷油量取决于喷油持续时间。

喷油器的分类方法很多，按喷油器结构形式可分为轴针式、球阀式和片阀式三种。轴针式电磁喷油器抗堵塞性能好，应用广泛。

图4-12所示为轴针式电磁喷油器，主要由针阀、电磁线圈、弹簧和壳体等组成。

图4-13所示为喷油器的工作原理。当电磁线圈中无

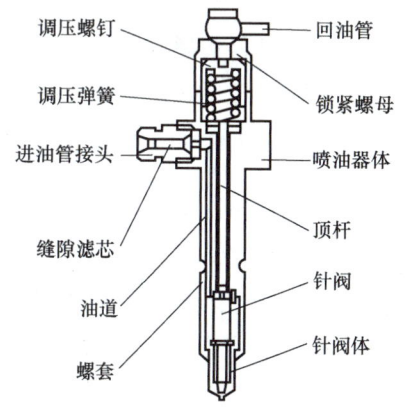

图4-12 轴针式电磁喷油器的结构

电流通过时，喷油器针阀在弹簧力作用下紧压在锥形密封阀座上（图 4-13a）；当 ECU 发出喷油信号时，电磁线圈通电，产生磁场将衔铁连同针阀向上吸起，喷油口打开，燃油喷出。为了使燃油充分雾化，针阀前端磨出一段喷油轴针。

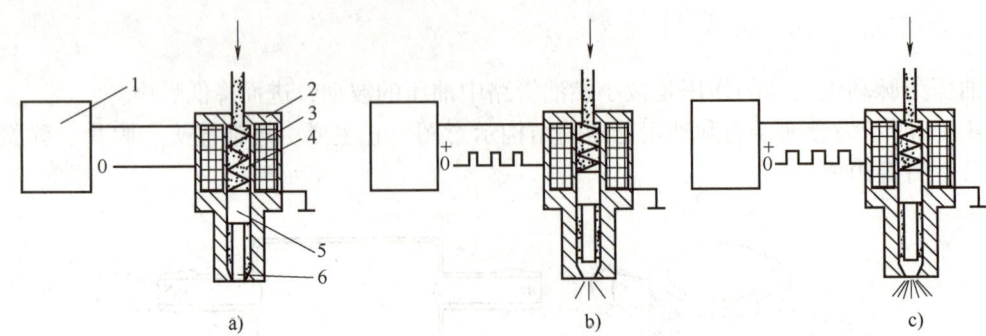

图 4-13 喷油器的工作原理
a）发动机停机时无电脉冲输出　b）短脉冲宽度　c）长脉冲宽度
1—电控单元　2—喷油器体　3—电磁线圈　4—复位弹簧　5—衔铁　6—针阀

电子控制单元以电脉冲的形式向喷油器输出控制电流。当电脉冲从零升起时，喷油器因通电而开启；电脉冲回落到零时，喷油器又因断电而关闭。电脉冲从升起到回落所持续的时间称为脉冲宽度。若电子控制单元输出的脉冲宽度短，则喷油持续时间短，喷油量少（图 4-13b）；若电子控制单元输出的脉冲宽度长，则喷油持续时间长，喷油量多（图 4-13c）。一般喷油器针阀升程约为 0.1mm，而喷油持续时间在 2～10ms 范围内。

任务 4.3　掌握电控汽油机控制系统的组成

电子控制系统的主要作用是收集发动机的工况信号并确定最佳喷油量、最佳点火时刻。电子控制系统由电控单元、各种传感器、执行器，以及连接它们的控制电路组成。不同类型的电子控制装置的控制功能、控制方式和控制电路的布置不完全一样，但基本原理相似。

一、传感器

1. 空气计量传感器

发动机的进气量是一个关键参数，精确计量空气量对准确控制喷油量及点火正时十分重要。空气量的计量方法有进气管绝对压力传感器式间接测量法和空气流量传感器式直接测量法两类。

（1）进气管压力传感器（MAP）　如图 4-14 所示，进气管绝对压力与节气门开度和发动机转速有关。节气门开度越大，进气管压力越高（真空度越低）。当节气门全开时，进气管压力接近大气压力，因此，进气管绝对压力反映了发动机负荷，通过测量进气管绝对压力和发动机转速信号可以间接确定进入气缸的空气量。

（2）空气流量传感器

1）翼片式空气流量传感器。翼片式空气流量传感器的构造如图 4-15 所示。在其空气流量计壳体 9 内有空气主流道 8 和旁通空气道 7。在主流道内装有与销轴 10 一起转动的翼片 3 和缓冲片 5。没有空气流过时，卷簧 1 总是使翼片处于关闭主流道的位置。在销轴的一端装有电位计 2，它将翼片转动的角转换为电信号。电位计与电子控制单元连接。

翼片式空气流量传感器的原理是根据吸入空气气流对翼片 3 的作用力与卷簧 1 的弹力相平衡，使翼片偏转到一定角度，与翼片转轴同轴的电位计 2 的滑臂随翼片一起转动，使电位计电阻值发生变化，从而把进气流量的变化转化成电量参数的变化，实现对进气量的测量。

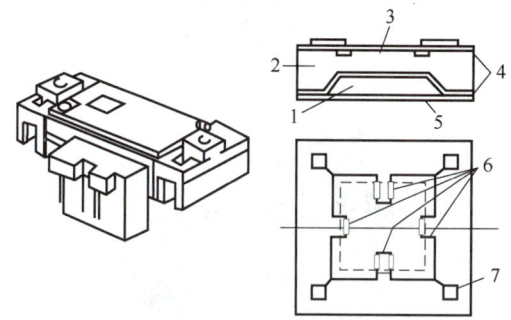

图 4-14　应变片式进气管压力传感器
1—真空腔　2—硅　3—硅片　4—二氧化硅膜
5—硼硅酸玻璃片　6—传感电阻　7—金属块

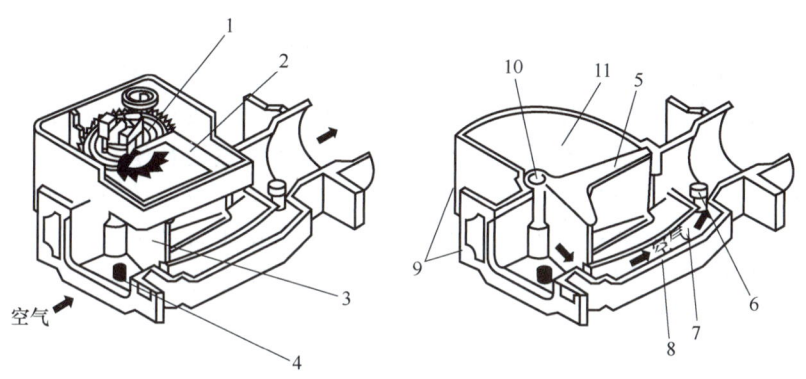

图 4-15　翼片式空气流量传感器的结构
1—卷簧　2—电位计　3—翼片　4—进气温度传感器　5—缓冲片　6—旁通空气调节螺钉
7—旁通空气道　8—主流道　9—空气流量计壳体　10—销轴　11—缓冲室

缓冲室 11 和缓冲片 5 的作用是减小进气气流的变化对测量叶片产生的冲击和振动，使叶片转动平稳，提高测量精度。旁通空气调节螺钉 6 用来调节怠速时的进气量大小，以改变怠速时的混合气浓度。

翼片式空气流量传感器的结构简单，工作可靠性高，测量精度不受电源电压波动的影响，但翼片对进气产生阻力，动态响应慢，需要对进气温度、压力进行修正。

2）热线式空气流量传感器。图 4-16 所示为热线式空气流量传感器的结构。它主要由感知空气流量的铂金热线 5、温度补偿电阻 6（冷线）、控制电路板 7、测试管 4、金属防护网 3 及壳体 2 等组成。

图 4-17 所示为热线式空气流量传感器的工作原理，由设置在进气管道中的白金热线电阻 R_H、温度补偿电阻 R_K、精密电阻 R_A 和电桥电阻 R_B 组成惠斯登电桥。控制电路 A 使热线温度与进气温度之差保持在大约 100℃，流经热线的空气质量流量越大，被带走的热量就越多。要保持热线温度与进气温度之间的温差恒定，必须增加通过热线的电流，热线式空气流量传感

器就是利用热线与空气之间的这种热交换传递现象进行空气流量测量的。它所测量的是空气质量，不需要进行温度和压力修正。

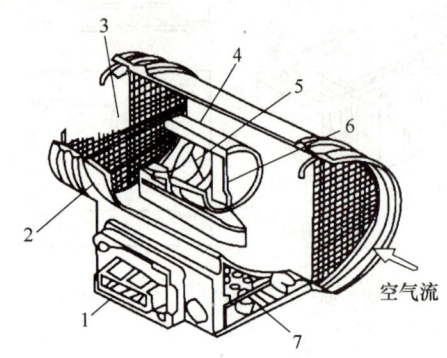 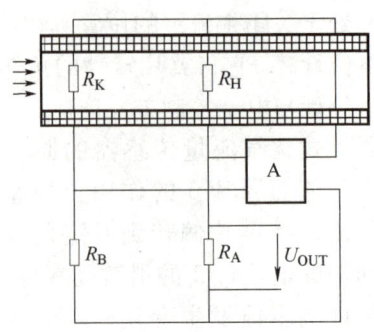

图4-16 热线式空气流量传感器的结构
1—电源插座 2—壳体 3—金属防护网 4—测试管
5—铂金热线 6—温度补偿电阻 7—控制电路板

图4-17 热线式空气流量传感器的工作原理
A—控制电路 R_H—热线电阻 R_K—温度补偿电阻
R_A—精密电阻 R_B—电桥电阻

3）热膜式空气流量传感器。由于热线式空气流量计造价太高，主要用于高级轿车。为了满足精度高、结构简单、造价又便宜的要求，人们利用价格较便宜的与电子电路相同的厚膜工艺，开发了热膜式空气流量传感器。它不采用铂，而是将热线补偿、电阻及精密电阻用厚膜工艺镀在一块陶瓷片上。同时，它的分析电路比热线式空气流量传感器要简单得多，而起动速度几乎一样，因此，这种空气质量流量传感器已大量用于各种电控汽油喷射系统中。图4-18所示为热膜式空气流量传感器的结构，其工作原理与热线式空气流量传感器类似。

2. 节气门体

图4-19所示为节气门体，它位于空气流量传感器之后的进气管上，包括节气门1、怠速控制阀3和节气门位置传感器2。

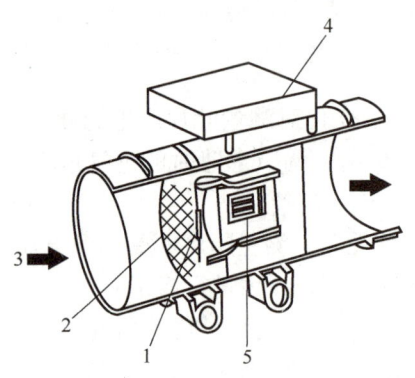 

图4-18 热膜式空气流量传感器的结构
1—温度补偿电阻 2—金属滤网 3—进气气流
4—控制电路板 5—热膜

图4-19 节气门体
1—节气门 2—节气门位置传感器
3—怠速控制阀

（1）怠速控制阀 怠速控制阀的功用是自动调节发动机的怠速转速，使发动机在设定的怠速转速下稳定运转。驾驶人踩加速踏板，怠速开关触点打开。当怠速开关触点闭合时，电子控制单元(ECU)通过此信号来判别是否处于怠速工况。

(2)节气门位置传感器 节气门位置传感器安装在节气门体上,传感器的转轴与节气门轴联动。其功用是把节气门的开度信号转变成电信号,输送给 ECU;ECU 根据节气门开度信号感知发动机的负荷状态,对喷油量及点火提前角进行修正;同时,ECU 通过检测节气门的开、闭速率感知发动机的加减速工况。

图 4-20 所示为电位计式节气门位置传感器的结构,图 4-21 所示为电位计式节气门位置传感器与 ECU 接线。节气门轴上装有滑触臂,节气门轴转动时滑触臂就在互相平行的两段弧形滑触电阻上滑动。怠速触点(IDL)信号主要用于断油控制和点火提前角的修正。

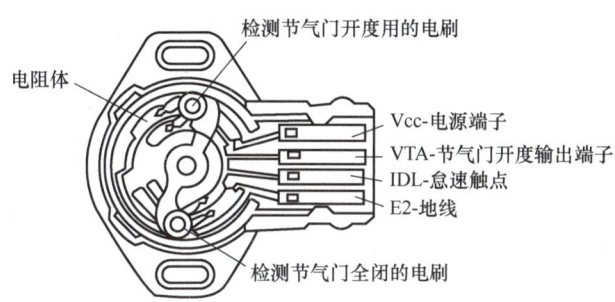

图 4-20 电位计式节气门位置传感器的结构

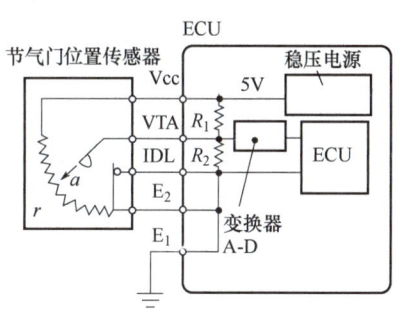

图 4-21 电位计式节气门位置传感器与 ECU 接线

3. 发动机转速与曲轴位置传感器

转速传感器用来测量发动机转速,以确定基本喷油量和基本点火提前角。曲轴位置传感器用以确定相对于每缸压缩上止点的喷油定时和点火定时。在顺序喷射的发动机上因有两缸同时处于上止点位置的情况,因此还需判断缸信号。

目前常用的转速传感器和曲轴位置传感器有电磁感应式、霍尔效应式和光电效应式三种。

(1)电磁感应式 图 4-22 所示是一种安装在曲轴上的电磁感应式曲轴位置传感器。它主要由永久磁铁、感应线圈和信号齿盘等组成。信号齿盘由曲轴带动旋转,利用轮齿靠近和离开感应线圈时,通过感应线圈的磁通量变化,从而在线圈中产生感应电动势。信号齿盘不停旋转,在感应线圈中就产生交变电动势信号,发动机电子控制单元可以从电压交变的变化频率来计算出发动机的转速。另外,在信号齿盘上缺 2 个齿,用于识别曲轴位置(第一缸上止点位置),作为点火正时信号的参考基准。

(2)霍尔效应式 根据霍尔效应原理,在两块永久磁铁之间放一块通电的霍尔集成电路就构成了一个霍尔元件,如图 4-23 所示。图 4-24 所示为装在分电器中的霍尔传感器的工作原理。将霍尔元件固定在分电器上,并在分电器的转轴上安装一个转子,转子上等间隔布置着其数量与发动机缸数相等的叶瓣,当叶瓣转到霍尔元件的气隙中时,

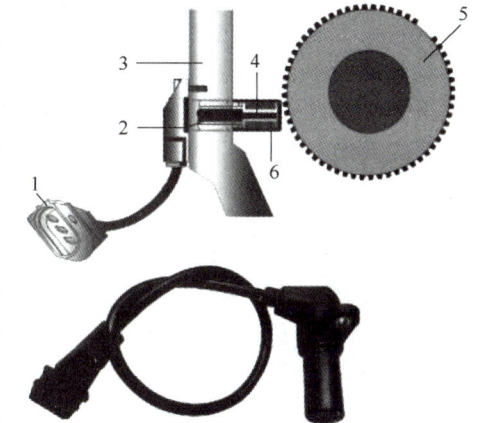

图 4-22 电磁感应式曲轴位置传感器
1—插头 2—永久磁铁 3—发动机壳体
4—铁心 5—信号齿盘 6—感应线圈

因叶瓣遮隔了磁力线而使霍尔元件没有霍尔电压输出，而当叶瓣让出气隙时便有霍尔电压输出，这样就构成了霍尔传感器。安装在分电器上的霍尔传感器每分钟发出的脉冲数也等于曲轴转速的 1/2 与叶瓣数即缸数的乘积。ECU 根据采集到的霍尔脉冲便可得出转速。

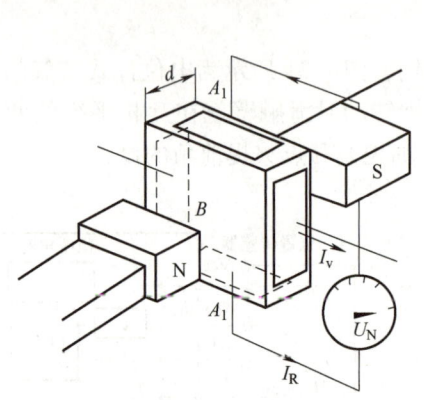

图 4-23　霍尔效应

B—磁通密度　　I_R—霍尔电流

I_v—供电电流　　U—霍尔电压

d—元件厚度

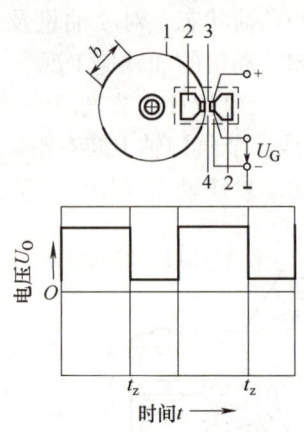

图 4-24　装在分电器中的霍尔传感器的工作原理

1—宽度为 b 的叶瓣　2—带永久磁铁的软磁体

3—霍尔集成电路　4—气隙

t_z—点火时刻

（3）光电效应式　图 4-25 所示为光电式曲轴位置传感器，一般安装在分电器内，由信号发生器 1 和带光孔信号盘 2 组成。

4. 冷却液温度传感器

冷却液温度传感器用来检测发动机的热状态。其信号输入到发动机 ECU，用来对基本喷油量进行修正。在怠速时，其信号是发动机 ECU 控制怠速转速的主要信号源。常见的冷却液温度传感器是半导体热敏电阻式，如图 4-26 所示，其内部是一个半导体负温度系数热敏电阻。它是利用半导体材料的电阻随温度变化而变化的特性制成的。其灵敏度高，有负温度特性和正温度特性两种。负温度特性是指温度升高时，电阻值降低；正温度特性是指电阻值随温度升高而增加。

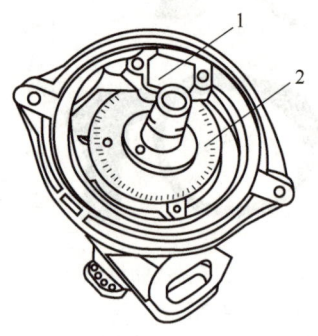

图 4-25　光电式曲轴位置传感器

1—信号发生器　2—信号盘

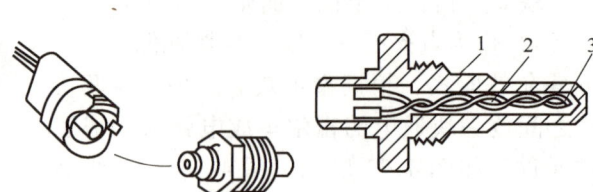

图 4-26　冷却液温度传感器

1—传感器外壳　2—导线　3—热敏电阻

5. 进气温度传感器

进气温度传感器的功用是测量进气温度，并将温度变化的信息传输给电子控制单元作为修正喷油量的依据之一。通常安装在空气流量传感器上或进气歧管处。

进气温度传感器安装在进气歧管处，其结构如图 4-27 所示。如图 4-28 所示，其内部也是一个负温度系数（NTC）热敏电阻，其电阻温度特性、构造、工作原理以及与电子控制单元的连接方式均与冷却液温度传感器相同。如果进气温度传感器没有输出信号，将导致发动机热车起动困难，废气排放量增加。

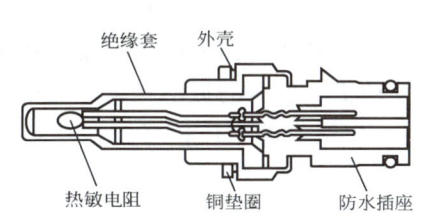

图 4-27 进气温度传感器的结构

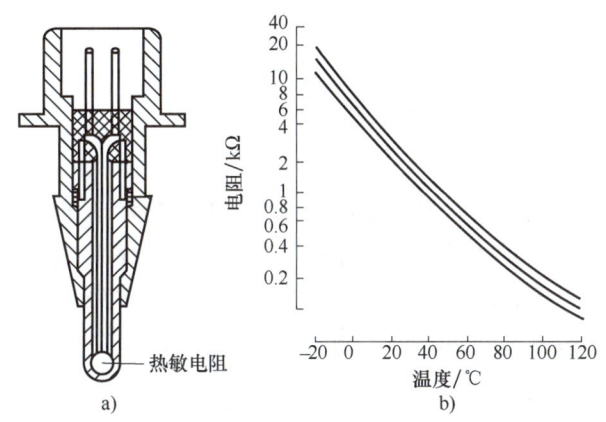

图 4-28 进气温度传感器
a）进气温度传感器结构 b）电阻温度特性

6. 氧传感器（O_x）

电控燃油喷射发动机上广泛采用三元催化转化器对发动机排气进行净化处理。三元催化转化器的转化效率与混合气的空燃比有关。只有当空燃比在理论空燃比的附近区域时，三种有害气体的转化效率才都比较高。所以，在装有三元催化转化器的发动机上，普遍采用氧传感器进行空燃比闭环控制。氧传感器一般安装在排气管内，三元催化转化器之前，用来检测排气中的氧气含量，以确定空燃比值，向发动机 ECU 发出反馈信号，发动机根据此信号调节喷油量，把空燃比控制在目标空燃比的范围内。有的发动机还有一个氧传感器，安装在三元催化转化器之后，用来检测其催化转化效率。目前最常用的是氧化锆式传感器。

图 4-29 所示为氧化锆式氧传感器的结构，图 4-30 所示为氧传感器在排气管中的安装。

陶瓷体即氧化锆（ZrO_2）制成的锆管 2 固定在带有安装螺纹的固定套中，其内表面与大气相通，外表面与排气接触。锆管内外表面都覆盖着一层多孔性的铂膜作为电极。为了防止废气中的杂质腐蚀铂膜，在锆管外表的铂膜上覆盖有一层多孔的陶瓷层，并且还加装了一个防护套管，套管上开有槽口。氧传感器的接线端有一个金属护套，其上开有一孔，用于锆管内表面与大气相通。导线 6 将锆管内表面铂极经绝缘套中引出。

7. 爆燃传感器

爆燃传感器的功用是检测发动机有无爆燃现象，并将信号送入 ECU。最常用的发动机爆燃方法是检测发动机机体的振动，它是利用产生爆燃时发动机振动频率与传感器本身的固有频率相符合而产生的共振现象来检测爆燃是否发生的。该传感器在爆燃时的输出电压比非共振（无爆燃）时的输出电压高得多，因此无须使用滤波器，即可判别有无爆燃发生。

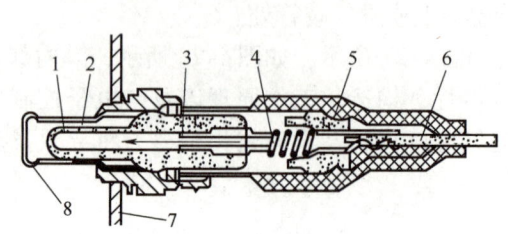 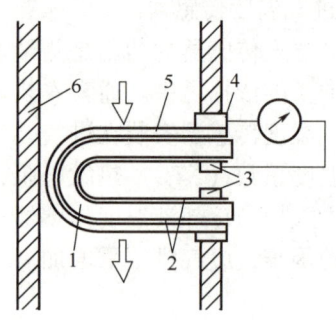

图 4-29 氧化锆式氧传感器的结构　　　　　图 4-30 氧传感器在排气管中的安装
1—排气　2—锆管　3—电极　4—弹簧　5—线头支架（绝缘）　　1—氧化锆陶瓷体　2—铂电极　3—内接线耳
6—导线　7—排气管　8—排气孔罩　　　　　　　　　　　　　　　4—外接线点　5—陶瓷防护层　6—排气管

爆燃传感器安装在发动机缸体上检测发动机的爆燃状况，其结构如图 4-31 所示。该传感器的压电元件紧密地贴合在振荡片上，振荡片则固定在传感器的基座上。振荡片随发动机振动而振荡，波及压电元件，使其变形而产生电压信号。当发动机爆燃时的振动频率与振荡片的固有频率相符合时，振荡片产生共振，此时压电元件将产生最大的电压信号，如图 4-32 所示。

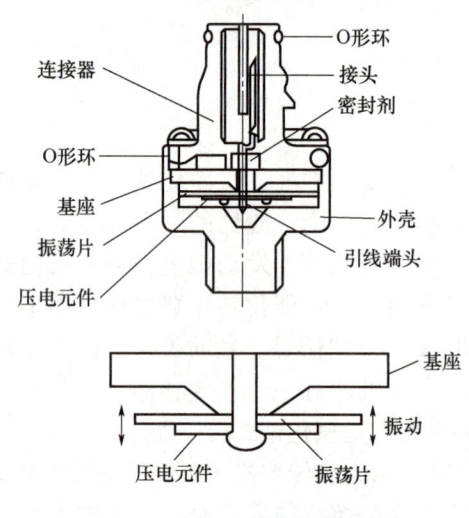 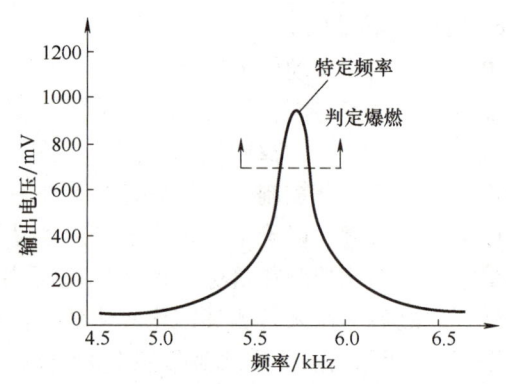

图 4-31 振动型爆燃传感器　　　　图 4-32 振动型爆燃传感器输出电压与频率的关系

8. 车速传感器

车速传感器用来测量汽车的行驶速度。车速信号主要用于发动机怠速和加速期间的空燃比控制。车速传感器主要有两种形式，即舌簧开关型和光耦合型。

（1）舌簧开关型　舌簧开关型车速传感器安装在组合仪表内，如图 4-33 所示。磁铁 1 由车速表的软轴驱动。软轴每转一圈，磁铁的极性变换四次，由于极性的变化，使舌簧开关的触点关闭或打开。

（2）光耦合型　光耦合型车速传感器也安装在组合仪表内，其结构如图 4-34 所示，由带切槽的光盘转子 3 和光耦合器 1 组成。其工作原理如图 4-35 所示。与前面的光电式曲轴转角位置传感器一样,当转速表软轴转一圈时,光敏晶体管产生 20 个脉冲,经分频后变成四个脉冲,送给电子控制单元 ECU。

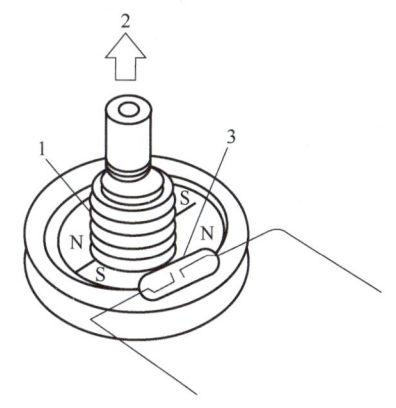

图 4-33　舌簧开关型车速传感器

1—磁铁　2—与转速表软轴连接　3—舌簧开关

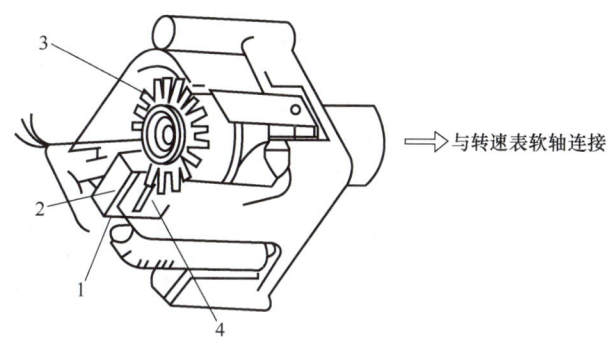

图 4-34　光耦合型车速传感器

1—光耦合器　2—发光二极管
3—带切槽的光盘转子　4—光敏晶体管

二、电子控制单元

电子控制单元（Electronic Control Unit，ECU）是发动机的管理核心,其外观如图 4-36 所示。它主要由中央处理器（CPU）、随机存储器（RAM）、只读存储器（ROM）、输入/输出接口电路、驱动电路和固化在 ROM 中的发动机控制程序和原始数据等组成。

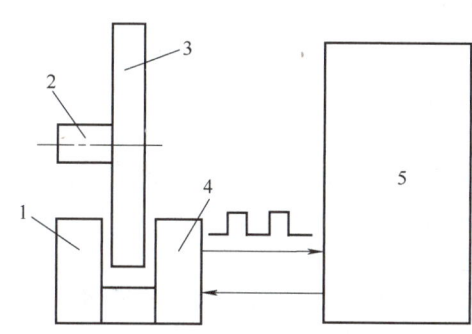

图 4-35　光电耦合型车速传感器的工作原理

1—发光二极管　2—转速表软轴　3—带切槽的光盘转子
4—光敏晶体管　5—电子控制单元

图 4-36　电子控制单元的外观

电子控制单元的功用是根据其内存的程序和数据对空气流量传感器及其他传感器输入的信息进行运算、处理、判断,然后输出指令,向喷油器提供一定宽度的电脉冲信号（点火控制）以控制喷油量。随着电子技术和数控技术的发展,电子控制系统的功能不断扩展,从单一的汽油喷射控制发展为对汽油喷射、点火正时、怠速及排气再循环等进行综合控制的发动机管理系统,图 4-37 所示为电子控制系统的工作原理。

（1）汽油喷射控制　发动机各种运行工况的基本喷油持续时间存放在电子控制单元的存

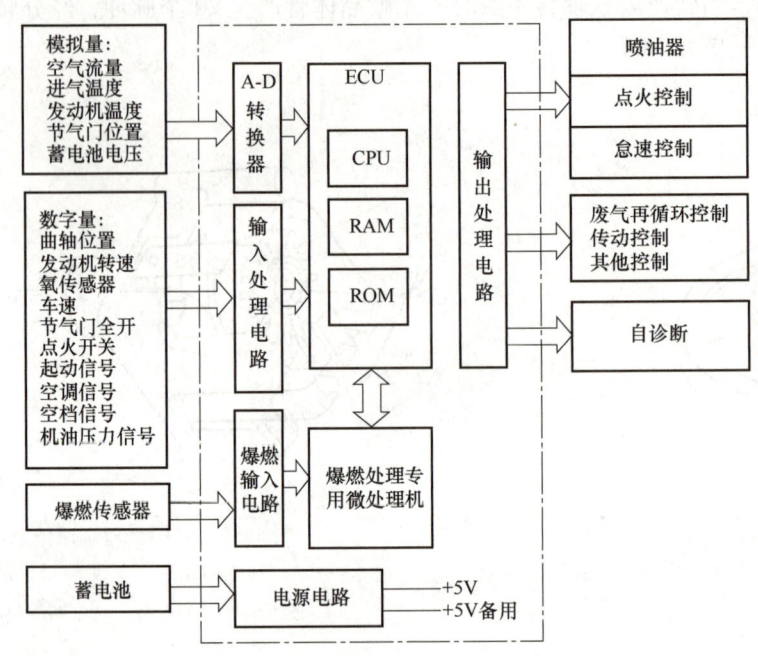

图 4-37 电子控制系统的工作原理

储器中，电子控制单元根据空气流量传感器提供的负荷信号，转速传感器提供的转速信号，在电子控制单元中获得基本喷油量，并通过检测到的冷却水温度、空气温度、蓄电池电压等信号对基本喷油量进行修正，计算出最佳喷油持续时间。在大多数发动机中，喷油定时是不变的，但有一些发动机喷油定时随发动机工况变化而不同。

（2）点火提前控制　发动机各种运行工况下的基本点火定时数据也存放在电子控制单元的存储器中，电子控制单元根据来自各种传感器的信号控制点火正时，使点火时刻保持在最佳值。

（3）怠速控制　电子控制单元根据发动机怠速工况的要求控制发动机转速。在电子控制单元存储器中存储了不同工况的怠速控制目标值，电子控制单元根据发动机转速、冷却水温度、空调开关、动力转向等信号控制怠速，使怠速接近目标值。

（4）自诊断功能　电子控制单元不断地检测各种传感器的输入信号，若任何一个信号出现不正常现象时，电子控制单元即将不正常的现象用数据形式存入存储器，需要时，可通过数据或灯光闪烁来显示。

（5）安全保险功能　如果电子控制单元检测到输入的信号不正常，将按照内存中存储的固定值（缺省值）代替，以便控制发动机，使发动机能够继续维持工作。

电子控制单元本身出现故障时，装有备用控制系统的发动机能继续对喷油和点火进行控制，使车辆继续行驶。

（6）辅助信号　发动机电子控制单元与其他电子控制单元及系统通过信号线相连接，如图 4-38 所示。利用发动机电子控制单元的辅助信号，可以使车辆各系统之间交换信息。

发动机电子控制单元从发动机转速传感器处接收到发动机转速信号后，又把发动机转速信息传送给发动机转速表。

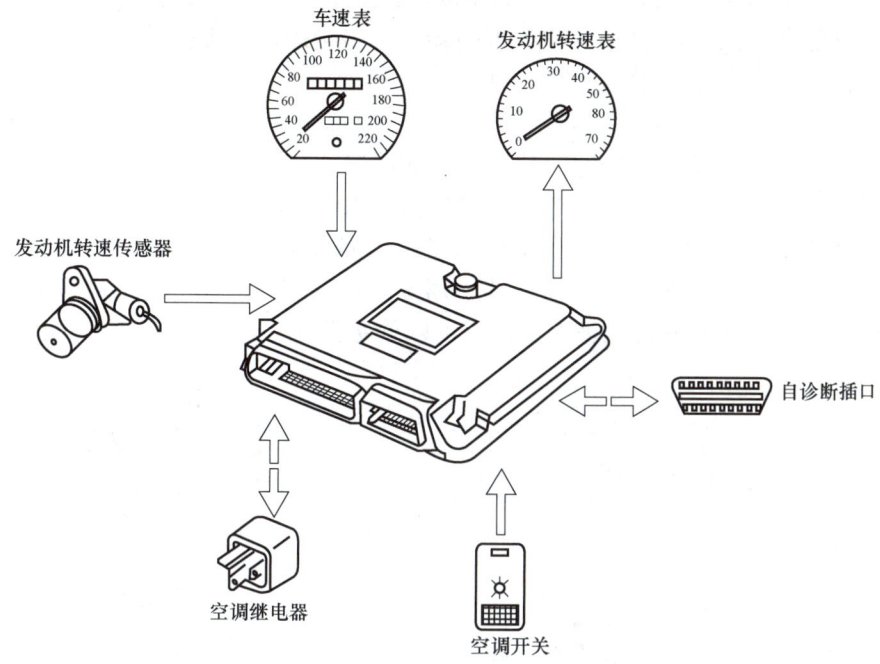

图 4-38　发动机电子控制单元辅助信号

发动机电子控制单元经过空调继电器与空调压缩机连接，空调压缩机的信号是输入和输出双向的。空调压缩机一旦接通，发动机电子控制单元立即命令节气门提高怠速转速。在急加速至节气门全开、紧急运行模式及冷却液温度高于120℃等情况，发动机电子控制单元使空调压缩断开。

发动机电子控制单元还与空调（A/C）开关相连接。由于空调工作所消耗的功率是变化的，发动机电子控制单元通过节气门始终保持怠速的稳定。

任务 4.4　掌握空气供给与排气系统的组成

发动机空气供给与排气系统的主要功用是供给发动机可燃混合气或纯净空气，并将发动机燃烧后的废气排至大气。

一、空气供给系统

空气供给系统主要包括空气滤清器和进气歧管。

1. 空气滤清器

空气滤清器的功用是滤除空气中的杂质或灰尘，以减少气缸、活塞、活塞环等有关零件的磨损，延长发动机的使用寿命。

空气滤清器常用的类型有纸滤芯干式空气滤清器、油浴式空气滤清器和双级式空气滤清器。

（1）纸滤芯干式空气滤清器　如图 4-39 所示，这种空气滤清器安装及保养容易，滤清效率高，广泛应用在汽车发动机上。但是，它不能反复使用，需要定期更换。

（2）油浴式空气滤清器　油浴式空气滤清器用于多尘条件下工作的发动机上，如越野汽车发动机。油浴式空气滤清器的结构原理如图4-40所示。它包括空气滤清器外壳1、滤芯2、密封圈3和滤清器盖4等。外壳底部是储油池，其中盛有一定数量的润滑油。当发动机工作时，环境空气经外壳与滤清器盖之间的狭缝进入滤清器，并沿着滤芯与外壳之间的环形通道向下流到滤芯底部，再折向上通过滤芯进入进气管。当气流转弯时，空气中较大的杂质被甩入润滑油中并被润滑油黏附，细小杂质被滤芯滤除。黏附在滤芯上的杂质被气流溅起的润滑油所冲洗，并随润滑油一起流回储油池。滤芯多用金属丝制成。空气中的杂质可被滤除95%～97%。油浴式空气滤清器的优点是滤芯清洗后可以重复使用。

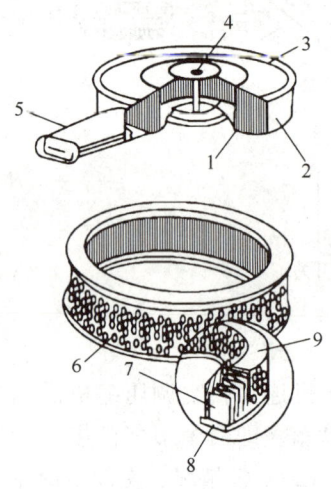 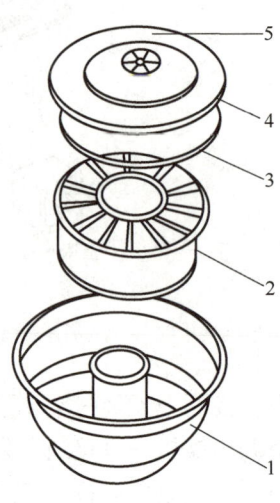

图4-39　纸滤芯干式空气滤清器　　　　　图4-40　油浴式空气滤清器的结构原理
1—滤芯　2—滤清器外壳　3—滤清器盖　4—蝶形螺母　　1—滤清器外壳　2—滤芯　3—密封圈
5—进气导流管　6—金属网　7—打褶滤纸　　　　　　　4—滤清器器盖　5—蝶形螺母
8—滤芯下密封面　9—滤芯上密封面

2. 进气歧管

进气歧管是指化油器或节气门体之后到气缸盖进气道之前的进气管路，如图4-41所示。进气歧管必须将空气与燃油的混合气或纯净空气尽可能均匀地分配到各个气缸，因此进气歧管的长度应尽量相等。为了减小气体流动阻力、提高进气能力，进气歧管内壁应比较光滑。

一般化油器式或节气门体燃油喷射式发动机的进气支管用合金铸铁制造，轿车发动机多用铝合金制造，铝合金进气支管质量轻、导热性好。气道燃油喷射式发动机近来采用复合塑料进气支管的日渐增多。这种进气支管质量极轻，内壁光滑，无须加工。

现代轿车发动机上广泛采用可变进气歧管，来解决发动机高速时的动力性与中、小负荷时燃油经济性变差及低速时转矩降低的矛盾。其中可变进气歧管由于结构简单、效果显著，因此应用最为广泛。

空气动力效应对充气效率的影响取决于进气歧管的长度和形

图4-41　进气歧管的结构

状，不同长度和形状的进气歧管，其充气效率随发动机转速不同而变化的特性也不完全相同。采用可变进气歧管可使发动机在所有转速范围内都能获得最佳的充气效果，并可改善其转矩输出特性，提高低速和高速工况下的输出转矩。

二、排气系统

排气装置一般由排气歧管、排气管、消声器等组成，如图 4-42 所示。

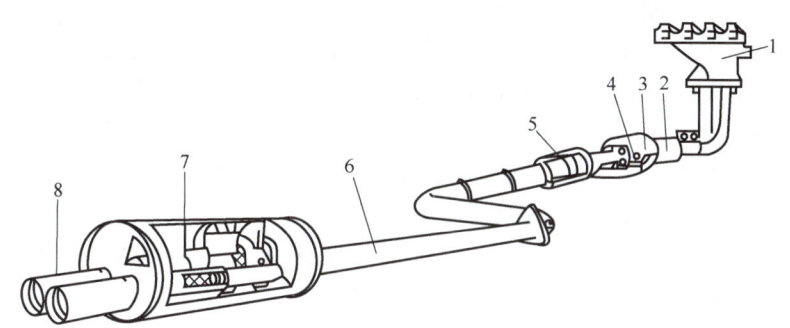

图 4-42　单排气系统的组成

1—排气歧管　2—前排气管　3—催化转化器　4—排气温度传感器
5—副消声器　6—后排气管　7—主消声器　8—排气尾管

排气装置有单排气和双排气装置两种。V 型发动机有两个排气歧管，双排气系统降低了排气系统内的压力，使发动机排气顺畅，气缸中残留的废气少，因而可以提高发动机的充气效率及输出转矩。

1. 排气歧管

排气歧管的形状十分重要。为了防止各缸排气相互干扰和排气倒流，并利用排气惯性，应将排气歧管做得长些，且各缸歧管应相互独立、长度相等。铸铁排气歧管的结构如图 4-43 所示，1、4 缸排气歧管汇合在一起，2、3 缸汇合在一起，可以完全消除排气干扰和倒流现象。

还有用不锈钢制造的排气歧管（见图 4-44），其优点是质量轻，耐久性好，内壁光滑，排气阻力小，如图 4-46 所示。

图 4-43　铸铁排气歧管的结构　　　　图 4-44　不锈钢排气歧管

2. 消声器

发动机的排气压力为 0.3~0.5MPa，温度 500~700℃，这表明排气具有一定的能量。同时，由于排气的间歇性，在排气管内引起排气压力的脉动。如果将发动机排气直接排放到大气中，势必产生强烈的噪声。排气消声器的功用就是通过逐渐降低排气压力和衰减排气压力的脉动来消减排气噪声，如图4-45所示。

三、废气涡轮增压系统

废气涡轮增压是指利用发动机排出的高温高压废气能量，驱动涡轮进行高速旋转，带动同轴上的压缩机，对燃烧所需的空气进行预压缩。这样，在发动机排量和转速不变的情况下，增加了流入发动机的空气量，提高了进气效率，因而可提高发动机的功率。

由于利用高温废气进行增压，涡轮增压器的温度较高，经压缩的空气温度也较高，使进气密度减少，对提高进气效率不利，因此，需要在压缩空气出口到进气管之间安装冷却器，冷却压缩空气，提高其密度。

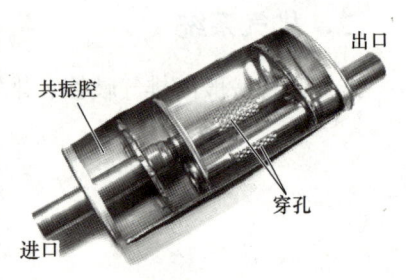

图4-45 消声器

任务4.5 掌握发动机排气净化装置

汽车在使用过程中，发动机所排废气中含有一氧化碳（CO）、碳氢化合物（HC）、氮氧化合物（NO_x）、微粒及硫化物等有害物质，污染大气环境，危害人类健康，所以必须对发动机排气进行净化。强制式曲轴箱通风装置、催化转换器、废气再循环装置、二次空气喷射装置、汽油蒸发控制装置均有效地降低了这些污染物的排放。

一、强制式曲轴箱通风装置

发动机工作时，有部分可燃混合气和燃烧产物会经气缸、活塞环窜入曲轴箱内。它们含有HC等有害气体，不能排向大气，应进行净化。目前多用闭式曲轴箱强制通风装置。

强制式曲轴箱通风装置的组成如图4-46所示。它由曲轴箱强制通风阀及连接管路组成。发动机工作时，新鲜空气自空气滤清器4经软管3和闭式通风口进入曲轴箱，并和曲轴箱内窜入的废气混合，再从气缸盖罩6经曲轴箱强制通风阀，被吸入进气管。因此有适量的窜气在气缸内再次燃烧。

二、催化转换器

催化转换器是利用催化剂的作用将排气中的CO、HC和NO_x转换成对人体无害气体的一种排气净化装置，又称为催化净化转换器。催化转换器有氧化催化转换器和三元催化转换器两种类型。

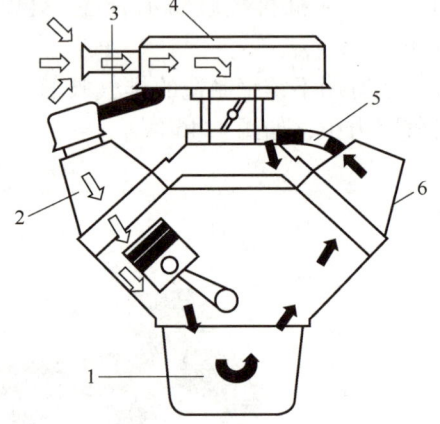

图4-46 强制式曲轴箱通风装置的组成
1—曲轴箱气体 2—新鲜空气 3—空气软管
4—空气滤清器 5—曲轴箱强制通风阀
6—气缸盖罩

1. 氧化催化转换器

氧化催化转换器在金属铂、钯或铑等催化剂的作用下，可将排气中的 CO 和 HC 氧化成 CO_2 和 H_2O。因此这种催化转换器也称为二元催化转换器。使用时必须向氧化催化转换器中供给二次空气作为氧化剂，才能使其有效地工作。

2. 三元催化转换器

三元催化转换器可同时减少 CO、HC 和 NO_x 的排放，它以排气中的 CO 和 HC 作为还原剂，把 NO_x 还原为氮（N_2）和氧（O_2），而 CO 和 HC 在还原反应中被氧化为 CO_2 和 H_2O。当同时采用两种转换器时，常把两者放在同一个转换器壳内，且把三元催化转换器置于氧化催化转换器前面。排气经过三元催化转换器之后，部分未被氧化的 CO 和 HC 继续在氧化催化转换器中进行氧化反应，如图 4-47 所示。

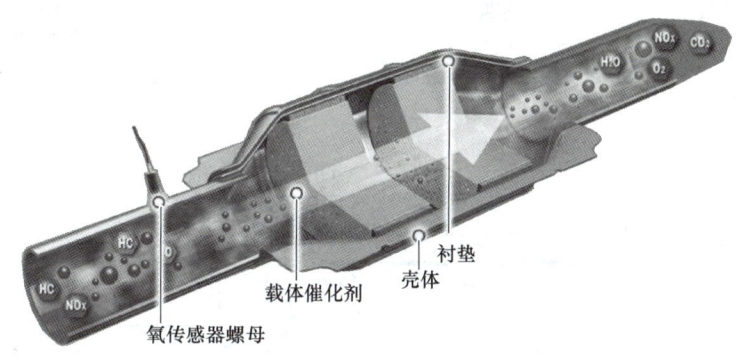

图 4-47　三元催化转换器的结构

三、废气再循环装置

废气再循环是将 5%～20% 的废气引入进气管，与新鲜混合气一道进入燃烧室，由于废气中含有大量的 CO_2，而 CO_2 不能燃烧却能吸收大量的热，使气缸中混合气的燃烧温度降低，从而减少了 NO_x 的生成量。废气再循环是净化排气中 NO_x 的主要方法。为了既能减少 NO_x 的排放，又能保持发动机的动力性，必须根据发动机运转的工况对再循环的废气量加以控制。

电子控制废气再循环装置如图 4-48 所示。

四、二次空气喷射装置

二次空气喷射这种方法是将新鲜空气喷射到排气门附近，使高温废气和空气接触混合，以便使未燃的 HC、CO 进一步燃烧。

二次空气喷射作为早期控制污染物排放的措施之一，目前与催化转换器配合使用。如图 4-49 所示，由 ECU 控制二次空气喷射气道的导通，将空气引入催化转换器中，实现对气CO、HC 的转变。在将空气引入排气管的方式中，除了空气泵控制外，还可用排气脉冲波实现。另外，随着研究的进一步深入，又出现了许多新技术。如停缸控制，它可根据负荷的不同要求，停止部分气缸的燃油供给与点火控制，减少浪费，提高发动机效率；再如加速踏板电子控制系统，它可避免机械式加速踏板因为磨损而产生的误差，增加控制精度。

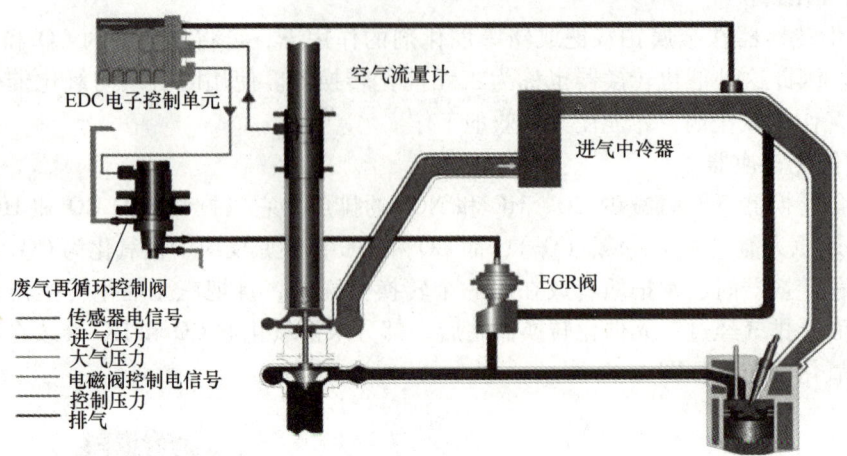

图 4-48 电子控制废气再循环装置

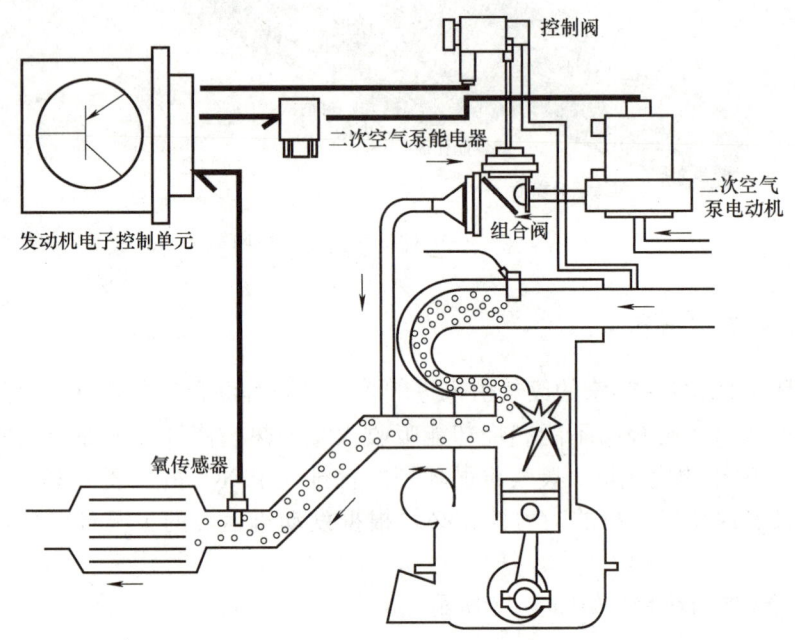

图 4-49 二次空气喷射装置

考证要点

一、填空题

1. 汽油的使用性能指标主要包括_____、_____和_____。
2. 汽油的牌号越_____，则异辛烷的含量越_____，汽油的抗爆性越_____。
3. L 型电子控制汽油喷射系统中的喷油器数等于_____。
4. 单点汽油喷射系统中的喷油器安装在_____。

5. 根据汽油的喷射位置，汽油喷射系统可分为_____和_____两大类。
6. 汽油滤清器的作用是将汽油中的_____、_____等杂质滤去。
7. 在装有三元催化转化器的发动机上，普遍采用_____传感器进行空燃比闭环控制。
8. 发动机所排废气中含有_____、_____、_____、微粒及硫化物等有害物质。
9. 燃油压力调节器安装在燃油分配总管的一端，其作用是保证喷油器_____为恒定值。
10. 电子控制系统的主要作用是收集发动机的工况信号并确定_____、_____。
11. 废气再循环是将_____再引入进气管，与新鲜混合气一道进入燃烧室。

二、简答题

1. 电子控制燃油供给系统的组成及工作原理是什么？
2. 在电子控制汽油喷射系统中，喷油器的实际喷油量是如何确定的？
3. 空气滤清器有哪几种结构形式？其各有何特点？
4. 叶片式空气流量传感器的功用和工作原理是什么？
5. 进气装置中采用谐振腔或动力腔的作用是什么？
6. 催化转换器对排气是如何净化的？
7. 在什么情况下不进行废气再循环，为什么？
8. 曲轴箱强制通风阀堵塞会有什么后果？
9. 何谓增压？有何优缺点？
10. 为什么汽车发动机要安装排气消声器？排气消声器的工作原理是什么？

扩展知识

汽油的定义和组成

汽油又称为车用无铅汽油，外观为透明液体，主要由 C4~C10 各族烃类组成。

汽油按其用途可分为车用汽油、工业汽油、航空汽油、溶剂汽油等。汽油的主要性能指标有良好的蒸发性、良好的抗爆性、良好的高氧化安定性、良好的抗腐蚀性、良好的清洁性和满足环保要求。

汽油的抗爆性是指汽油在发动机中燃烧时不发生爆燃的能力，用辛烷值和抗爆指数来表示。辛烷值是指标准燃料中所含异辛烷的百分含量。汽油的辛烷值越高，其抗爆性能越好。

单元 5　发动机冷却系统

【任务目标】
1）了解冷却系统的分类和冷却液、电子控制冷却系统的机构原理。
2）熟悉水冷系统的工作原理。
3）掌握水冷系统的作用、组成和结构原理。
4）学会水冷系统的循环路线分析。

【任务描述】
发动机冷却系统是保证汽车发动机正常运转的重要装置。它的作用是使发动机的工作温度保持在合适的范围内，保证发动机的燃油经济性、动力性能得到很好的发挥。本单元主要通过对冷却系统的组成、作用、结构原理的学习，掌握冷却系统的工作原理，为下一步学习冷却系统的故障分析打好基础。

任务 5.1　了解冷却系统的功用及分类

一、冷却系统的功用

冷却系统的功用就是保持发动机在最适宜的温度范围内工作。目前，汽车上广泛采用的水冷式发动机正常工作温度（冷却液温度）一般为 80~90℃。

发动机工作时，气缸内的温度可高达 1927~2527℃，若不及时冷却，将造成发动机零部件温度过高，尤其是直接与高温气体接触的零件，会因热膨胀而影响正常的配合间隙，导致运动件受阻甚至卡死。此外，高温还会造成发动机零部件的机械强度下降，使润滑困难，从而造成发动机的磨损加剧，动力性和燃油经济性下降。但是，冷却过度会造成发动机过冷，导致散热损失及摩擦损失增加，零件磨损加剧，排放恶化，也会导致发动机功率下降及燃料消耗率增加。

当发动机工况其他条件相同时，冷却系统温度降低 30℃ 左右时，气缸的磨损量将比正常温度时高 4~5 倍，油耗增加 30%，功率下降 10%。为此，发动机必须设置冷却系统，以保证发动机在最适宜的温度下工作。

二、冷却系统的分类

根据所用冷却介质不同,汽车发动机的冷却系统可分为风冷式和水冷式两种。

1)水冷式冷却系统:以冷却液为冷却介质,热量先由机件传给冷却液,靠冷却液的流动把热量带走而后散入大气中。散热后的冷却液再重新流回到受热机件处。适当调节水路和冷却强度,就能保持发动机的正常工作温度。同时,还可用热水预热发动机,便于冬季起动。

2)风冷式冷却系统:利用高速流动的空气直接吹过气缸盖和气缸体外表面,把热量散到大气中去,保证发动机在最有利的范围内工作。

汽车发动机,尤其是轿车发动机大都采用水冷,只有少数汽车发动机采用风冷。

1. 水冷式冷却系统

汽车发动机的水冷式冷却系统大都采用强制循环,即利用水泵提高冷却液的压力,冷却液在发动机中强制循环流动。强制循环水冷式冷却系统由冷却风扇、散热器、水泵、发动机机体和气缸盖中的水套、温度调节装置(节温器、百叶窗、风扇离合器)、水管、水温表和传感器等组成,如图5-1所示。

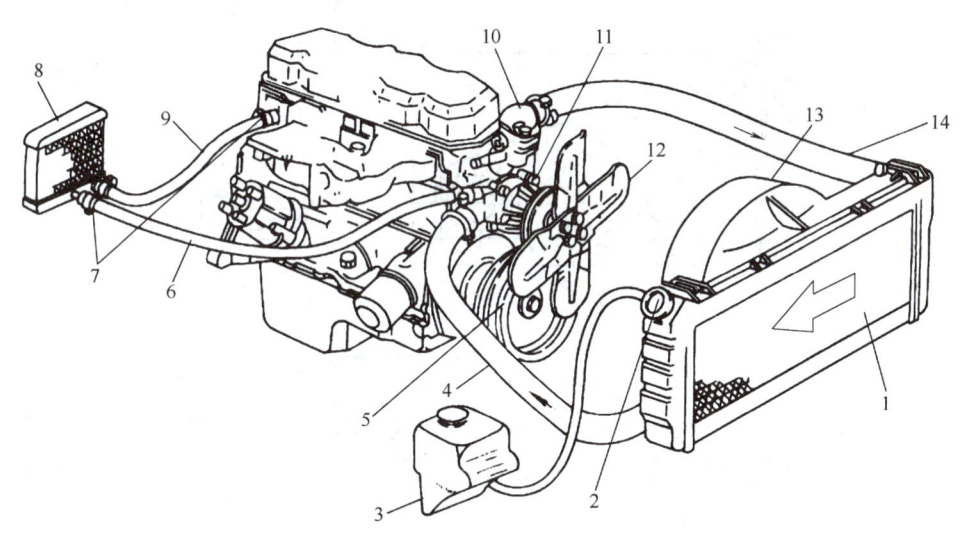

图5-1 汽车发动机水冷式冷却系统的组成

1—散热器 2—散热器盖 3—补偿水箱 4—散热器出水软管 5—风扇传动带 6—暖风机出水软管 7—管箍 8—暖风机芯 9—暖风机进水软管 10—节温器 11—水泵 12—冷却风扇 13—护风圈 14—散热器进水软管

强制循环水冷式冷却系统是用水泵11给该系统冷却液加压,使其在水套中流动,冷却液从气缸壁吸收热量,温度升高,向上流入气缸盖水套,继而从气缸盖流出并进入散热器1中。由于冷却风扇12的强力抽吸,空气从前向后高速流过散热器1,不断地将流经散热器的冷却液的热量带走。冷却后的冷却液由水泵从散热器底部重新泵入水套,这样冷却液就可以在冷却系统中不断循环了,如图5-1所示。

在装有暖风机的水冷式冷却系统(图5-1)中,热的冷却液从水套经暖风机进水软管9流入暖风机芯8,然后经暖风机出水软管6流回水泵。被暖风机芯加热的空气,一部分送到风窗玻璃除霜器，一部分送入驾驶室或车厢。

2. 风冷式冷却系统

风冷式冷却系统是利用高速流动的空气直接吹过气缸体和气缸盖表面，将热量散发到大气中，以保证发动机在最有利的温度范围内工作。

如图 5-2 所示，风冷式冷却系统一般由风扇、散热片、导流罩、分流板等组成。为加强冷却效果，增加散热面积，在气缸体和气缸盖外表面铸有许多散热片，并采用轴流式风扇增加流经发动机的空气流量和流速。为使发动机各缸冷却均匀，利用导流罩和分流板控制空气的流动方向。

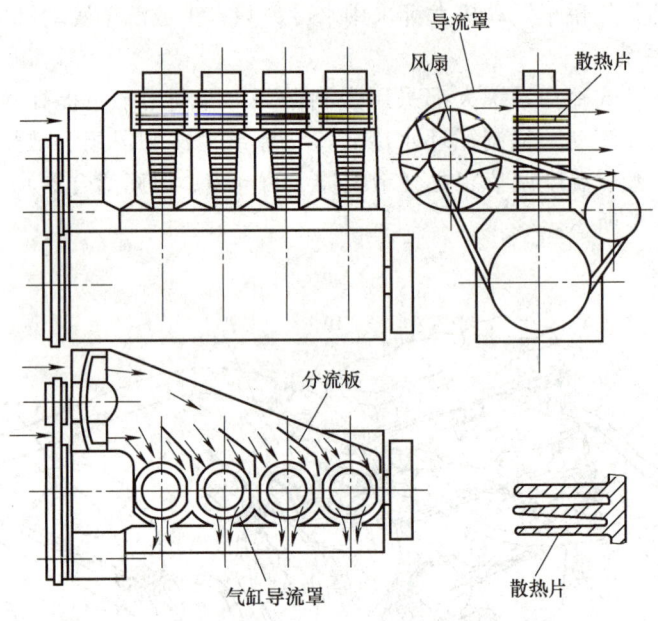

图 5-2 汽车发动机风冷式冷却系统的组成

与水冷式冷却系统相比，风冷式冷却系统具有结构简单、质量轻便、无须特殊保养、故障少等优点，但是，由于其材料质量要求高，冷却不够均匀，工作噪声大，目前应用较少。

任务 5.2 掌握冷却系统零部件的组成及功用

一、水冷系统的主要部件

水冷式冷却系统（下简称为水冷系统）主要由散热器、冷却风扇、水泵、节温器、冷却液温度传感器等组成。

1. 散热器

（1）散热器的功用和结构　散热器的功用是将从水套出来的热水自上而下或横向分成许多小股并将其热量散给周围的空气。为了集中风向，提高冷却效果，散热器后面还装有导风圈。

散热器由进水室、出水室及散热器芯等三部分构成，如图 5-3 所示。冷却液在散热器芯内流动，空气在散热器芯外通过。

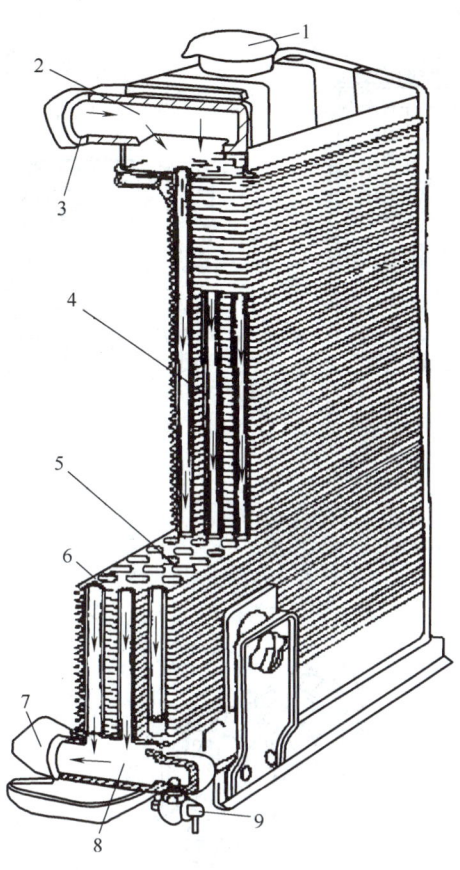

图 5-3 散热器的结构

1—散热器盖 2—进水室 3—散热器进水管 4—散热器芯 5—冷却管
6—散热片 7—散热器出水管 8—出水室 9—放水阀

按照散热器中冷却液流动的方向，散热器可分为纵流式和横流式两种，如图 5-4 所示。纵流式散热器的器芯竖直布置，上接进水室，下连出水室，如图 5-4a 所示。横流式散热器的器芯横向布置，左右两端分别为进、出水室，如图 5-4b 所示。大多数新型轿车均采用横流式散热器。

散热器芯的结构有管片式、管带式和板式，如图 5-5 所示。常用的为管片式，其芯管有扁管和圆管（见图 5-5a、b），扁管与圆管相比，在容积相同的情况下有较大的散热表面。铝散热器芯多为圆管，在散热管的外表面焊有散热片以增加散热面积。管片式散热器的优点是散热面积大、气流阻力小。管带式散热器芯（见图 5-5c）与管片式散热器芯相比，管带式的散热能力强，制造简单，质量轻，成本低，但结构刚度差。板式散热器芯（见图 5-5d）的冷却液通道由成对的金属薄板焊接而成。这种散热器芯散热效果好，制造简单，但焊缝多数不坚固，容易沉积水垢且不易维修。

散热器材料多采用耐腐蚀、导热性良好的铜或铝片制成。为了减轻散热器重量，有些散热器的进、出水室由复合塑料制造。

有些装有自动变速器的汽车和重型汽车必须装备变速器油冷却器。若变速器油过热，则会降低变速器的性能，甚至造成变速器损坏。变速器油冷却器通常就是一根冷却管，置于散

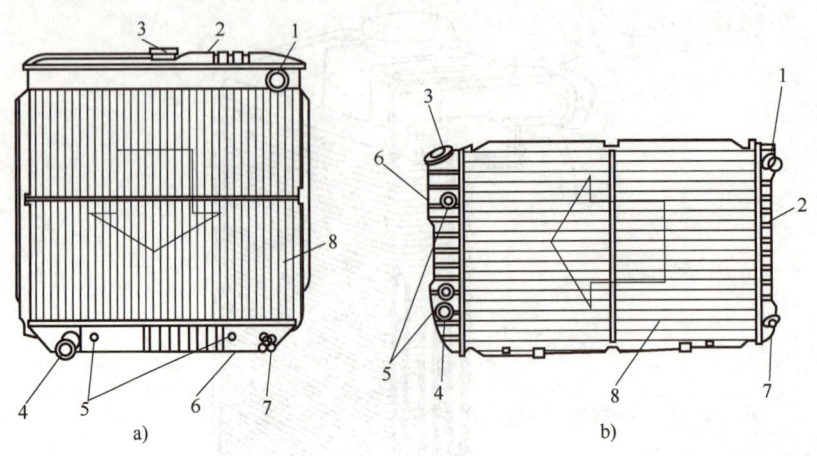

图 5-4 散热器型式
a）纵流式散热器 b）横流式散热器
1—进水口 2—进水室 3—散热器盖 4—出水口 5—变速器油冷却器进、出口 6—出水室 7—放水阀 8—散热器芯

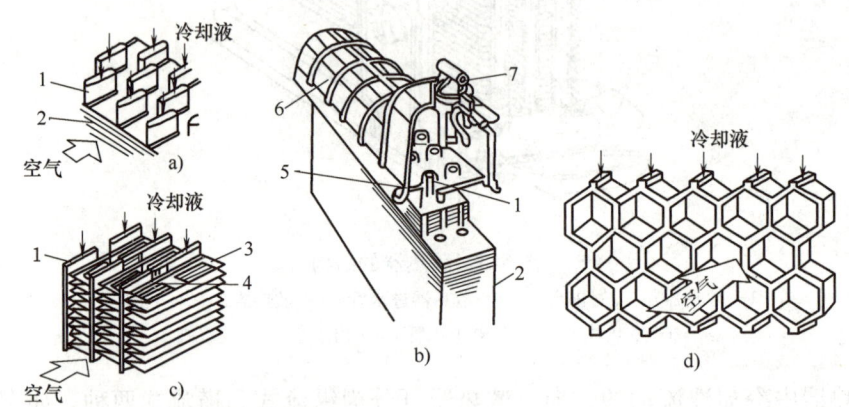

图 5-5 散热器芯的结构
a）管片式（扁管） b）管片式（圆管） c）管带式 d）板式
1—散热管 2—散热片 3—散热带 4—鳍片 5—环氧树脂密封 6—进水室（塑料制） 7—放气阀

热器的出水室内，由冷却液对流过冷却管的变速器油进行冷却。在变速器和冷却器之间用金属管或橡胶软管进行连接。

（2）散热器盖 散热器盖的作用是密封水冷系统并调节系统的工作压力。散热器盖安装在加水口上。对于闭式冷却系统来说，系统与外界大气不直接相通，所以散热器盖上带有蒸汽—空气阀（见图5-6），使冷却系统的压力高于大气压力，冷却液的沸点有所提高。

当发动机工作时，冷却液因温度升高而容积膨胀，一般在散热器内压力达到 126~137kPa 时，蒸汽阀开启，一部分冷却液经溢流管流入补偿水箱，以防止冷却液胀裂散热器。

发动机停机后，冷却液因温度下降而压力降低。当散热器内的气压下降到 99~87kPa 时，空气阀开启，补偿水箱内的冷却液会部分流回到散热器中，这样就可以避免散热器被大气压力压坏。

轿车的散热器盖的蒸汽阀开启压力可达 0.1MPa，而冷却液的沸点可升至 120℃。

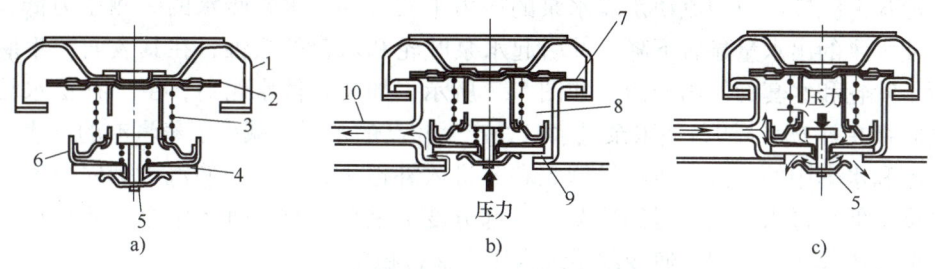

图 5-6 散热器盖的结构及工作原理
a) 散热器盖结构 b) 蒸汽阀开启 c) 空气阀开启
1—散热器盖 2—上密封衬垫 3—蒸汽阀弹簧 4—下密封衬垫 5—空气阀 6—蒸汽阀
7—加冷却液口上密封面 8—加冷却液口 9—加冷却液口下密封面 10—溢流管

（3）补偿水箱 如图 5-7 所示，补偿水箱上部用一个较细的软管与散热器相连，底部通过水管与水泵的进水侧相连接，通常位置略高于散热器。补偿水箱多用半透明材料（如塑料）制成。透过箱体可直接且方便地观察到液面高度，无需打开散热器盖。补偿水箱的作用如下：

1）把冷却系统变成永久性封闭系统，减少了冷却液的损失。当冷却液受热膨胀时，部分冷却液流入补偿水箱；而当冷却液降温时，部分冷却液又被吸回散热器，所以冷却液不会溢失。即补偿水箱内的液面有时升高，有时降低，而散热器却总是被冷却液所充满。

2）使系统内的压力提高 98～196kPa，冷却液的沸点也相应提高到 120℃左右，这样就扩大了散热器与周围空气的温差，提高了散热器的换热效率。由于散热器散热能力的增强，可以相应减小散热器的尺寸。

3）避免因空气不断进入而给系统内部造成氧化、穴蚀，进而使冷却系统中水、气分离，保持系统内压力稳定，提高水泵的泵水量，并且提高了水泵和水套的使用寿命。

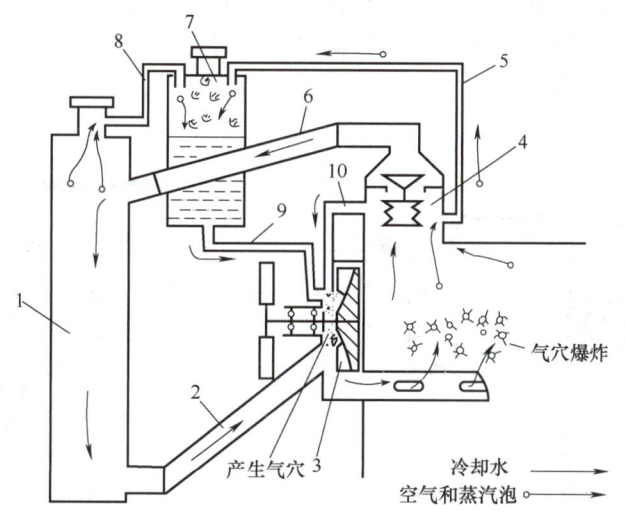

图 5-7 补偿水箱示意图
1—散热器 2—水泵进水管 3—水泵 4—节温器 5—水套出气管 6—水套出水管
7—补偿水箱 8—散热器出气管 9—补充水管 10—旁通管

一般冷却系统冷却液的流动是靠水泵的压力来实现的。水泵吸水的一侧压力低，易产生蒸汽泡，使水泵的出水量显著下降，并引起水泵叶轮和水套的穴蚀，在其表面产生麻点或凹坑，缩短了叶轮和水套的使用寿命。如图5-7所示，加装补偿水箱后，由于补偿水箱和水泵进水口之间存在补充水管9，使水泵进水口处产生较高的水压，减少了蒸汽泡的产生。散热器中的蒸汽泡和水套中的蒸汽泡通过导管5和8进入补偿水箱，从而使汽水彻底分离。由于补偿水箱温度较低，进入的气体得到冷凝，一部分变成液体，重新进入水泵。而积存在补偿水箱液面上的气体起缓冲作用，使冷却系统内压力保持稳定状态。

有的冷却系统的补偿水箱采用一根管子把散热器和补偿水箱的底部或上部（管口插入液面以下）连通，如图5-8中的橡胶软管2。但是，这种装置只能解决汽水分离及冷却液消耗问题，而对穴蚀没有明显的改善。当冷却液温度升高时，散热器中的液体膨胀、汽化，使散热器盖蒸汽阀开启，散热器中的蒸汽或液体沿导管流入补偿水箱。当冷却液温度降低时，散热器内压力下降，液体沿原路径流向散热器。

在补偿水箱的外表面上刻有两条标记线："LOW"（低）线和"FULL"（高）线或者"DI"（低）线和"GAO"（高）线（见图5-8），补偿水箱内的液面应位于两条标记线之间。冷却液温度在50℃以下，液面应不低于"低"线，若液面低于"低"线，应向补偿水箱内补充冷却液。在向补偿水箱内添加冷却液时，液面不应超过"高"线。

2. 水泵

（1）水泵的功用　水泵的功用是对冷却液加压，使之在冷却系统中不断循环流动。

由于离心式水泵具有尺寸小，出水量大，结构简单，损坏后不妨碍水在冷却系统中自然循环的特点，因此被强制循环式冷却系统普遍采用。常见的水泵在机体外安装，与风扇同轴驱动，也有装在机体内（内藏式）单独驱动的。

（2）水泵的工作原理　离心式水泵由水泵壳体、水泵轴、叶轮及进、出水管等组成。离心式水泵的工作原理如图5-9所示。当叶轮旋转时，水泵中的水被叶轮带动一起旋转，由于离心力的作用，水被甩向叶轮边缘，在蜗形壳体内将动能转变为压能，经外壳上与叶轮成切线方向的出水管被压送到发动机水套内。与此同时，叶轮中心处压力降低，散热器中的水便经进水管被吸进叶轮中心部分。

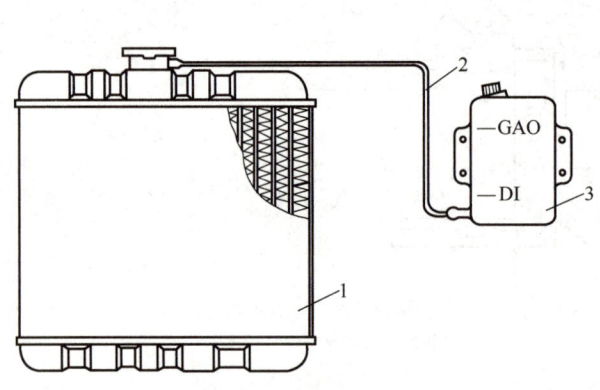

图5-8　单管补偿水箱装置
1—散热器　2—橡胶软管　3—补偿水箱

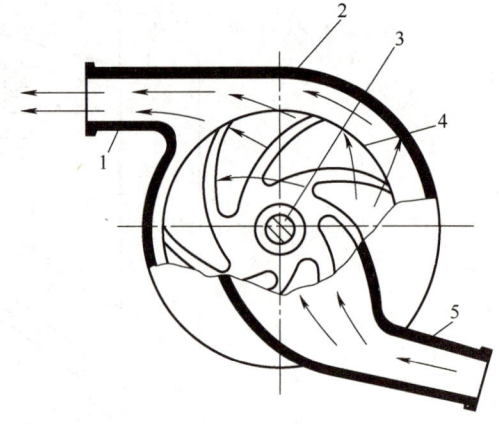

图5-9　离心式水泵的工作原理
1—出水管　2—水泵壳体　3—水泵轴
4—叶轮　5—进水管

（3）水泵的结构　图 5-10 所示为 EQ6100—1 型发动机所采用的离心式水泵。泵壳多用铸铁或铝合金制成蜗壳形状。水泵盖 19 及密封垫圈用螺钉装在泵壳后面，泵盖上有出水孔，泵壳上有进水孔 A，用橡胶管与散热器出水管相连。泵壳上面有旁通孔与气缸盖上的出水管连接。水泵轴 3 的一端用两个轴承 2 支承在水泵壳体 11 内，其伸出壳体以外的部分用半圆键 4 与安装风扇带轮的凸缘盘 5 连接。水泵轴的另一端安装水泵叶轮 12，并用螺栓紧固。在叶轮 12 与轴承 2 之间装有水封，用来防止水泵内的冷却液沿水泵轴渗漏。水封由密封垫圈 13、水封皮碗 16 和弹簧 17 等组成。水泵轴上装有抛水圈，以防水封渗漏时浸湿轴承，渗出的水被抛水圈从壳体上的泄水孔 C 甩出，可避免破坏轴承润滑。

叶轮由铸铁或塑料制造，叶轮上通常有 6～8 个径向直叶片或后弯叶片。

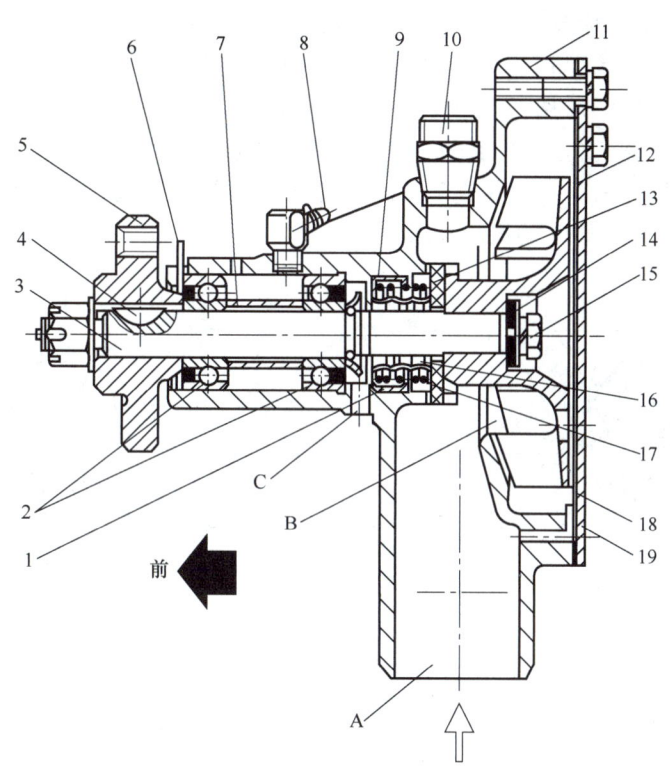

图 5-10　离心式水泵的结构（EQ6100—1 型发动机）

1—水封座圈　2—轴承　3—水泵轴　4—半圆键　5—凸缘盘　6—轴承卡环　7—隔离套　8—润滑脂嘴　9—水封环　10—管接头　11—水泵壳体　12—叶轮　13—夹布胶木密封垫圈；14、18—衬垫　15—螺栓　16—水封皮碗　17—弹簧　19—水泵盖

A—进水孔　B—水泵内腔　C—泄水孔

（4）水泵的传动　水泵一般由曲轴通过 V 带或齿形带传动，传动带环绕在曲轴带轮与水泵带轮之间，因此，水泵转速与发动机转速成正比例。

3. 冷却风扇

（1）风扇的功用及结构　风扇的作用是提高流经散热器的空气流速和流量，以增强散热器的散热能力并冷却发动机附件。

冷却风扇置于散热器后面（见图 5-11）。汽车发动机水冷系统多采用低压头、大风量、高效率的轴流式风扇，即风扇旋转时，空气沿着风扇旋转轴的轴线方向流动。在风扇外围装设导风罩1，使风扇4吸进的空气全部通过散热器3，以提高风扇的工作效率。

风扇的扇风量主要与风扇的直径、转速、叶片形状、叶片安装角及叶片数目有关。

风扇的结构型式很多，目前汽车水冷发动机上常用螺旋桨式风扇。叶片形状有叶尖前弯的叶片风扇、尖窄根宽的叶片风扇和尼龙压铸整体风扇三种，如图5-12所示。风扇叶片有钢板冲压和铸造两种。钢板冲压叶片横断面多为弧形，用塑料或铝合金铸成的多为翼形断面。翼形风扇的工作效率高、消耗功率少，在轿车和轻型汽车上得到了广泛的应用。一般叶片与风扇旋转平面成30°～45°角（叶片安装角）。叶片数为4、5、6或7片。叶片之间的间隔角或相等，或不相等。间隔角不等的叶片可以减小叶片旋转时的振动和噪声。

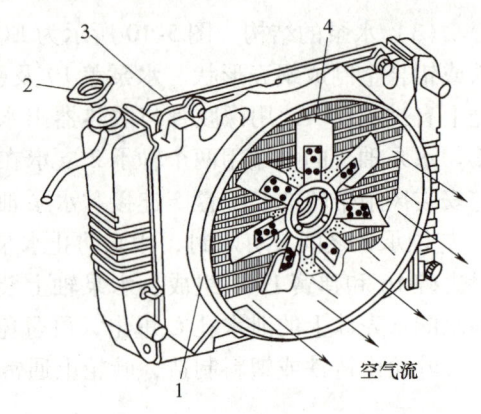

图5-11 冷却风扇与导风罩
1—导风罩 2—散热器盖 3—散热器 4—风扇

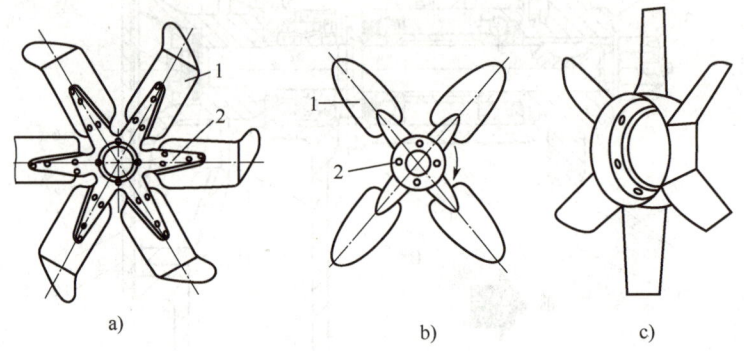

图5-12 风扇型式
a) 叶尖前弯的叶片风扇 b) 尖窄根宽的叶片风扇 c) 尼龙压铸整体风扇
1—叶片 2—连接板

当发动机在车架上纵向布置时，风扇一般安装在水泵轴上，并由驱动水泵和发电机的同一根V带传动，如图5-13所示。常将发电机支架做成可移动式的，以便调节V带的张紧度，一般用大拇指以30～50N的力下按，V带产生10～15mm的挠度为宜。

（2）电动风扇 大多数轿车和发动机横置或后置的汽车均采用电动风扇。如图5-14所示，电动风扇由电动机驱动并由蓄电池供电。风扇的转速与发动机转速无关。

电动风扇的控制原理如图5-15所示，风扇电动机的开关由散热器的水温开关控制，并且有高低速两个档位。低速档在沸点内使用，高速档在沸点外使用。当冷却液流出散热器的温度为92～98℃时，热敏开关接通风扇电动机的1档，风扇转速为2300r/min。当冷却液温度升高超过98℃时，温控开关接通风扇电动机的二档，这时风扇转速为2800r/min。若冷却液温度降到92～98℃时，风扇电动机恢复一档转速。当冷却液温度降到92℃以下时，温控开关切断电源，风扇停转。

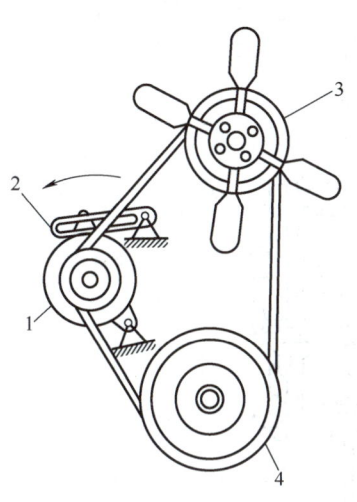
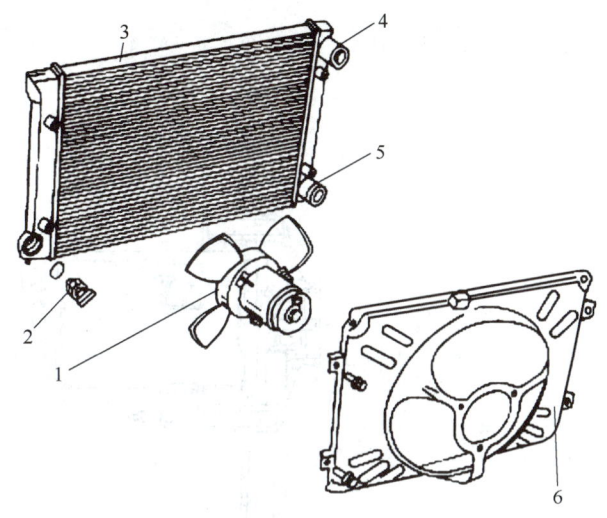

图 5-13 风扇的驱动和带张紧力的调整
1—发电机 2—移动支架
3—风扇及带轮 4—曲轴带轮

图 5-14 电动风扇、散热器及导风罩
1—电动风扇 2—温控热敏电阻开关 3—散热器
4—散热器进水口 5—散热器出水口 6—导风罩

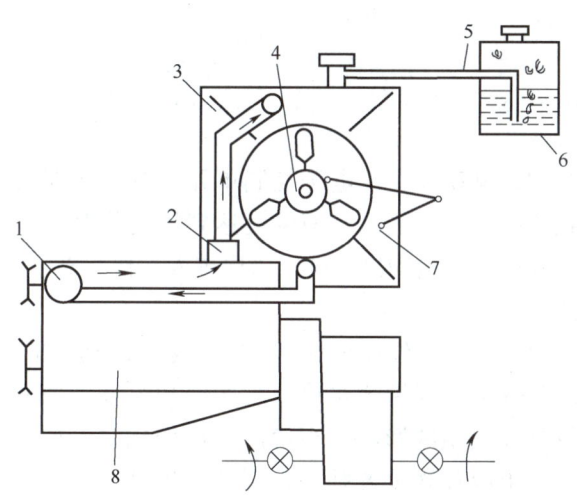

图 5-15 电动风扇的控制原理
1—水泵 2—节温器 3—散热器 4—电动机和风扇
5—蒸汽排出和回吸管 6—补偿水箱 7—温控开关 8—发动机

桑塔纳2000型轿车发动机有两套风扇（见图5-16），且不与水泵同轴。其一是由电动机驱动的电动风扇，其二是由电动风扇带动的从动风扇，并由受冷却液温度作用的温度开关控制。两只风扇都有独立的直流电动机。设置两只风扇，满足了散热器长宽比大及散热器面积大的需要，排风量大，散热效果好。风扇一档、二档的控制温度如下。

风扇一档：工作温度92~98℃，关闭温度84~91℃，工作转速2300r/min；风扇二档：工作温度99~105℃，关闭温度92~98℃，工作转速2800r/min。

电动风扇的优点是结构简单，布置方便，并且不需要检查、调整或更换风扇带，维修工作量减少。

汽车构造（上）

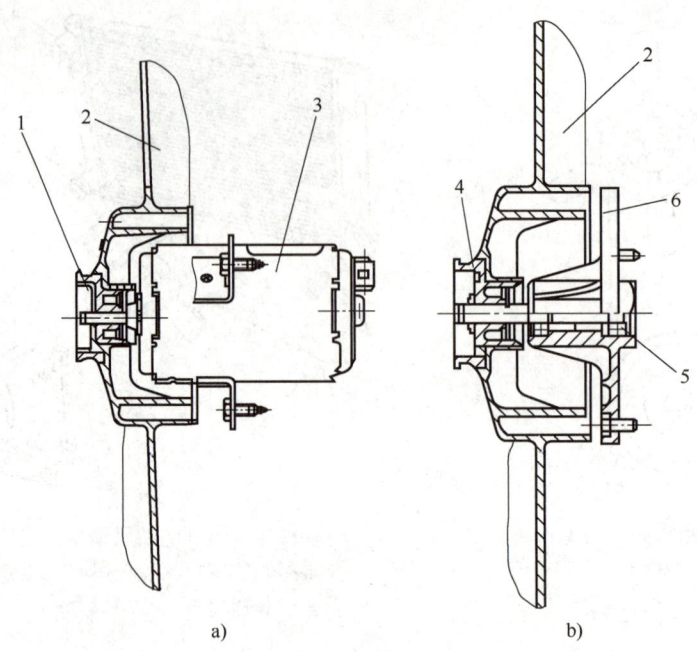

图 5-16　双风扇的结构
a) 电动风扇　b) 从动风扇
1—主动带轮　2—叶片　3—风扇电动机　4—从动带轮　5—轴承　6—轴承座

在有些电子控制系统中，电动风扇由电子控制单元控制。冷却液温度传感器向电子控制单元传输与冷却液温度相关的信号。当冷却液温度达到规定值时，电子控制单元使风扇继电器接通，继电器触点闭合并向风扇电动机供电，风扇进入工作状态。

4. 冷却强度调节装置

汽车在行驶过程中，由于环境条件和运行工况的变化，发动机的热状况也在改变。因此，必须随时调节发动机的冷却强度。强制式水冷系统的冷却强度，一般受汽车的行驶速度、曲轴、水泵和风扇的转速及外界气温的影响。当使用条件变化时，如外界气温较高，发动机在低速大负荷情况下工作，要求冷却强度要强，否则发动机易于过热。而当外界气温较低，发动机负荷又不大时，其冷却强度应弱些，不然就会使发动机过冷。因此，要保证发动机在最佳的温度下工作，不出现过热与过冷现象，就必须能根据使用条件的变化自动调节发动机的冷却强度。一般地，汽车发动机冷却强度的调整方法有两种：一是改变流经散热器的空气流量和流速；二是改变冷却液的流量和循环路线。冷却系统中改变流经散热器的空气流量和流速的装置有百叶窗和风扇离合器，改变冷却液的流量和循环路线的装置有节温器。

（1）节温器　节温器的功用是随发动机负荷和水温的大小而自动改变冷却液的流量和循环路线，保证发动机在适宜的温度下工作，减少燃料消耗和机件的磨损。

双阀蜡式节温器的结构如图 5-17 所示。节温器的上支架 5 和下支架 9 与阀座铆成一体。中心杆 1 上端固定在上支架的中心，其下部插入橡胶管 6 的中心孔内，中心杆下端呈锥形。橡胶管与感应体外壳之间的空腔里装有石蜡 10。为了提高导热性，石蜡中常掺有铜粉和铝粉。为防止石蜡外溢，外壳上端向内卷边，并通过上盖和密封垫 4 将橡胶管压紧在感应体壳的台肩上。外壳上下部有联动的大循环阀和小循环阀。大循环阀 3 上有通气孔 8，它的作用是在加水时使水套内的空气经小孔排出，保证能加满水。为了防止通气孔发生阻塞，有的节温器上还加装了一个摆锤。

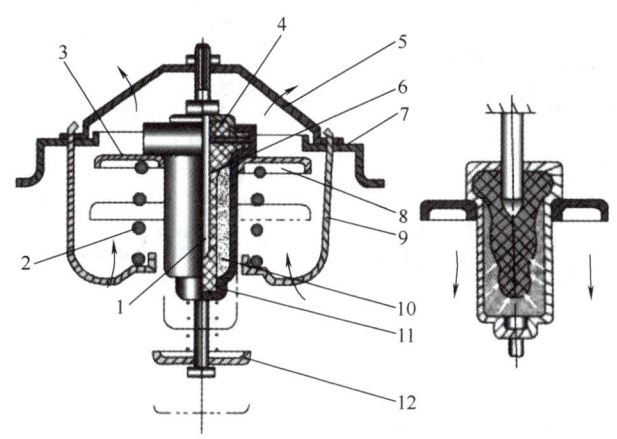

图 5-17 双阀蜡式节温器的结构
1—中心杆　2—弹簧　3—大循环阀　4—盖和密封垫　5—上支架　6—橡胶管
7—阀座　8—通气孔　9—下支架　10—石蜡　11—感应体　12—小循环阀

常温下石蜡呈固态，水温低于 349K（76℃）时，大循环阀完全关闭，小循环阀完全开启，由气缸盖出来的水经旁通管直接进入水泵，故称为小循环。由于水只是在水泵和水套之间流动，不经过散热器，且流量小，所以冷却强度较弱。当发动机水温达 349K（76℃）左右时，石蜡逐渐变成液态，体积随之增大，迫使橡胶管收缩，从而对中心杆下部锥面产生向上的推力。由于杆的上端固定，故中心杆对橡胶管及感应体产生向下的反推力，克服弹簧张力使大循环阀逐渐打开，小循环阀开度逐渐减小。

当发动机内水温升高到 359K（86℃）时，大循环阀完全开启，小循环阀完全关闭，冷却液全部流经散热器，称为大循环。由于此时冷却液流动路线长，流量大，冷却强度较强。

当冷却液温度为 349~359K（76~86℃）时，大小循环同时进行，如图 5-18 所示。

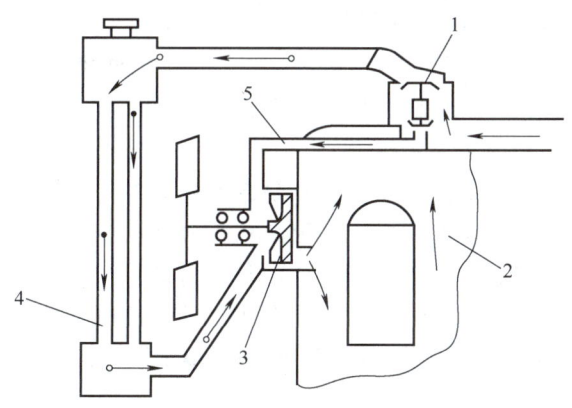

图 5-18 冷却液的大小循环
1—双阀节温器　2—水套　3—水泵　4—散热器　5—旁通管

节温器的布置方式有两种：出口温度控制方式（传统式）和进口温度控制方式（新款式），如图 5-19 所示。

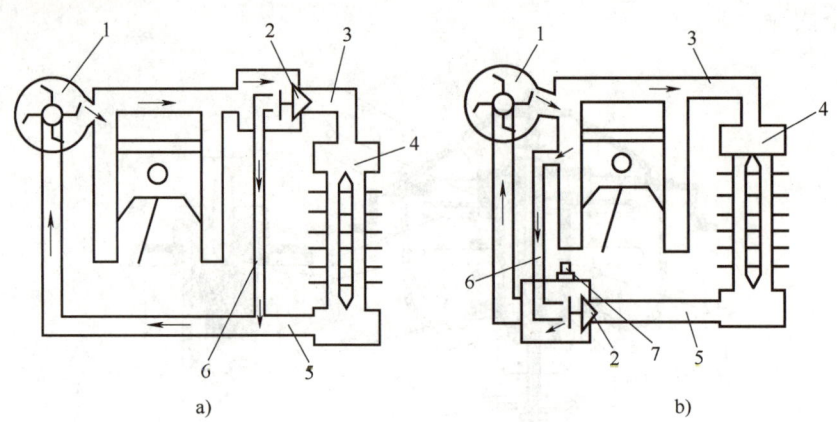

图 5-19　节温器的布置方式
a）出口温度控制方式　b）进口温度控制方式
1—水泵　2—节温器　3—上水管　4—散热器　5—下水管　6—旁通道　7—排气孔

1）出口水温控制方式　一般液冷系统的冷却液都是由机体流进，从气缸盖流出。大多数节温器布置在气缸盖出水管路中，即出口水温控制方式。

这种布置方式把节温器安装在位置较高、水温较高的出水管口中，它有以下优点。

① 热源集中、感温灵敏，添加冷却液和循环流动时，所产生的气泡容易排出释放，减小了"气穴腐蚀"现象。气穴腐蚀是一种物理现象，是离心水泵工作时在低压腔产生气泡，在高压腔被挤压破裂，进而穴蚀水泵和水套内壁。

② 一旦节温器因石蜡泄漏而损坏，双阀节温器的大循环阀即关闭，大循环就截止，只能进行小循环，发动机即过热。应急办法是拆除节温器，只进行大循环，防止过热。但是，在冬季冷起动后，热起时间会延长，加大了油耗和发动机的磨损。为此，必须及时更换节温器。

这种布置方式的缺点是节温器在工作时会产生振荡现象。例如，在冬季起动冷发动机时，由于冷却液温度低，节温器阀关闭。冷却液在进行小循环时，温度很快升高，节温器开启。与此同时，散热器内的低温冷却液流入机体，使冷却液又冷了下来，节温器阀重新关闭。等到冷却液温度再度升高，节温器阀又再次打开，会产生较长时间的"开启振荡"，直至全开，节温器阀才进入渐变稳定状态不再反复开闭。节温器振荡会增加汽车的燃油消耗量和加速节温器的损坏。

2）进口水温控制方式　将节温器安装在水泵进水管口中，其优点如下。

① 该处的液体温度比出水口低 10℃，其温度和压力比较稳定，大小阀的开启是顺流方向而动的，"开闭振荡"小，这样就延长了节温器的使用寿命。

② 小循环路线短，缩短了热起动时间，降低了热起动燃油消耗，减小了发动机磨损。试验证明：热起动时间缩短了一倍，冷起动后 2min 内，冷却液的温度即达 60℃，满足了起步行车的要求。

③ 因为节温器位于缸盖的下方，在添加冷却液时和流动循环中，气泡不容易排出和释放，多在节温器处设有放气螺塞，应及时拧开放气。

节温器损坏后,应立即换新,如果拆除不用,旁通管路就近小循环,将大循环管道短路分流,不仅降低了大循环的流量,也会产生过热故障。

(2) 百叶窗　百叶窗的作用是在冷却液温度较低时改变吹过散热器的空气流量,从而控制冷却强度。

在寒冷的冬季,水温过低时,由于节温器的作用使水只进行小循环,散热器中的水有冻结的危险。此时关闭百叶窗可使冷却液温度回升。

百叶窗安装在散热器前面,它由许多片活动挡板组成,可由驾驶人通过手柄在驾驶室内进行操纵和控制;也可由节温器根据水温的高低自动调节百叶窗挡风板的开度。

(3) 硅油风扇离合器　风扇是发动机功率的消耗者,最大时约为发动机功率的10%。试验证明,水冷却系统只有25%的时间需要风扇工作。为了降低风扇的功率消耗,减少噪声和磨损,防止发动机过冷,降低污染,节约燃料,多采用硅油风扇离合器。

1) 硅油风扇离合器的结构。如图5-20所示,主动轴13固定在风扇带轮上由曲轴驱动。主动板2紧固在主动轴的左端随主动轴一起旋转。从动板1、前盖7和壳体15用螺钉连成一体。风扇9固定在壳体上,壳体则通过轴承14支承在主动轴上。在前盖上装有螺旋形双金属感温器5。感温器的一端固定在前盖上,另一端嵌在阀片传动销4中。前盖与从动板之间的空腔为贮油腔,其中贮有高黏度硅油。壳体与从动板之间的空腔为工作腔。从动板上有进油孔A回油孔B及泄油孔C。为了加强硅油的冷却,前盖板上铸有散热片。

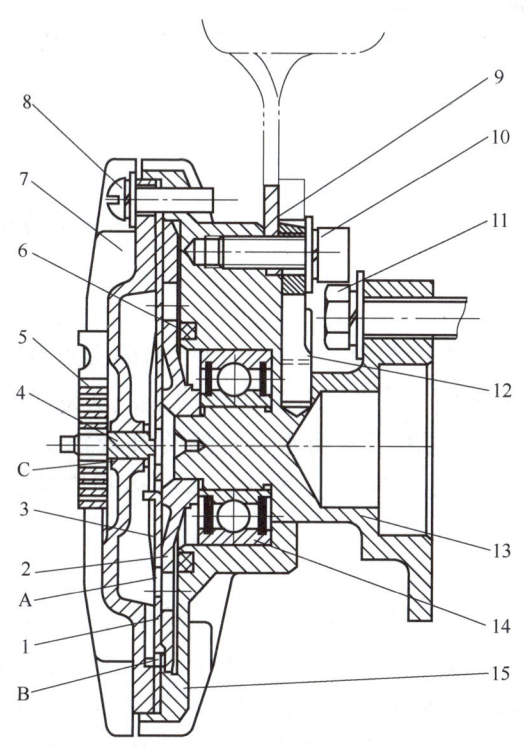

图5-20　硅油风扇离合器的结构

1—从动板　2—主动板　3—阀片　4—阀片传动销　5—双金属感温器　6—毛毡密封圈　7—前盖
8—螺钉　9—风扇　10—内六角螺钉　11—螺栓　12—锁止板　13—主动轴　14—轴承　15—壳体
A—进油孔　B—回油孔　C—泄油孔

2）硅油风扇离合器的工作原理。当发动机冷起动或小负荷下工作时，冷却液及通过散热器的气流温度不高，进油孔被阀片关闭，工作腔内无硅油，离合器处于分离状态。主动轴转动时，仅仅由于密封毛毡圈和轴承的摩擦，使风扇随同壳体在主动轴上空转打滑，转速极低。

当发动机负荷增加时，冷却液和通过散热器的气流温度随之升高，感温器受热变形而带动阀片轴及阀片转动。当流经感温器的气流温度超过338K（65℃）时，进油孔被完全打开，于是硅油从贮油腔进入工作腔。由于硅油十分黏稠，主动板即可利用硅油的黏性带动壳体和风扇转动。此时风扇离合器处于接合状态，风扇转速迅速升高。为了不使工作腔中的硅油温度过高，黏度下降，使硅油在壳体内不断循环。由于主动板转速高于从动板，因此受离心力作用从主动板甩向工作腔外缘的油液压力比贮油腔外缘的油压力高，油液从工作腔经回油孔B流向贮油腔，而贮油腔又经进油孔A及时向工作腔补充油液。为使硅油从工作腔流回贮油腔的速度加快，缩短风扇脱开时间，在从动板1的回油孔B旁有一个刮油突起部分伸入工作腔缝隙内，使回油孔一侧压力增高，回油速度加快。

当发动机负荷减小，流经感温器的气体温度低于308K（35℃）时，感温器恢复原状，阀片将进油孔关闭，工作腔中油液继续从回油孔流回贮油腔，直至甩空为止。风扇离合器又回到分离状态。

当离合器因故障（如漏油等）失灵时，可采取如下应急措施：松开内六角螺钉10，把锁止板的销插入主动轴孔中，再拧紧螺钉10，使壳体与主动轴连成一体，但此时只靠销传动，不能长期使用。

二、冷却液

冷却液是发动机冷却系统中最重要的工作介质，汽车常用的冷却液有水及加有防冻剂的防冻液。

1. 水冷却液

水冷却液是指直接用水作为冷却液。但是，由于水的沸点低，易蒸发，因此需要经常添加冷却水。冷却液不宜加河水、井水等含矿物质的水，以免产生水垢，导致冷却系统散热不良，要求添加雨水、雪水或离子交换水，这给冷却液添加造成困难。水在严寒冬季易结冰，需要经放水后才能过夜，否则会造成结冰时体积膨胀，胀裂机体、缸盖的严重事故。

2. 防冻液

防冻液由水、防冻剂、添加剂三部分组成。乙二醇型防冻液是用乙二醇作防冻剂，并添加少量抗泡沫、防腐蚀等综合添加剂配制而成。由于乙二醇易溶于水，可以任意配成各种冰点的冷却液，其最低冰点可达-68℃，这种防冻液具有沸点高、泡沫倾向低、粘温性能好、防腐和防垢等特点，是一种较为理想的防冻液。目前国内外发动机所使用的冷却液几乎都是乙二醇型防冻液。

防冻液中水与乙二醇的比例不同，其冰点也不同（表5-1）。在水中加入防冻剂还同时提高了防冻液的沸点。例如，含50%乙二醇的防冻液在大气压力下的沸点是103℃。

表 5-1 防冻液的冰点与乙二醇含量的关系

冷却液冰点/℃	乙二醇的质量分数（%）	水的质量分数（%）	密度/(kg/m³)
-10	26.4	73.6	1.0340
-20	36.4	63.8	1.0506
-30	45.4	54.4	1.0627
-40	52.6	45.7	1.0713
-50	58.0	42.0	1.0780
-60	63.1	36.9	1.0833

防冻剂中通常含有防锈剂和泡沫抑制剂。防锈剂可延缓或阻止发动机水套壁及散热器的锈蚀或腐蚀。泡沫抑制剂能有效地抑制泡沫的产生。在防冻剂中，一般还要加入着色剂，使冷却液呈蓝绿色或黄色，以便于识别。

三、电子控制冷却系统

电子控制冷却系统的特点是使冷却温度调节、冷却液的循环控制、冷却风扇的控制均受发动机负荷的影响，从而降低发动机的燃油消耗、减少发动机有害物质的排放和提高发动机的动力性能。电子控制冷却系统主要是通过发动机控制单元与冷却系统的传感器、执行器进行通信。其中发动机转速传感器、进气温度传感器、空气流量传感器信号与发动机燃油喷射控制系统共享。

1. 电子控制冷却系统的组成

高尔夫 APF 型发动机上应用的电子控制冷却系统的组成如图 5-21 所示。

（1）发动机控制单元 J361　发动机控制单元 J361 依据发动机的负荷为发动机在该热状态下设定一个适宜的工作温度。通过激活温度调节单元的加热电阻，打开大循环，调节冷却液温度；通过激活冷却风扇，迅速降低冷却液温度。发动机控制单元中包含有电子控制冷却系统的自诊断功能，可使用专用仪器进行检测。

（2）温度旋钮电位计 G267 和温度翻板位置开关 F269　当车辆使用暖风时，通过温度选择旋钮电位计 G267 来识别驾驶人对车辆内空间的加热要求，进而调节冷却液的温度，使其处于合适的温度范围内。

当温度旋钮开关处于"非关闭"位置时，温度翻板位置开关打开，激活冷却液切断阀 N147，通过真空执行元件打开热交换器的冷却液切断阀。

（3）冷却液温度传感器 G62 和散热器出口温度传感器 G83　冷却液温度的特征存储于发动机控制单元中。发动机运行过程中的实际温度，用气缸盖冷却液出口处的冷却液温度传感器 G62 和散热器前出水口处的散热器出口温度传感器 G83 监测。发动机控制单元根据 G62 的信号，发出脉冲电压控制电控节温器 F265 的加热电阻的加载电压，从而控制发动机的大小循环。发动机控制单元根据 G62 和 G83 的信号调节散热器风扇的转速。若冷却液温度传感器 G62 损坏，则冷却液温度控制以 95℃ 为替代值，并且风扇以一档速度保持运转；若 G83 损坏，则控制单元保持风扇一档运转；若两个温度传感器中一个温度超出极限，则控制风扇二档被激活；若两个温度传感器都损坏，则控制单元为电控节温器的加热电阻加载最大电压，并且控制散热器风扇以 2 档运转。

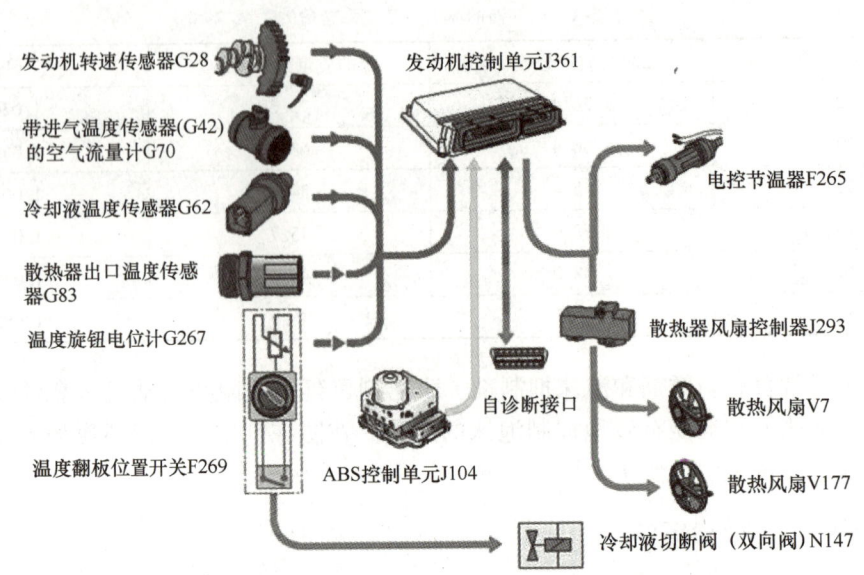

图 5-21 电子控制冷却系统的组成

（4）电控节温器 F265　电控节温器 F265 的工作部件为置于蜡式节温器膨胀元件中的加热电阻，如图 5-22 所示。发动机控制单元根据特性图发出脉冲信号作用于加热电阻，从而加热石蜡，使膨胀单元发生位移，节温单元通过此位移进行机械调节，控制大循环阀的开度。当汽车停止或处于起动工况时，发动机控制单元对 F265 无加载电压。

2. 冷却循环控制

（1）发动机冷起动和部分负荷　发动机冷起动时，冷却系统小循环工作，使发动机尽快热机，此时未按发动机冷却特性图进行控制。小循环阀门打开，冷却液通过节温器小循环阀门直接流回水泵，形成小循环，如图 5-23 所示。

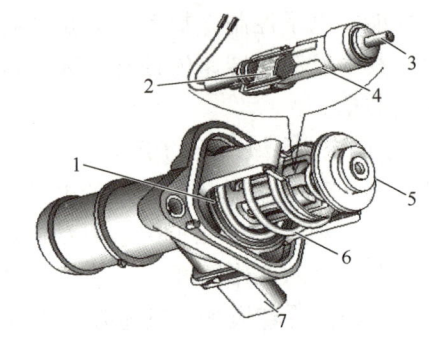

图 5-22　电控节温器的结构
1—大循环阀　2—加热电阻　3—升程销　4—膨胀元件
5—小循环阀　6—弹簧　7—连接插头

（2）发动机全负荷　发动机全负荷运转时，要求具有较高的冷却能力，控制单元根据传感器信号得出计算值对温度调节单元（节温器）加载电压，熔解石蜡，使大循环阀门打开，接通大循环。同时，机械关闭小循环通道，切断小循环，使冷却液温度保持在 85~95℃。冷却液大循环通路如图 5-24 所示。

3. 冷却风扇控制

发动机全负荷工作时，要求具有足够的冷却能力。两个风扇电动机都设置了两个转速档。控制单元依据发动机出水口和散热器出水口的温度差来控制风扇的转速。发动机控制单元中存储有风扇介入或切断的两张特性图，它们的决定性因素是发动机转速和负荷。如图 5-21 所示，如果故障发生在第一风扇 V7 的输出端，则第二风扇 V177 将被激活；如果故障发生在第二风扇 V177 的输出端，则控制单元使节温器完全打开，进入安全模式。在车速高于

100km/h 时，风扇不工作，因为高于此车速，风扇无法提供额外的冷却。当空调工作时，两个风扇都工作。

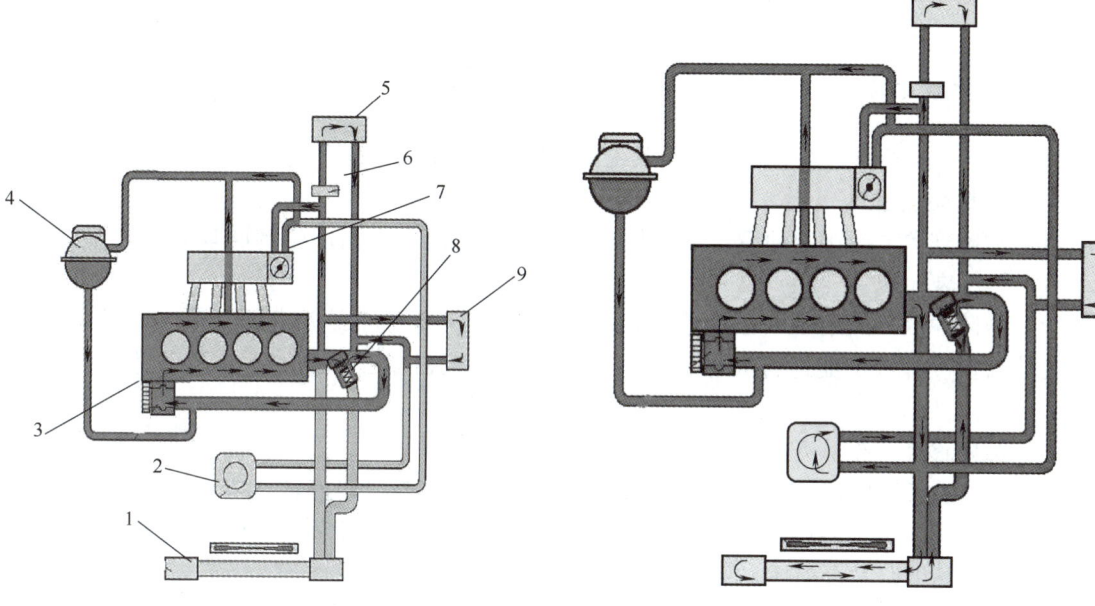

图 5-23　冷却液小循环通路　　　　　图 5-24　冷却液大循环通路

1—散热器　2—机油冷却器　3—水泵　4—冷却液罐
5—暖风加热器　6—双向阀　7—节气门控制单元
8—电控节温器　9—自动变速器机油冷却器

考证要点

一、填空题

1. 冷却系统分为_____和_____两类。
2. 强制循环水冷却系统一般由_____、_____、_____、水套、_____、_____、_____和传感器等组成。
3. 冷却装置调节装置包括_____和_____。
4. 发动机冷却系统在进行小循环时冷却液不流经_____。
5. 防冻液最常用的是_____型。
6. 防冻液常见的颜色有_____色和_____色。

二、简答题

1. 发动机为什么要冷却？最佳冷却液温度范围一般是多少？
2. 试述水冷却系统的基本组成及工作过程。
3. 什么是冷却液？为什么现代发动机都采用冷却液代替水作为冷却介质？
4. 什么是冷却液大循环和小循环？
5. 水冷却系统中为什么要安装节温器？它是如何工作的？

6. 发动机冷却强度调节的方式有哪些？
7. 简述硅油风扇离合器的基本工作原理。
8. 简述电子控制冷却系统的工作原理。

 扩展知识

冷却系统常见故障的排除

1. 发动机突然过热

（1）故障现象　冷车起动后，发动机冷却液温度迅速升高而产生沸腾现象；汽车行驶中发动机突然过热。

（2）故障原因　风扇带断裂。水泵轴与叶轮脱转。冷却系统严重漏冷却液。节温器主阀门脱落致使冷却液不能进行大循环。气缸垫烧穿或气缸盖出现裂纹，高温气体进入冷却系统。

（3）故障诊断与排除方法

1）首先检查冷却液是否充足，再检查风扇是否转动。若风扇停转，应查看风扇传动带是否断裂；硅油风扇离合器或电磁式风扇离合器是否损坏；若为电动风扇，应检查温控开关。风扇电动机及其电路是否损坏。

2）若风扇运转正常，冷却液足够，可用手感觉散热器和发动机的温度，如发动机温度很高，而散热器温度很低，说明水泵损坏或节温器失灵。

3）若冷态发动机起动后，散热器口立即向外溢冷却液并排出大量气泡，呈现冷却液沸腾状态，多为气缸套、气缸盖出现裂纹或气缸垫烧蚀，使高温高压气体窜出水套。此时，应分解气缸盖和气缸体，焊修裂纹或更换气缸套、气缸垫。

2. 发动机温度过高

（1）故障现象　冷却液温度过高警告灯闪烁或冷却液温度表指针长时间指示在红区，冷却液沸腾出现蒸汽；在上述情况下，发动机动力不足。

（2）故障原因　冷却系统导致发动机过热的原因有：冷却液不足，水泵堵塞或损坏，散热器或气缸体内水套结垢多、堵塞，节温器卡死或堵塞，冷却液不能流过散热器。节温器能否正常工作，可由试验确定，其表现应符合技术规定。散热器风扇电动机、双温热敏开关出现故障，从而使发动机过热。非冷却系统故障引起的发动机过热的原因有：超负荷、低档行驶时间过长，点火过早过晚都会引起发动机过热。因此，必要时应检查点火提前角并加以调整。混合气过浓或过稀，燃烧室积炭过多等也会引起发动机过热。汽车使用条件如气候、风向、道路、负荷等因素也影响发动机温度。

（3）故障诊断与排除方法　检查冷却液液面高度，如过低应添加到标准高度。检查散热器是否泄漏，如泄漏应进行相应的补修。检查水泵是否正常，如不正常应检修或更换。应按时除去散热器内的水垢，先用酸溶液清洗，后用碱溶液清洗。节温器如检查不合格应更换。热敏开关损坏应及时更换。对于非冷却系统的故障，应检查相关的传感器和部件。

3. 发动机温度过低

发动机升温缓慢，会使发动机在低温下长期工作，导致发动机磨损加快。

（1）故障现象　发动机行驶乏力，发动机油耗增加，发动机工作很长时间或全部工作时间内，冷却液温度达不到正常工作温度范围，低于85℃。该故障现象多发生在寒冷地区或冬季行驶。

（2）故障原因　节温器失效，卡在全开位置，冷却液在低温状态下也进行大循环；散热器风扇电动机发生故障、风扇电动机只能以二档运转　冷却液温度表或冷却液温度传感器失效；环境温度太低且逆风行驶。

（3）故障诊断与排除方法　检查散热器风扇电动机工作状态是否正常；发动机起动时，检查散热器的出水管和暖风散热器出水管温度是否相同。若相同，则说明节温器常开，冷却系统直接进入大循环。因此要检修或更换节温器。

单元 6　发动机润滑系统

【任务目标】
1) 了解润滑方式和润滑剂的编号及曲轴箱通风的作用。
2) 熟悉润滑系统的功用。
3) 掌握润滑系统的基本组成与结构原理。
4) 学会分析润滑油路。

【任务描述】
发动机润滑系统是保证汽车发动机正常运转的重要装置，它的作用是润滑发动机各零部件的摩擦表面，以保证发动机能正常工作。本单元主要通过对润滑系统的组成、作用、结构原理及润滑剂种类的学习，掌握润滑系统的结构及原理，为下一步学习汽车维修打下基础。

任务 6.1　熟悉润滑系统的功用及组成

一、润滑系统的工作原理及组成

1. 润滑系统的功用

任何接触且相对运动的摩擦表面，都存在磨损和需要润滑。在两零件的工作表面之间加入一层润滑油形成油膜，将零件完全隔开，处于完全的液体摩擦状态，这样，功率消耗和磨损就会大为减少。

发动机的润滑是由润滑系统来实现的。润滑系统除了起润滑作用外，还起到清洁、冷却、密封和防锈作用。

（1）润滑　发动机润滑系统的基本任务就是将润滑油不断地供给相对运动的各零件表面，形成润滑油膜，减小零件间的摩擦和磨损，降低功率消耗。

（2）清洁　发动机工作时，不可避免地要产生金属磨屑，以及空气所带入的尘埃和燃烧所产生的固体杂质等。这些杂质若进入零件的工作表面，就会形成磨料，大大加剧零件的磨损。而润滑系统通过润滑油的流动将这些磨料从零件表面上冲洗下来，带回油底壳，大的颗粒沉到油底壳底部，小的颗粒被机油滤清器滤出，从而起到清洁的作用。

（3）冷却　运动零件间的摩擦和混合气的燃烧，使某些零件的工作温度产生较高。润滑油流经零件表面时可吸收其热量并将部分热量带回到油底壳散入大气中，起到冷却作用。

（4）密封　发动机气缸壁与活塞、活塞环及活塞环与环槽之间，都留有一定的间隙，并且这些零件本身也存在几何偏差。在这些零件表面上形成的油膜可以补偿上述原因造成的表面配合的微观不均匀性。油膜充满在可能漏气的间隙中，减少了气体的泄漏，可保证气缸的应有压力，因而起到了密封作用。

（5）防锈　润滑油黏附在零件表面上，避免了零件与水、空气、燃气等的直接接触，起到了防止或减轻零件锈蚀和化学腐蚀的作用。

2. 发动机的润滑方式

发动机工作时，由于各运动零件的工作条件不同，因而所要求的润滑强度和方式也不同。零件表面的润滑，按其供油方式可分为压力润滑、飞溅润滑、润滑脂润滑。汽车发动机都采用压力润滑和飞溅润滑相结合的复合润滑方式。

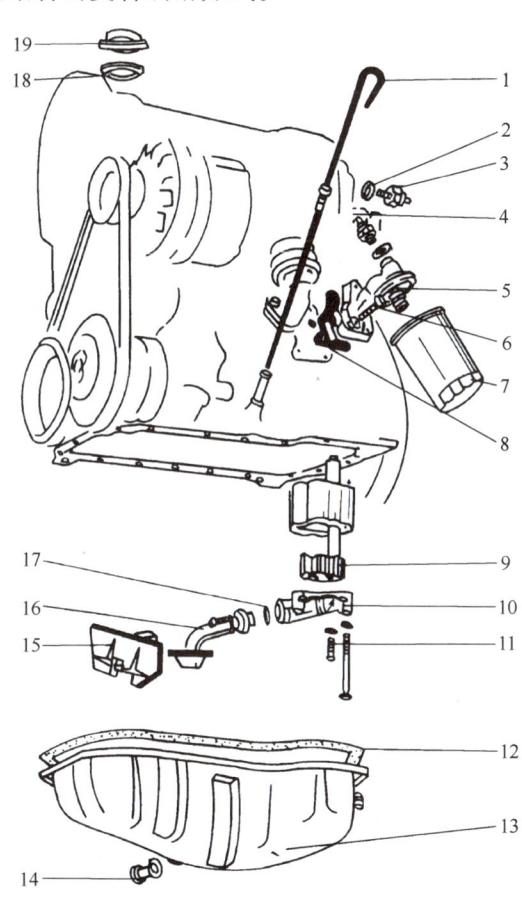

图 6-1　奥迪 100 型轿车发动机润滑系统的组成

1—机油标尺　2—密封圈　3—0.03MPa 油压开关　4—0.18MPa 油压开关　5—机油滤清器支架　6—紧固螺栓　7—机油滤清器　8—机油滤清器盖密封垫　9—机油泵齿轮　10—机油泵盖　11—螺栓　12—油底壳密封垫　13—油底壳　14—放油螺栓　15—隔板　16—吸油管　17—O 形密封圈　18—密封垫　19—机油加油口盖

（1）压力润滑　对负荷大，相对运动速度高的零件（如主轴承、连杆轴承、凸轮轴轴承等），以一定压力将机油输送到相互运动表面的间隙中进行润滑，即为压力润滑。

（2）飞溅润滑　对外露、负荷较轻、相对运动速度较低的工作表面（如活塞销、气缸壁、凸轮和挺柱等），依靠运动零件飞溅起来的油滴或油雾进行润滑，即为飞溅润滑。某些零件（如活塞与气缸壁）虽然工作条件较差，但为了防止过量润滑油进入燃烧室而造成发动机工作恶化，也采用飞溅润滑。

（3）润滑脂润滑　对发动机辅助机构的一些零件（如水泵及发电机轴承）采用定期加注润滑脂的方法进行润滑，即为润滑脂润滑方式。近年来有的发动机采用含有耐磨润滑材料（如尼龙、二硫化钼等）的轴承代替了加注润滑脂的轴承。

3. 润滑系统的组成

以奥迪100型轿车为例，汽车发动机润滑系统的组成如图6-1所示。它由以下部分组成。

（1）机油泵　其功用是保证润滑油在润滑系统内循环流动，并在发动机任何转速下都能以足够高的压力向润滑部位输送足够数量的润滑油。

（2）机油滤清器　它用来滤除润滑油中的金属磨屑、机械杂质和润滑油氧化物。若这些杂质随同润滑油进入润滑系统，将加剧发动机零件的磨损，还可能堵塞油管或油道。

（3）机油散热器　在热负荷较高的发动机上装备有机油散热器，用来降低润滑油的温度。润滑油在循环过程中，由于吸热而温度升高。若润滑油温度过高，则其黏度下降，不利于在摩擦表面形成油膜，此外，还会加速润滑油老化变质，缩短润滑油使用期。

（4）油底壳　它是贮存润滑油的容器。

（5）限压阀及旁通阀　限压阀用来限制最高油压，旁通阀用来避免因机油粗滤器堵塞而造成主油道供油中断现象。

（6）集滤器　它是用金属丝编织的滤网，安装在润滑系统的进口处，用来滤除润滑油中粗大的杂质，防止其进入机油泵。

此外，发动机润滑系统还包括由油管、油道等组成的润滑油引导、输送及分配装置。

4. 润滑油路

汽车发动机润滑系统油路方案大致相同，下面介绍几种典型的润滑油路。

（1）中型汽油机润滑油路　图6-2所示为EQ6100型汽油发动机润滑油路示意图。该润滑系统由加油管、油底壳、集滤器1、机油泵3、粗滤器21、细滤器9、机油散热器7、主油道19、分油道、限压阀4和旁通阀20等组成。

发动机的曲轴主轴承、连杆轴承、凸轮轴轴承、摇臂孔、空气压缩机、正时齿轮和机油泵驱动轴等采用压力润滑；活塞、活塞环、活塞销、气缸壁、气门、挺柱和凸轮等采用飞溅润滑。

发动机工作时，机油经固定式集滤器1初步过滤后进入机油泵3，防止较大的机械杂质进入机油泵内。机油泵使机油产生一定的压力而输出。由机油泵输出的机油分为两路：大部分（90%）的机油经粗滤器21滤去较大的机械杂质后进入机体上的纵向主油道19，并由此流向各运动零件的工作表面。当粗滤器的滤芯被杂质堵塞而失效时，机油便顶开旁通阀20直接进入主油道，以保证发动机各部分有足够的润滑油。另一小部分机油经机油限压阀15流入细滤器9，滤去细小杂质后流回油底壳。当润滑油路中的油压低于100kPa时，机油限压阀不开启，机油细滤器停止工作，保证主油道内的油压足够。细滤器并联在油路中，既不影响润滑油道畅通，又可使润滑油得到良好的滤清。一般汽车每行驶50km左右，全部机油即可经细滤器过滤一遍。

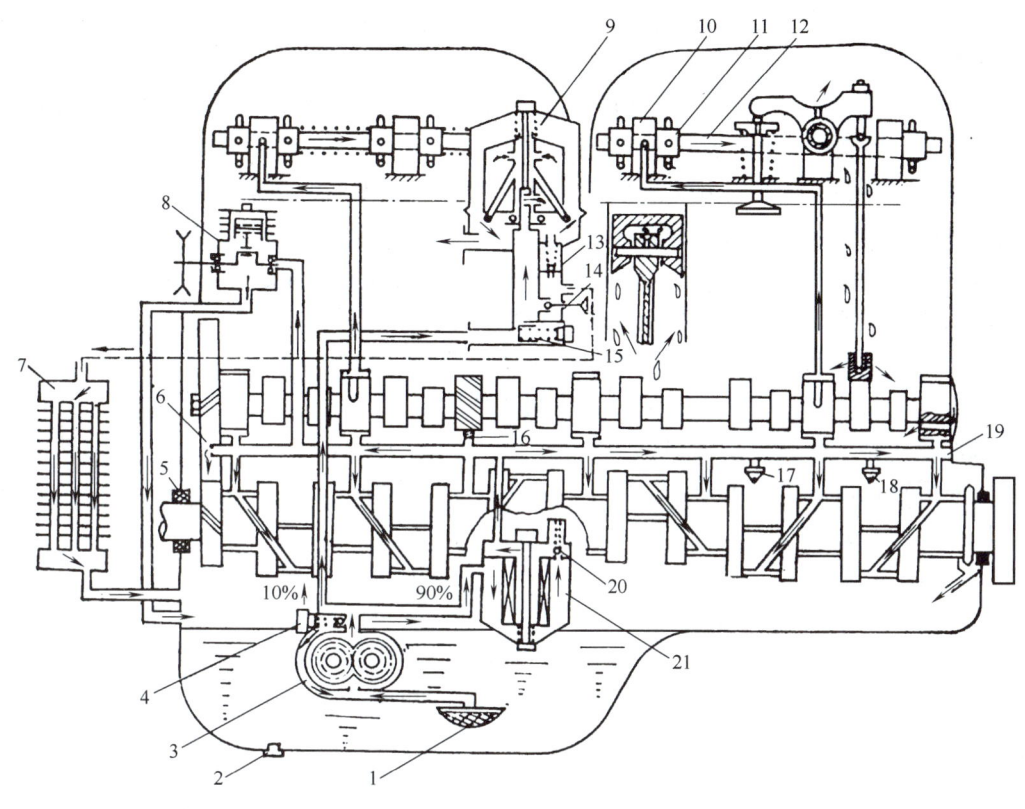

图 6-2 汽油发动机润滑油路示意图

1—集滤器 2—磁性放油螺塞 3—机油泵 4—限压阀 5—曲轴前油封 6—喷嘴 7—机油散热器 8—空气压缩机 9—细滤器 10—摇臂轴支座 11—摇臂 12—摇臂轴 13—机油散热器安全阀 14—机油散热器开关 15—机油限压阀 16—机油泵和分电器驱动轴 17—油压过低传感器 18—油压传感器 19—主油道 20—旁通阀 21—粗滤器

　　进入主油道的润滑油经由机体内的七条并联的横向油道流到曲轴主轴承中,然后部分经曲轴的斜向油道流入连杆轴颈。其中第一、二、四、六、七条横向油道里的部分润滑油流向凸轮轴轴承。流入第五道凸轮轴轴承中的机油,从轴颈上的泄油孔流出,以防将后油堵盖压出。第三条横向油道里的部分润滑油流向机油泵和分电器驱动轴16。

　　用油管从主油道前端引出部分润滑油输送到空气压缩机曲轴中心油道,润滑空气压缩机的曲轴和连杆轴承处,然后经空气压缩机下方的回油管流回到发动机的油底壳。在曲轴箱前端拧入一个喷油嘴通过油道与主油道连通,以润滑正时齿轮。

　　凸轮轴的第二、四轴颈上有两个不通的半圆形节流槽,润滑油经该槽间歇地通过摇臂轴的第一和第四支座上的油道被输送到两根中空带孔的摇臂轴内,润滑摇臂孔。凸轮轴轴颈上的节流槽对润滑油的节流作用能防止摇臂轴过量润滑,避免多余的油顺气门流入气缸。

　　在主油道上安装了油压传感器18和油压过低传感器17。正常的油压应为150~600kPa。当主油道内的油压低于100kPa时,油压过低传感器17的触点接通,警告灯发亮,应立即停车检查。机油泵的端盖上装有限压阀4。限压阀的作用是限制润滑系统内的最高油压,防止因压力过高而造成过分润滑及密封垫、密封圈处发生泄漏现象。当油压超过正常工作范围时,机油压力便克服弹簧张力使球阀打开,部分机油在泵内泄回进油端而不输出,保持润滑油路内油压正常。

机油细滤器上还设有可接机油散热器开关14。机油散热器一般安装在冷却液散热器的前面。当气温高于293K（20℃）时，由驾驶人打开机油散热器开关14，使部分机油流经机油冷却器冷却，以保持机油的润滑性能。当油压高于400kPa时，机油散热器安全阀13开启，使机油经此阀泄入油底壳，防止机油冷却器损坏。

润滑油的冷却除靠迎面气流吹拂油底壳外，主要依靠机油散热器散热。由于细滤器进油限压阀的存在，当油温较高时，机油稀化，油压降低，会影响机油散热器的工作可靠性。为此，要求机油泵的出油量和出油压力较大，以便改善润滑油的冷却条件。

（2）柴油机润滑油路　柴油机与汽油机的润滑系统组成和油路也不同。柴油机的机械负荷和热负荷较大，其活塞一般专设油道进行冷却；所配用的喷油泵、调速器、空气压缩机、增压器等也需要润滑，因此，要求柴油机的润滑强度较高。为了保证润滑系统工作可靠，通常设有机油冷却器。同时，柴油机的机油泵可安装在曲轴箱内第一道或第二道主轴承盖处，由曲轴正时齿轮直接或间接驱动。这样，可使机油泵的转速不低于发动机转速，以满足柴油机高强度润滑的需要。

图6-3所示为斯太尔WD615系列柴油机润滑油路示意图。油底壳中的机油经集滤器2、机油泵3（附限压阀1，开启压力为1550kPa±150kPa）、机油滤清器16（附旁通阀17）、机油冷却器4进入主油道。机油冷却器上装有限压阀，当油压过高时，限压阀开启，机油直接由此阀进入主油道，避免机油冷却器损坏。主油道中的机油通过各支油道分别流向增压器13（若柴油机为自然吸气式则无增压器）、空气压缩机12、喷油泵11，经推杆到摇臂轴9、凸轮轴轴颈、曲轴主轴颈和连杆轴颈等处进行压力润滑。为了保证活塞的冷却，对应各缸处有机油喷嘴，来自于主油道的机油直接喷射到活塞内腔。

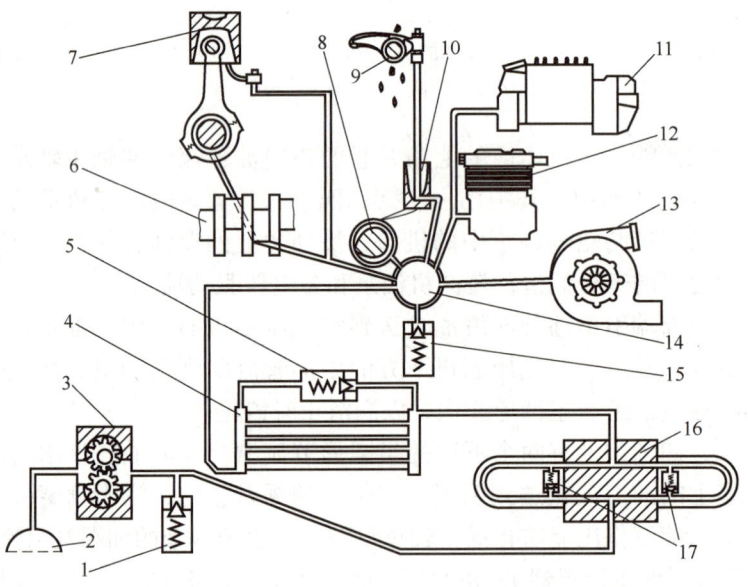

图6-3　斯太尔WD615系列柴油机润滑油路示意图

1—机油限压阀　2—集滤器　3—机油泵　4—机油冷却器　5—机油冷却器限压阀　6—曲轴　7—连杆小头　8—凸轮轴
9—摇臂轴　10—挺柱　11—喷油泵　12—空气压缩机　13—增压器　14—主油道　15—限压阀
16—机油滤清器　17—机油滤清器旁通阀

此外，润滑系统主油道中装有机油压力过低传感器，能自动报警；油底壳底部有磁性放油螺塞；窜入曲轴箱及气缸体内腔的油气可通过油气分离器，使凝结下来的机油回流到油底壳。分离出来的气体则通过增压器进入柴油机进气管。

（3）轿车汽油机的润滑油路　由于轿车发动机转速高、功率大、凸轮轴多为顶置，机油泵一般由中间轴驱动；配气机构多采用液压挺柱；在主油道与机油泵之间多用单级全流式滤清器，以简化滤清系统。集滤器为固定淹没式，避免机油泵吸入表面泡沫，保证润滑系统工作可靠。

图 6-4 所示为桑塔纳轿车 JV 型 1.8L 发动机润滑油路示意图。当发动机工作时，机油经集滤器 1 初步过滤后进入机油泵 2，机油泵输出的机油全部流经机油滤清器 8，然后进入纵向主油道。主油道中的机油分别由各分油道进入曲轴主轴承和连杆轴承，再通过连杆杆身的油道润滑活塞销，并对活塞进行喷油冷却。

中间轴 5 的润滑油是由发动机前边第一条横向斜油道和从机油滤清器出来的油道供给的。气缸盖上的纵向油道与主油道相通，并通过横向油道润滑凸轮轴轴颈及向液力挺柱供油。在气缸盖和气缸体的一侧布置了回油孔，使气缸盖上的机油流回曲轴箱。

发动机上有两个油压开关，开关 7 的开启压力为 30kPa，位于气缸盖后端；开关 3 的开启压力为 180kPa，位于机油滤清器支架上。打开点火开关，仪表板中的机油压力警告灯即闪烁。起动发动机，当机油压力大于 30kPa 时，开关 7 触点开启，该警

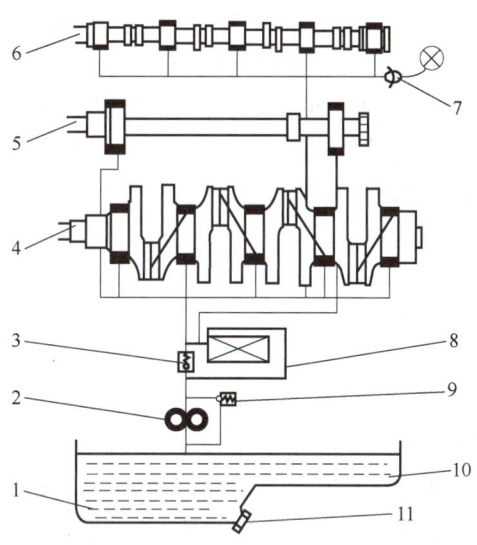

图 6-4　轿车汽油机润滑油路示意图
1—集滤器　2—机油泵　3、7—油压开关　4—曲轴
5—中间轴　6—凸轮轴　8—机油滤清器　9—限压阀
10—油底壳　11—放油螺塞

告灯自动熄灭。当发动机低速运转时，若机油压力低于 30kPa，则油压开关 7 触点闭合，机油压力警告灯闪烁。当发动机转速超过 2150r/min 时，如果机油压力达不到 180kPa，油压开关 3 触点断开，机油压力警告灯闪烁，且警报蜂鸣器也同时报警。

二、机油使用性能

汽车发动机润滑系统所用的润滑剂有润滑油和润滑脂两种。发动机润滑油的品种应根据发动机的性能及季节气温的变化来选择。因为发动机润滑油的黏度是随温度变化而变化的，温度高则黏度小，温度低则黏度大。因此，夏季气温高时要用黏度较大的发动机润滑油，否则将因机油过稀而不能使发动机得到可靠的润滑。冬季气温低时则要用黏度较小的发动机润滑油，否则将因机油黏度过大，流动性差而不能输送到零件摩擦表面的间隙中。在严寒地区，如何保证汽车有良好的低温起动性能是一个重要的问题，而选用合适的发动机润滑油，则是提高汽车低温起动性能的重要措施之一。

目前国际上广泛采用美国 SAE（美国汽车工程师学会）黏度分类法和 API（美国石油学会）用途分类法，并已被国际标准化组织 ISO 所确认。

黏度等级分类按照"SAE"的标准分为11个等级（见表6-1），SAE 0W、SAE 5W、SAE 10W、SAE 15W、SAE 20W、SAE 25W、SAE 20、SAE 30、SAE 40、SAE 50、SAE 60。"SAE"后面的数字代表机油的黏度等级，数值越大表示黏度越高。黏度可以参照对应的黏度等级查找出来。如果在"SAE"后面的数值中有"W"，如5W/30、10W/30、10W/40、15W/40、20W/50、25W/60，则表示有较好的低温起动性能，这种复式黏度机油在高温下仍具有较大的黏度，使发动机各运转部位得以充分润滑。例如SAE5W/20在低温使用时，其黏度与SAE5W一样，而在高温下，其黏度又与SAE20相同，因此可以冬夏通用。

国际上通常是以API的标准来确定发动机油的品质分类标准的。API把车用机油分为柴油机油（用"C"表示，如CC、CD、CF、CF-4、CH-4）和汽油机油（用"S"表示，如SE、SF、SG、SH、SJ）。随着科学技术的进步，机油的品质也有一个提高的过程，字母顺序代表机油品质的发展，字母越往后表示机油品质越高，目前汽油发动机的最高品质标准是SJ。柴油机油由原CA级发展到目前的CH-4。通常机油罐上若印有SG/CF-4和SF/CD的字样，表示既可用于汽油发动机，也可用于柴油发动机。

选择优质合适的润滑油，可以尽可能地降低发动机运行中的磨损。选用机油的要领主要有以下几点。

（1）适当的黏度　适当的黏度是摩擦表面建立油膜的首要条件，黏度大，则流动性差，起动瞬间更易磨损，黏度小则润滑不足，发动机运转后，也会造成磨损。一般来讲，新发动机和新大修的发动机应使用黏度较小的机油，特别是刚大修的发动机，磨合期内一定不要使用黏度过大的机油，因为这时的发动机各部分配合间隙很小，黏度大的机油流动性又不好，会导致发动机散热及润滑不良，使润滑油老化加快，发动机磨损加剧。如果老旧发动机由于长期磨损导致机油压力不足使发动机润滑不良，就应加入黏度较大的机油，因为大黏度机油更容易建立油压，如加入大黏度机油仍然压力低，则应对发动机进行检修。

表6-1　发动机油SAE黏度分类

SAE 黏度等级	低温动力黏度不大于 /mPa·s	边界泵送温度不高于/℃	100℃运动黏度/(mm²/s) 不少于	100℃运动黏度/(mm²/s) 不高于
0W	3250（-30℃）	-35	3.8	—
5W	3500（-25℃）	-30	3.8	—
10W	3500（-20℃）	-25	4.1	—
15W	3500（-15℃）	-20	5.6	—
20W	4500（-10℃）	-15	5.6	—
25W	6000（-5℃）	-10	9.3	—
20	—	—	5.6	9.3
30	—	—	9.3	12.5
40	—	—	12.5	16.3
40	—	—	12.5	16.3
50	—	—	16.3	21.9
60	—	—	21.9	26.1

（2）环境温度　应根据所在地区的气温来决定机油的黏度，一般来说冬季应选用复式黏度的机油来保证机油的低温流动性能，中国南方地区可选用 SAE 20W/50 级黏度的机油，北方冬季地区 SAE 5W/30 或 10W/30 黏度一般可以满足要求。夏季主要是考虑机油的黏度保持，因为夏季温度较高，黏度太小的机油不能保持足够的机油压力，使发动机得不到润滑。夏季中国大部分地区可选用 SAE 15W/40 或 SAE40 机油，温度过高地区可选用 SAE20W/50、SAE 50 机油。机油各黏度适用温度见表6-2。

表6-2　机油黏度与环境温度对应关系

黏度级别	适用的气温范围/℃	季节	我国地域
30	−10~30	夏季	东北西北
40	−5~40	夏季	全国各地
50	0~50	夏季	南方
5W/30	−25~30	冬夏通用	东北西北
5W/40	−25~40	冬夏通用	东北西北
10W/30	−20~30	冬夏通用	华北、中西部
10W/40	−20~40	冬夏通用	华北、中西部
15W/40	−15~40	冬夏通用	华北、中西部
20W/50	−10~50	冬夏通用	黄河以南、长江以北

（3）燃油种类　如果是柴油发动机，应选用柴油机油。API 标准将评定柴油机油的字母放在汽油机油标准之前，因为柴油中的硫分燃烧后形成的酸性物质会腐蚀机件，柴油机油中的碱性成分可以中和酸，减小酸的危害。

另外，摩托车发动机分为二冲程发动机和四冲程发动机，由于这两种发动机的工作原理不同，所以二冲程发动机油与四冲程发动机油是不通用的。

（4）级别要求　机油的等级越来越高主要是因为随着发动机技术发展，对润滑油提出了越来越高的要求，所以选择机油还要看发动机的设计生产年代。由于现代发动机强化系数很高，所以设计生产年代越近的发动机就应选择级别越高的机油。为延长发动机的使用寿命，减小燃油消耗，应该选择品质较好的机油。

任务6.2　掌握润滑系统主要零部件的组成及功用

一、机油泵

机油泵的作用是将一定压力和数量的润滑油供到润滑表面。

汽车发动机常用的机油泵结构形式可分为齿轮式和转子式两类。齿轮式机油泵又分为内啮合齿轮式和外啮合齿轮式两种，一般把后者称为齿轮式机油泵。

1. 齿轮式机油泵

齿轮式机油泵的工作原理如图6-5所示。在机油泵体3内装有一对外啮合齿轮1和4，齿轮的端面由机油泵盖加以封闭。当发动机工作时，齿轮按图示箭头方向旋转，进油腔2的容积由于轮齿逐渐脱离啮合而增大，腔内产生一定的真空，润滑油从油底壳经进油口被吸入进油腔，轮齿将润滑油从进油腔 2 带到出油腔 6，出油腔 6 的容积由于轮齿逐渐进入啮合而减小，使润滑油压力升高，润滑油便经出油口被压送到发动机油道中。机油泵不断工作，保证机油在润滑油路中不断循环。

当齿轮进入啮合状态后，啮合齿间的润滑油体积变小，在齿间产生很高的压力，给齿轮的运动带来阻力并通过齿轮作用在主、从动轴上，加剧了轴与齿轮孔间的磨损。因此，通常在泵盖上铣出卸压槽 5，使啮合齿隙与出油腔连通，以降低其油压。

东风 EQ6100—1 型发动机齿轮式机油泵的结构如图 6-6 所示。进油口 A 经进油管与集滤器相连，出油口 B 与机体上的油道及机油滤清器相通，油管接头 10 经油管与机油细滤器连接。在机油泵体上装有主动齿轮轴 1，主动齿轮轴上端通过连轴套 2 与机油泵传动轴连接，下端则用半圆键 6 与主动齿轮 5 装配在一起。从动齿轮 16 滑套在从动轮轴 15 上，从动齿轮轴压入泵体内。齿轮与泵体的径向间隙一般不超过 0.20mm，齿轮端面间隙不超过 0.05~0.20mm。间隙过大，机油压力降低，泵油量减少。在泵体与泵盖之间有衬垫，以防止漏油，又可用来调整齿轮的端面间隙。

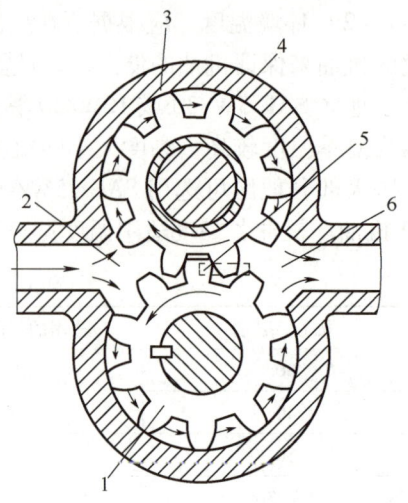

图 6-5　齿轮式机油泵的工作原理
1—主动齿轮　2—进油腔　3—泵体
4—从动齿轮　5—卸压槽　6—出油腔

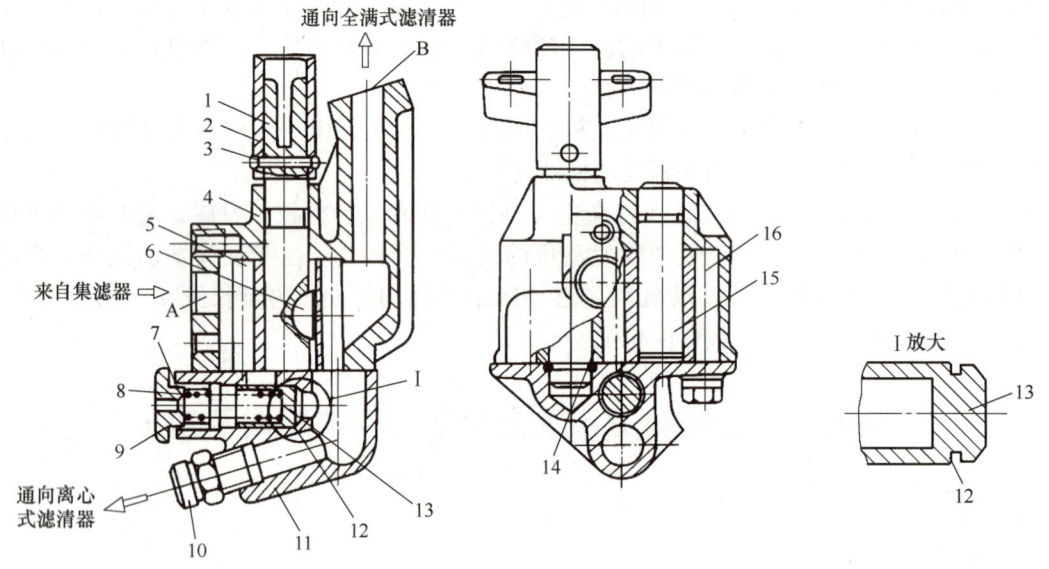

图 6-6　齿轮式机油泵的结构
1—主动齿轮轴　2—连轴套　3—铆钉　4—泵体　5—主动齿轮　6—半圆键　7—垫片　8—限压阀弹簧　9—螺塞
10—管接头　11—泵盖　12—集垢槽　13—柱塞式限压阀　14—挡圈　15—从动齿轮轴　16—从动齿轮
A—进油口　B—出油口

齿轮式机油泵的结构简单，制造方便、工作可靠、效率高，故应用广泛，但是需要中间传动机构，故成本相应较高。

2. 内啮合齿轮式机油泵

内啮合齿轮式机油泵的结构如图 6-7 所示。主动齿轮是外齿轮，通过花键套装在曲轴前端，由曲轴直接驱动。内齿轮是从动齿轮，安装在机油泵体内，泵体固定在机体前端。当主动齿轮旋转时，带动从动齿轮旋转，进油口容积由小变大，不断进油；排油口容积不断由大变小，油压升高。

内啮合齿轮式机油泵由曲轴直接驱动，无需中间传动机构，零件数量少，制造成本低，占用空间小，使用范围广。

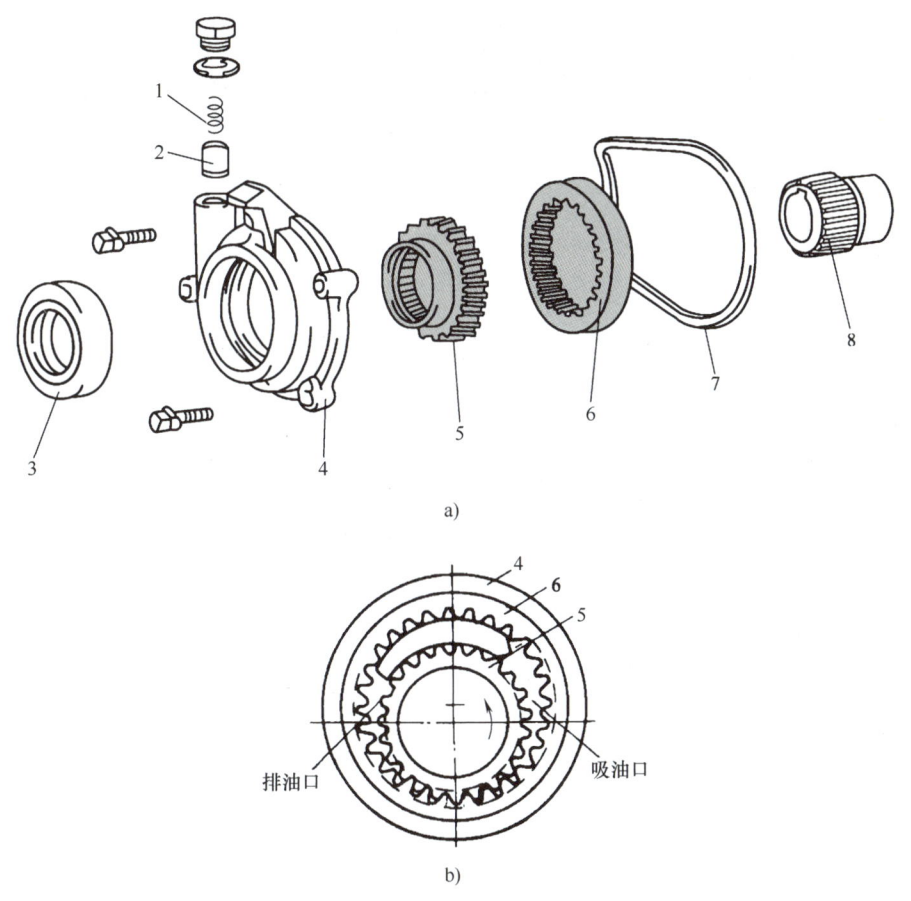

图 6-7 内啮合齿轮式机油泵的结构
1—安全阀弹簧 2—安全阀柱塞 3—曲轴前油封 4—泵体 5—主动外齿轮
6—从动内齿轮 7—O 形密封圈 8—花键套

3. 转子式机油泵

转子式机油泵的工作原理如图 6-8 所示，主动的内转子 3 上有四个或四个以上的凸齿，从动的外转子 4 的凹齿数比内转子的凸齿数多一个，外转子在泵壳内可自由转动，内外转子间有一定的偏心距。当内转子旋转时，带动外转子一起旋转，无论转子转到任何角度，内外转子每个齿的齿形轮廓线上总有接触点，于是内外转子间便形成了 4 个工作腔。由于内外转子的速比大于 1（$i = 1.25$），所以外转子总是慢于内转子，而且由于偏心距的存在，使工作腔的容积产生较大的变化。当某一工作腔转过进油口时,容积增大,产生真空,润滑油经进油口被吸入工作腔内。当该工作腔转过出油口时,容积减小,油压升高,润滑油经出油口被压出。当某一工作腔从进油口 5 转过时,容积增大,产生真空,机油便经进油孔被吸入。当该工作腔与出油腔相通时,腔内容积减小,油压升高,机油经出油孔压出去。

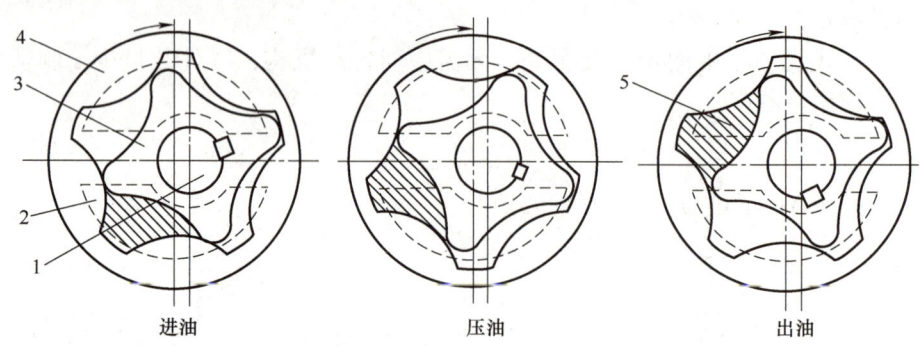

图 6-8 转子式机油泵的工作原理
1—传动轴 2—进油口 3—内转子 4—外转子 5—出油口

转子式机油泵的结构如图 6-9 所示。内转子固定在机油泵轴的一端上,轴的另一端装有传动带轮。泵盖与壳体之间有密封圈。

转子式机油泵的结构紧凑,吸油真空度高,泵油量大,对安装位置无特殊要求,可布置在曲轴箱外或吸油位置较高的地方。

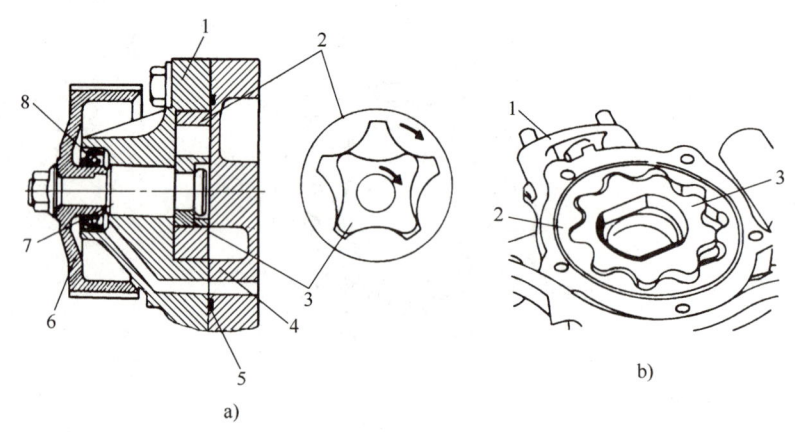

图 6-9 转子式机油泵的结构
a) 克莱斯勒汽车 b) 本田汽车
1—泵体 2—外转子 3—内转子 4—泵盖 5—密封圈 6—传动带轮 7—机油泵轴 8—油封

二、机油滤清器

机油滤清器的作用就是滤掉机械杂质和胶质,保持润滑油的清洁,延长润滑油的使用期限。机油滤清器应具有滤清能力强,流通阻力小,使用寿命长等性能。一般润滑系统中装用几个不同滤清能力的滤清器——集滤器、粗滤器和细滤器,分别并联或串联在主油道中。与主油道串联的滤清器称为全流式滤清器,与主油道并联的则称为分流式滤清器。这样既能使机油得到较好的滤清，又不致因滤芯的阻碍作用使润滑系统的流动阻力太大。

目前，分流式滤清器在轿车上已很少见到，在货车特别是重型货车上普遍采用双滤清器，其中之一为分流式滤清器作为细滤器使用，另一个则为粗滤器。经过粗滤器的润滑油进入主油道，经过细滤器的润滑油直接返回油底壳。

1. 集滤器

集滤器一般是滤网式的，安装在机油泵之前，用于滤除颗粒较大的机械杂质。集滤器可分为浮筒式和固定式两种。

浮筒式集滤器（见图6-10）由浮筒3、滤网2、浮筒罩1及吸油管4等构成。空心的浮筒不论油底壳内的油面如何波动，始终浮在润滑油表面上，以保证机油泵从含杂质较少的上层油面吸入润滑油。但是，润滑油面上的泡沫容易被吸入润滑系统，使机油压力降低，润滑可靠性变差。

固定式滤网有一定弹性，中央有环口。一般情况下，借助滤网的弹性，环口压紧在浮筒罩上。浮筒罩的边缘有缺口，当浮筒与浮筒装合后形成进油狭缝。

当机油泵工作时，润滑油从油底壳经进油狭缝、滤网、吸油管进入机油泵。润滑油流过滤网时，其中颗粒粗大的杂质被滤除。当滤网被杂质堵塞后，滤网上方的真空度增大，于是克服滤网的弹力，使滤网上升，环口离开浮筒罩，这时润滑油经进油狭缝和环口进入吸油管和机油泵，以保证润滑油的供给不致中断。

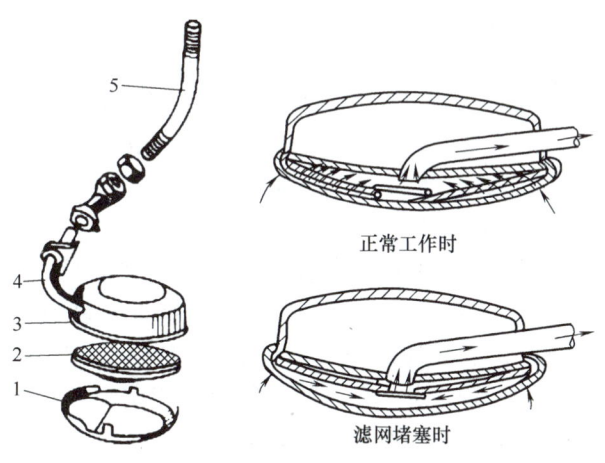

图6-10　浮筒式集滤器的结构及工作状况
1—浮筒罩　2—滤网　3—浮筒　4—吸油管　5—固定油管

有些轿车及轻型车上，采用深入油面以下的固定式集滤器。固定式集滤器虽然吸入润滑油的清洁度稍差，但结构简单，并可防止油面上的泡沫被吸入润滑系统，所以应用十分广泛。

2. 全流式滤清器

轿车发动机的滤清器和货车的粗滤器都采用全流式滤清器。全流式滤清器的结构如图6-11所示，滤芯由经过树脂处理的多孔滤纸制成，滤纸折成扇形或波纹形。滤芯内装有金属丝网或带有网眼的薄铁皮作为滤芯的骨架。

滤芯的下部装有旁通阀。一旦滤芯堵塞，进出油口的压差达150～180kPa时，机油便从旁通阀直接流入主油道，以防供油中断。

有些发动机的机油滤清器除设置旁通阀外，还加装了止回阀。当发动机停机后，止回阀将滤清器的进油口关闭，防止润滑油从滤清器流回油底壳。在这种情况下，当重新起动发动机时，润滑系统能迅速建立起油压，从而可以减轻由于起动时供油不足而引起的零件磨损。

机油滤清器的滤芯有褶纸滤芯和纤维滤清材料滤芯等。褶纸滤芯由微孔滤纸制造。微孔滤纸经酚醛树脂处理后，具有较高的强度、抗腐蚀性和抗水湿性。褶纸滤芯有质量轻、体积小、结构简单、滤清效果好、阻力小和成本低等优点，因此得到了广泛的应用。

对于全流式滤清器，通常汽车行驶 5000～15000km 后，要定期更换滤清器。

3. 分流式滤清器

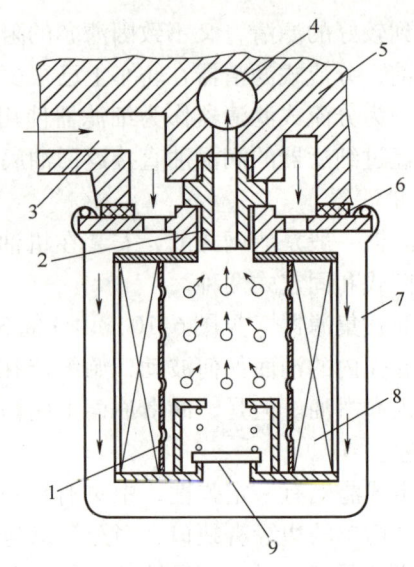

图 6-11　全流式滤清器的结构
1—金属骨筒　2—连接座　3—进油道　4—主油道
5—机体　6—密封圈　7—外壳　8—纸滤芯　9—旁通阀

分流式滤清器一般用作货车发动机的细滤器，并且采用离心式，如图 6-12 所示。滤清器壳体 1 上固定着带中心孔的转子轴 3。转子体 14 与转子体端套 6 连成一体，其中心孔内压装着三个衬套 13，套在转子轴上可以自由转动。压紧螺母 11 将转子盖 8 与转子体紧固在一起，经动平衡检验。转子下面装有止推轴承 4，上面装有支承座 9，并用弹簧 10 压紧以限制转子的轴向窜动。转子下端有两个水平安装、互成反向的喷嘴 5。滤清器盖 7 用压紧螺母 11 安装在滤清器壳体上使转子密封。滤清器盖与壳体具有高度的对中性，以保证转子正常运转。

发动机工作时，从机油泵来的润滑油进入细滤器进油孔 B。当油压低于 100kPa 时，进油限压阀 19 不开启，机油不经细滤器而全部流向主油道，保证发动机可靠润滑。当油压超过 100kPa 时，进油限压阀被顶开，润滑油沿外壳和转子轴的中心孔经出油孔 C 进入转子内腔，然后经进油孔 D、油道 E 从两喷嘴喷出。在油的喷射反力作用下，转子及其内腔的润滑油高速旋转，转速可高达 10000r/min 左右。在离心力的作用下润滑油中的杂质被甩向转子盖内壁并沉积下来，清洁的机油从出油口 F 流回油底壳。

管接头 20 与机油冷却器相连。当油温过高时，旋松机油冷却器开关 17 使部分润滑油流向散热器。当油压高于 400kPa 时，机油冷却器安全阀 18 被打开。部分润滑油经此流回油底壳，保护机油冷却器不因油压过高而受损坏。

转子上的喷嘴又是油的限量孔，保证通过细滤器的油量为油泵出油量的 10%～15%。

离心式滤清器的滤清能力强，通过性好，不需要更换滤芯，只要进行定期清洗即可。但是，这种滤清器对胶质的滤清效果差，制造和装配精度要求也较高。此滤清器出油无压力，一般只作分流式连接。

4. 复合式滤清器

复合式滤清器是将细滤芯和粗滤芯串联，安装在同一壳体内，其结构和工作原理如图 6-13 所示。

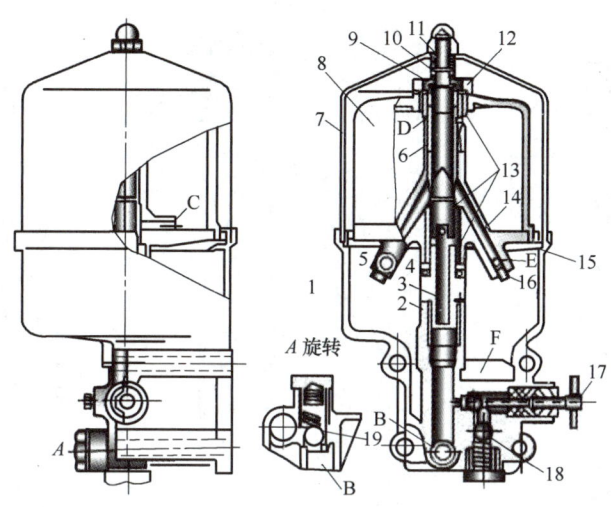

图 6-12 离心式细滤器

1—壳体 2—锁片 3—转子轴 4—止推轴承 5—喷嘴 6—转子体端套 7—滤清器盖 8—转子盖 9—支承座
10—弹簧 11—压紧螺母 12—压紧套 13—衬套 14—转子体 15—挡板 16—螺塞 17—机油冷却器开关
18—机油冷却器安全阀 19—进油限压阀
B—滤清器进油孔 C—出油孔 D—进油孔 E—通喷嘴油道 F—滤清器出油口

在正常情况下,从机油泵泵出的机油经进油口进入复合式滤清器,由于橡胶元件的密封作用,润滑油先经过粗滤芯过滤,再经过细滤芯过滤进入中心腔,然后沿中心腔上流,经过出油口,流向主油道,如图6-13a所示。

若细滤芯堵塞,当滤芯前后压力差超过0.09~0.1MPa时,旁通阀开启,经过粗滤的润滑油通过滤芯盖腔孔进入主油道,如图6-13b所示;若粗滤芯堵塞,进油口和出油口压力差超过0.196~0.245MPa时,安全阀开启,润滑油则不经滤芯直接进入主油道,如图6-13c所示。

这种复合式滤清器的结构紧凑、工作可靠,纸质滤芯可定期更换、成本较低,因此被应用在一些轿车上。

三、机油冷却器

在高性能、大功率的强化发动机上,由于热负荷大,必须装设机油冷却器。机油冷却器布置在润滑油路中,其工作原理与冷却系统散热器相同。

发动机机油冷却器分为风冷式和水冷式两类。风冷式机油冷却器很像一个小型散热器(见图6-14),利用汽车行驶时的迎面风对润滑油进行冷却,多与主油道并联。这种机油冷却器散热能力大,多用于赛车及热负荷大的增压汽车上。但是,风冷式机油冷却器在发动机起动后需要很长的暖机时间才能使润滑油达到正常的工作温度,所以普通轿车上很少采用。

水冷式机油冷却器(见图6-15),将机油冷却器置于冷却液路中,串联在主油道之前。冷却液在管外流动,润滑油在管内流动(或反之)。当油温较高时靠冷却液降温,而在起动暖车

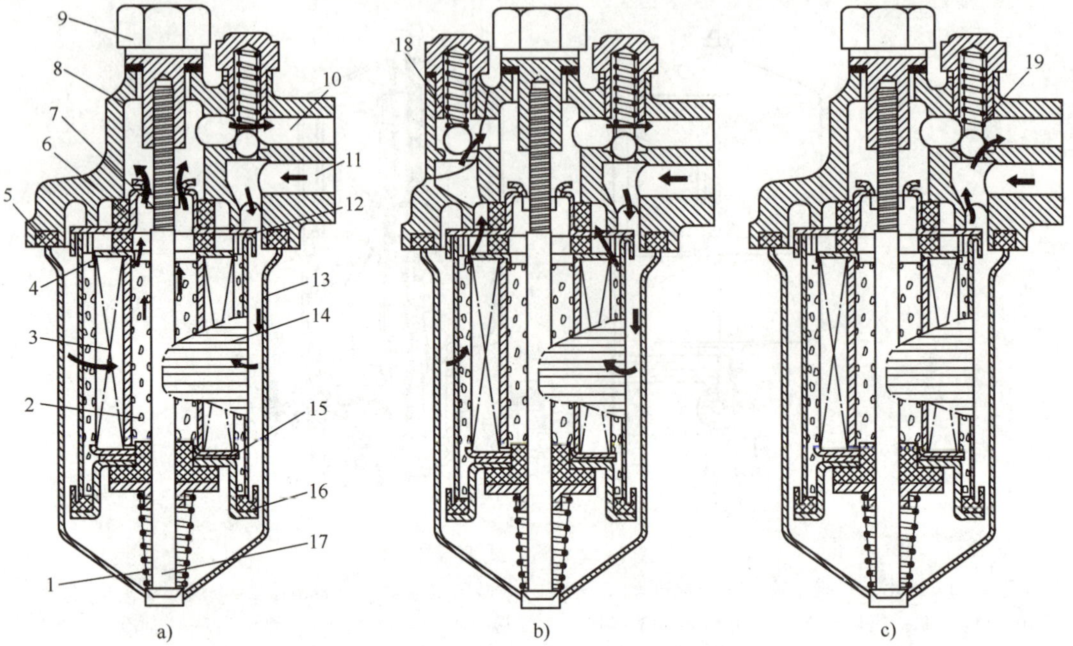

汽车构造（上）

图 6-13 复合式滤清器的结构和工作原理

a）正常情况　b）细滤芯堵塞　c）粗滤芯堵塞

1—滤芯底座弹簧　2—中心腔　3—细滤芯　4—橡胶上油封　5—橡胶垫圈　6—密封罩　7—锁紧螺母
8—滤清器盖　9—拉杆螺母　10—出油口　11—进油口　12—滤芯盖　13—壳体　14—粗滤芯
15—橡胶下油封　16—橡胶密封圈　17—外壳带拉杆螺栓　18—旁通阀　19—安全阀

油温较低时，则从冷却液吸热迅速提高机油温度。对于水冷式机油冷却器，其油温能得到较好的控制。

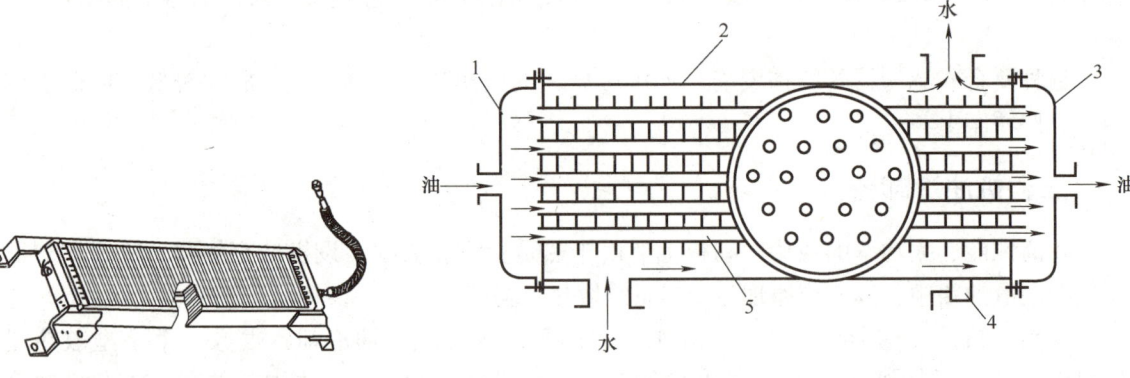

图 6-14 风冷式机油冷却器

图 6-15 水冷式机油冷却器

1—前盖　2—壳体　3—后盖　4—放水开关　5—铜芯管及散热片

水冷式机油冷却器的外形尺寸小，布置方便，而且不会使润滑油过度冷却，润滑油温度相对稳定，因而在轿车上应用较广。图 6-16 所示为布置在机油滤清器上的水冷式机油冷却器。润滑油经滤清器滤清之后直接进入冷却器，在冷却器芯内流动，从散热器出水管引来的冷却液在冷却器芯外流过。两种流体在冷却器内进行热交换，使高温润滑油得以冷却降温。

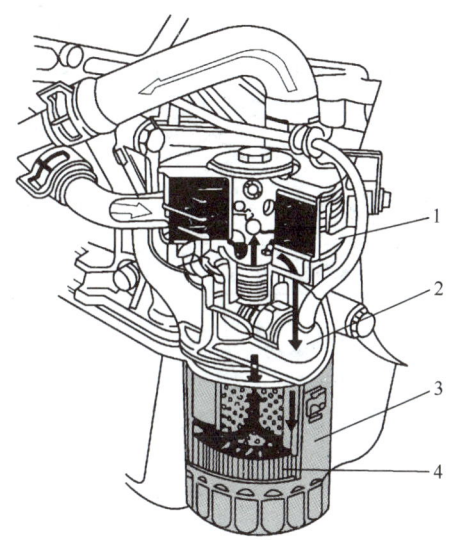

图 6-16　水冷式机油冷却器
1—机油冷却器　2—机油压力开关　3—机油滤清器　4—机油滤清器滤芯

任务 6.3　掌握曲轴箱通风的功用

在发动机工作时，总有一部分可燃混合气和废气经活塞环窜到曲轴箱内，窜到曲轴箱内的汽油蒸气凝结后将使机油变稀，性能变坏。废气内含有水蒸气和二氧化硫，水蒸气凝结在机油中形成泡沫，破坏机油供给，这种现象在冬季尤为严重；二氧化硫遇水生成亚硫酸，亚硫酸遇到空气中的氧生成硫酸，这些酸性物质的出现不仅使机油变质，而且也会使零件受到腐蚀。由于可燃混合气和废气窜到曲轴箱内，曲轴箱内的压力将增大，机油会从曲轴油封、曲轴箱衬垫等处渗出而流失。流失到大气中的机油蒸气会加大发动机对大气的污染。发动机装有曲轴箱通风装置就可以避免或减轻上述现象，因此，发动机曲轴箱通风装置的作用是：

1）防止机油变质。

2）防止曲轴油封、曲轴箱衬垫渗漏。

3）防止各种油蒸气污染大气。

发动机常采用强制式曲轴箱通风系统。当发动机工作时，进气管真空度吸引新鲜空气经空气滤清器、空气软管进入气缸盖罩，再由气缸盖和机体上的孔道进入曲轴箱。在曲轴箱内新鲜空气和曲轴箱气体混合后经气缸盖罩、曲轴箱强制通风阀和曲轴箱气体软管进入进气管，最后经进气门进入燃烧室烧掉。根据发动机不同的工况，曲轴箱强制通风阀的开度不同，通过的空气量也不同，由此对曲轴箱通风进行控制，如图 6-17 所示。

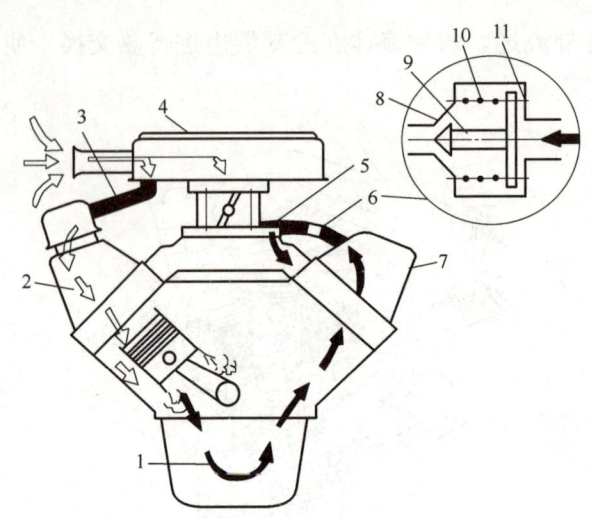

图 6-17 曲轴箱通风示意图

1—曲轴箱废气 2—新鲜空气 3—空气软管 4—空气滤清器 5—曲轴箱废气软管 6—曲轴箱强制通风阀
7—气缸盖罩 8—曲轴箱强制通风阀体 9—曲轴箱强制通风阀活塞 10—弹簧 11—曲轴箱强制通风阀座

考证要点

一、填空题

1. 润滑油的作用有_____、_____、_____和_____等。
2. 润滑方式有_____、_____和_____等。
3. 机油泵的作用是将一定_____和_____的润滑油供到润滑表面,汽车发动机常用的机油泵有_____和_____两种。
4. 机油泵上装限压阀的作用是维持_____内油压的正常,当油压过高时,多余的润滑油经限压阀流回_____或_____。
5. 曲轴箱通风方式有_____和_____两种。

二、简答题

1. 润滑系统的基本组成有哪些?
2. 分别说明润滑系统主要零部件的功用?
3. 转子式、内啮合齿轮式和外啮合齿轮式机油泵的结构与工作原理各有什么特点?
4. 采用双机油滤清器时,它们是并联还是串联在润滑油路中?
5. 简述曲轴箱通风的工作原理。
6. 简述机油的分类方法。

扩展知识

润滑系统的常见故障诊断与排除

1. 发动机机油压力过高

(1) 故障现象 起动发动机后,机油压力超出规定值;发动机在运转过程中机油压力突然增高。

（2）原因分析　润滑油牌号选择不当，黏度过大；机油泵内限压阀故障；气缸体润滑油道堵塞，阻塞了润滑油的流动；主轴承或连杆轴承间隙过小，影响了润滑油的流动；机油滤清器滤芯堵塞且旁通阀开启困难；润滑油压力表或传感器工作不良。

2. 机油消耗过大

（1）故障现象　发动机在使用过程机油消耗过多（机油消耗率超过0.5L/km），需要经常添加机油；排气管冒蓝烟。

（2）原因分析　活塞与气缸壁间的间隙过大，导致飞溅的润滑油从缝隙处上窜到燃烧室被燃烧，引起润滑油消耗量剧增；活塞环磨损或损坏，活塞环开口装配错误或装反；进气门导管磨损过甚，以及气门杆油封失效，导致进气行程在进气管真空度的作用下，润滑油从气门杆与导管孔的配合间隙处大量进入气缸而被燃烧；润滑油的黏度过低，易上窜，且油膜薄，易被烧掉。另外，黏度低的润滑油易挥发；油路有渗漏现象。油封损坏、管路破裂、结合处不密封等均会引起润滑油泄漏，使机油消耗量增加；曲轴箱通风装置堵塞，使曲轴箱内气体压力和润滑油的温度升高，不但造成润滑油的渗漏、蒸发，而且还能使油底壳衬垫或气门盖边盖衬垫冲破。

3. 机油变质

（1）故障现象　取样检查机油，颜色发黑，用手捻搓，失去黏性并有杂质；出现含水分的机油呈乳浊状并有泡沫。

（2）原因分析　机油使用时间过长，在高温和氧化作用下形成氧化聚合物，使机油逐渐变质；活塞环漏气；曲轴箱通风不良，机油中混杂有废气中的燃油，促使机油变质；发动机缸体有裂纹，冷却水渗入油底壳；汽油泵膜片破裂，汽油进入油底壳；机油滤清器过脏堵塞或密封不好使润滑油短路；润滑油路阻塞。

单元 7　汽油机点火系统

【任务目标】
1) 了解点火系统的类型。
2) 熟悉传统点火系统、电子点火系统及微机控制点火系统的组成及功用。
3) 掌握传统点火系统、电子点火系统及微机控制点火系统各主要部件的结构。
4) 学会传统点火系统、电子点火系统及微机控制点火系统的工作原理。

【任务描述】
发动机是汽车的动力装置。汽油发动机正常工作除了与良好的燃油混合气、较高的压缩压力有关外，另一个重要因素就是能根据发动机的工作顺序定时供给火花塞足够能量的高压电，产生电火花，点燃混合气。本单元将对汽油机传统点火系统、电子点火系统及微机控制点火系统如何实现发动机的顺利点火任务做详细讲解。

任务7.1　了解汽油机点火系统基础知识

汽油机在压缩接近上止点时，可燃混合气是由火花塞点燃的，从而燃烧对外做功。为此，汽油机的燃烧室中都装有火花塞。火花塞有一个中心电极和一个侧电极，两电极之间是绝缘的。当在火花塞两电极间加上直流电压并且电压升高到一定值时，火花塞两电极之间的间隙就会被击穿而产生电火花，能够在火花塞两电极间产生电火花所需要的最低电压称为击穿电压；能够在火花塞两电极间产生电火花的全部设备称为发动机点火系统。点火系统性能的好坏对发动机的工作有十分重要的影响。

目前，国内外汽车上使用的点火系统种类较多，主要有传统点火系统、电子点火系统和微机控制点火系统三种。本任务将对以上三种点火系统做详细的说明。

一、汽油机点火系统的功用

（1）产生电火花　在汽油发动机中，气缸内混合气是由高压电火花点燃的，而电火花的产生是由点火系统来完成的。

（2）电源电压转变　点火系统将电源的低电压变成高电压，再按照发动机点火顺序送至各气缸，点燃压缩混合气。

(3) 调节点火时刻　能适应发动机工况和使用条件的变化，自动调节点火时刻，实现可靠而准确的点火。

(4) 校准点火时刻　能在更换燃油或安装分电器时校准点火时刻。

二、汽油机点火系统的类型

汽油机点火系统，按其组成和产生高压电方式的不同可分为传统点火系统、电子点火系统和微机控制点火系统。

(1) 传统点火系统　这种点火系统以蓄电池和发电机为电源，借点火线圈和断电器的作用，将电源提供的6V、12V或24V的低压直流电转变为高压电，再通过分电器分配到各气缸火花塞，使火花塞两电极之间产生电火花，点燃可燃混合气。传统点火系统由于存在产生的高压电比较低、高速时工作不可靠、使用过程中需要经常检查和维护等缺点，目前正在逐渐被电子点火系统和微机控制点火系统所取代。

(2) 电子点火系统　这种点火系统以蓄电池和发电机为电源，借点火线圈和由半导体器件（晶体管）组成的点火控制器将电源提供的低压电转变为高压电，再通过分电器分配到各缸火花塞，使火花塞两电极之间产生电火花，点燃可燃混合气。其与传统点火系统相比具有点火可靠、使用方便等优点。

(3) 微机控制点火系统　这种点火系统也以蓄电池和发电机为电源，借点火线圈将电源的低压电转变为高压电，再由分电器将高压电分配到各缸火花塞，并由微机控制系统根据各种传感器提供的反映发动机工况的信息，发出点火控制信号，控制点火时刻，点燃可燃混合气。它还可以取消分电器，由微机控制系统直接将高压电分配给各气缸。微机控制点火系统是目前最新型的点火系统，已广泛应用于各种中、高级轿车中。

三、汽油机点火系统的要求

点火系统应在发动机各种工况和使用条件下保证可靠而准确地点火。为此，点火系统应满足以下基本要求。

(1) 能产生足以击穿火花塞两电极间隙的电压　使火花塞两电极之间的间隙击穿并产生电火花所需要的电压，称为火花塞击穿电压。火花塞击穿电压与电极之间的距离（火花塞间隙）、气缸内的压力和温度、电极的温度、发动机的工作状况等因素有关。发动机正常运行时，火花塞的击穿电压为7~8kV，发动机冷起动时达19kV。为了使发动机在各种不同的工况下均能可靠地点火，要求火花塞击穿电压应在15~20kV。

(2) 电火花应具有足够的点火能量　为了使混合气可靠点燃，火花塞产生的火花应具备一定的能量。发动机工作时，由于混合气压缩时的温度接近自燃温度，因此所需的火花能量较小（1~5mJ），传统点火系统的火花能量（15~50mJ）足以点燃混合气。但是，在起动、急速以及突然加速时需要较高的点火能量。为保证可靠点火，一般应保证50~80mJ的点火能量，起动时应能产生大于100mJ的点火能量。

(3) 点火时刻应与发动机的工作状况相适应　首先发动机的点火时刻应满足发动机工作循环的要求；其次可燃混合气在气缸内从开始点火到完全燃烧需要一定的时间，所以要使发动机产生最大的功率，就不应在压缩行程终了（上止点）点火，而应适当地提前一个角度。这样当活塞到达上止点时，混合气已经接近充分燃烧，发动机才能发出最大功率。

四、汽油机点火系统的特点

汽油机的点火系统采用单线制连接，即电源的一个电极用导线与各用电设备相连，而电源的另一个电极则通过发动机机体、汽车车架和车身等金属构件与各用电设备相连，称为搭铁。搭铁的电极可以是正极也可以是负极。因为热的金属表面比冷的金属表面容易发射电子，发动机工作时火花塞的中心电极较侧电极温度高，因而电子容易从中心电极向侧电极发射，使火花塞间隙处离子化程度高，火花塞间隙容易被击穿，击穿电压可降低15%～20%。因此，无论整车电气系统采用正极搭铁还是负极搭铁，点火线圈的内部连接或外部接线，均应保证点火瞬间火花塞中心电极为负极，即火花塞电流应从火花塞的侧电极流向中心电极。

任务7.2 熟悉传统汽油机点火系统的组成与工作原理

一、传统汽油机点火系统的组成

传统汽油机点火系统的组成如图7-1所示，传统点火系统主要由电源（蓄电池和发电机）、点火开关、点火线圈、电容器、断电器、配电器、火花塞、阻尼电阻和高压导线等组成。

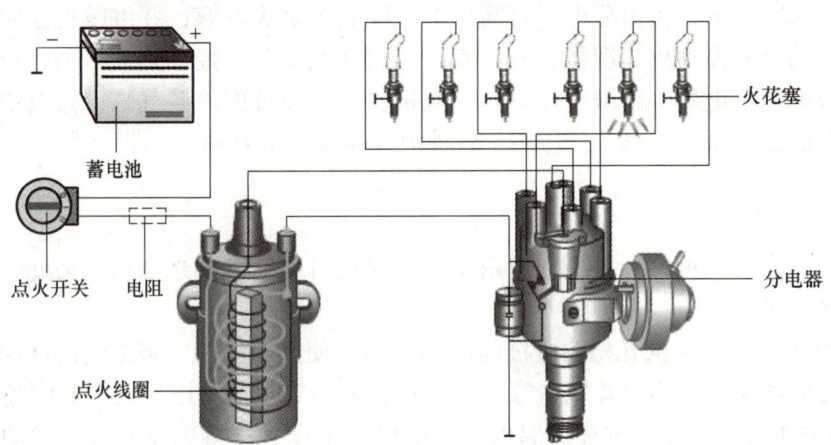

图7-1 传统汽油机点火系统的组成

（1）电源　蓄电池（起动）或者是发电机（正常工作），供给点火系统的低压电能，标准电压一般是12V。

（2）点火开关　控制点火系统一次电路，还可以控制仪表电路和起动继电器电路等。

（3）附加电阻　改善正常工作时和起动时的点火性能。

（4）点火线圈　为自耦变压器，将12V的低压电变成15～20kV的高压电。

（5）分电器　分电器由断电器、配电器、电容器及点火提前机构等组成。

1）断电器起着接通与切断点火线圈一次电路的作用。

2）配电器是将点火线圈产生的高压电，按照发动机的工作顺序送至各气缸的火花塞。

3）电容器能减小断电器触点火花，延长触点使用寿命并提高刺激电压。

4）点火提前机构能随发电机转速、负荷和汽油辛烷值的变化改变点火提前角。

（6）高压线　用以连接点火线圈与分电器中心插孔以及分电器旁电极和各缸火花塞。

（7）火花塞　将高压电引入气缸燃烧室，产生电火花点燃混合气。

二、传统汽油机点火系统的工作原理

在发动机工作时，断电器凸轮在发动机凸轮轴的驱动下旋转，凸轮旋转时使断电器触点交替地闭合和打开。在点火开关 S 接通的情况下，触点闭合时，点火线圈一次绕组中有电流流过（见图 7-2）。流过一次绕组的电流称为一次电流，其电路称为一次电路或低压电路。

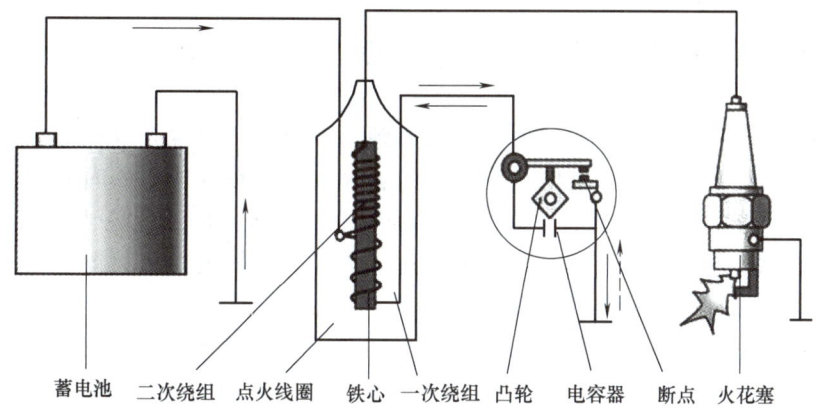

图 7-2　点火线圈电流路径

一次电流的路径（见图 7-3）为：蓄电池正极—电流表—点火开关 S—点火线圈"开关正 +"接线柱—附加电阻—"开关"接线柱—点火线圈一次绕组—"－"接线柱—断电器触点—搭铁—蓄电池负极。

一次电流在点火线圈的铁心中形成磁场，电能转变为磁能。

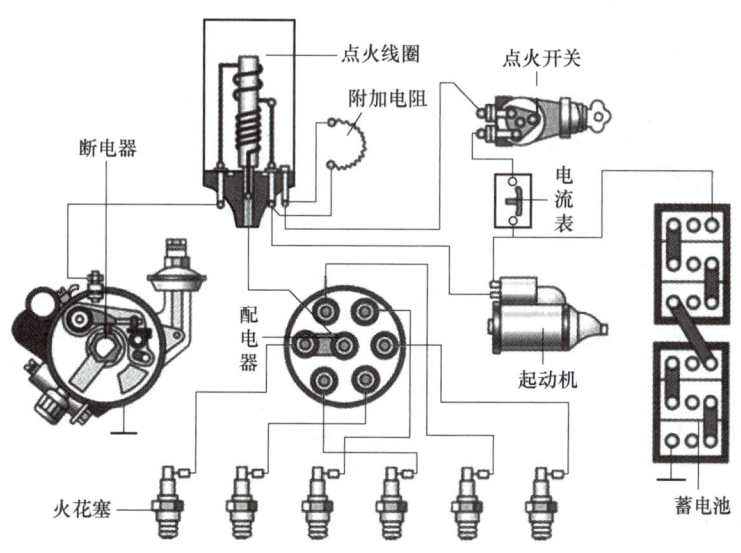

图 7-3　点火线圈一次电流路径

当断路器凸轮触头打开时，一次电路被切断，一次电流消失，其所形成的磁场也随之迅速发生变化，在两个绕组中都出现感应电动势，磁能转变为电能。由于点火线圈二次绕组的匝数较多，所以在二次绕组内产生15~20kV的电动势，它足够击穿火花塞的电极间隙，产生电火花并点燃混合气。

高压电流的路径为：二次绕组—"开关"接线柱—附加电阻"开关正+"接线柱—点火开关S—电流表—蓄电池—搭铁—火花塞旁电极—火花塞中心电极—高压导线—分电器—高压导线—二次绕组。

分电器轴每转一圈，各缸按点火顺序各点火一次。

任务7.3 掌握点火时刻的基本内容

混合气燃烧有一定的速度，即从火花塞跳火到气缸内的可燃混合气完全燃烧是需要一定时间的。虽然这段时间很短，但是由于发动机的转速很高，在这样短的时间内曲轴却转过较大的角度。若恰好在活塞到达上止点时点火，混合气开始燃烧时，活塞已开始向下运动，使气缸容积增大，燃烧压力降低，发动机功率下降。因此，应提前点火，即在活塞到达压缩行程上止点之前火花塞跳火，使燃烧室内的气体压力在活塞到达压缩行程上止点后10°~12°时达到最大值。这样混合气燃烧时产生的热量，在做功行程中得到最有效的利用，可以提高发动机的功率。

一、最佳点火提前角

从点火时刻起到活塞到达压缩上止点，这段时间内曲轴转过的角度称为点火提前角。能使发动机获得最佳动力性、燃油经济性和最佳排放性能的点火提前角，称为最佳点火提前角。

二、点火时刻不准确对汽车的影响

1. 点火时刻不准确对发动机的影响

点火时间过早，进气门处于尚未关闭的状态，此时缸头内部发生点火，就会出现"回火"症状；反之，当点火时间过迟时，就会出现排气口"放炮"的症状。不论是出现"回火"还是"放炮"的问题，都会直接影响到发动机的最大功率的输出，严重时还会出现起动困难、无怠速的故障，所以在实际应用中都应该杜绝此类问题的出现，使发动机发挥出最佳性能。图7-4所示为点火时刻对发动机功率的影响。

2. 点火时间过长的原因

汽车点火时间过长是指起动时所用时间明显比以前长，从而导致汽车不能起动。一般由以下原因引起：

1) 蓄电池电压不足，导致点火能量不够，不能发动汽车。

2) 喷油器有滴漏现象，导致气缸内混合气过浓，不能发动汽车。

3) 气缸缸压过低，不能发动汽车。

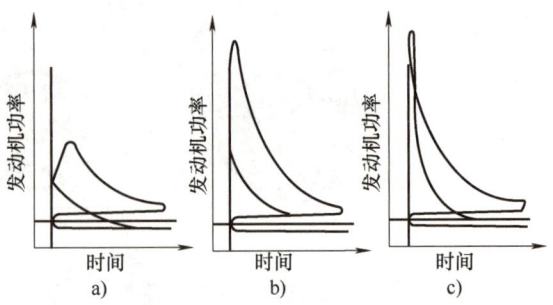

图7-4 点火时刻对发动机功率的影响
a) 点火过迟 b) 点火适时 c) 点火过早

4）喷油器喷油压力过低，导致汽油不能很好地雾化，使汽油成液体形态，不能发动汽车。

三、影响最佳点火提前角的主要因素

发动机工作时，最佳点火提前角不是固定值。它随很多因素而改变。影响点火提前角的主要因素是发动机的转速和混合气的燃烧速度。混合气的燃烧速度又与混合气的成分、发动机的结构及其他（如燃烧室的形状、压缩比等）一些因素有关。

当节气门开度一定时，随着发动机转速升高，单位时间内曲轴转过的角度增大。如果混合气燃烧速度不变，则应适当增大点火提前角，否则燃烧会延续到做功行程，使发动机的动力性、燃油经济性下降。所以，点火提前角应随发动机转速升高而增大。但是，当发动机转速达到一定值以后，由于燃烧室内的温度和压力提高，扰流增强，混合气燃烧速度加快，最佳点火提前角增大的幅度减慢，并非线性关系。

当发动机转速一定时，随着负荷增加，节气门开度增大，单位时间内吸入气缸内的可燃混合气数量增加，压缩行程终了时燃烧室内的温度和压力增高。同时，残余废气在气缸内混合气中所占的比例减少，混合气燃烧速度加快，点火提前角应适当减小。反之，发动机负荷减小时，点火提前角应适当加大。

此外，最佳点火提前角还与所用汽油的抗爆性有关。使用辛烷值较高即抗爆性较好的汽油时，点火提前角应适当增大。因此，当发动机换用不同牌号的汽油时，点火提前角也必须做适当调整。为此，要求点火系统的结构还应在必要时能适当地进行点火提前角的手动调节，如有些车型的点火系统中配有辛烷值校正器，可以在进行手动调节时指示调节的角度。

触点断开后，一次电流下降的速率越高，铁心中的磁通变化率越大，二次绕组中产生的感应电动势越高，越容易击穿火花塞间隙。当点火线圈铁心中的磁通发生变化时，不仅在二次绕组中产生高压电（互感电动势），同时也在一次绕组中产生自感电压和电流。在触点分开、一次电流下降的瞬间，自感电流的方向与原一次电流的方向相同，其电压高达300V。它将击穿触点间隙，在触点间产生强烈的电火花，这不仅使触点迅速氧化、烧蚀，影响断电器正常工作，同时使一次电流的变化率下降，二次绕组中的感应电动势降低，火花塞间隙中的火花变弱，以致难以点燃混合气。为了消除自感电动势和电流的不利影响，在断电器触点之间并联有电容器。在触点分开瞬间，自感电流向电容器充电，可以减小触点之间的火花，加速一次电流和磁通的衰减，并提高了二次电压。

四、点火正时的检查

首先拆下第一缸火花塞的高压线，并使其离开气缸体2～3mm，然后接通点火开关并摇转曲轴。当第一缸高压线跳火时停止曲轴转动，此时检查点火正时记号是否对准。飞轮上的正时记号应与飞轮壳上的刻线对准，如偏差明显应调整点火正时。

五、点火正时的调整

1. 无正时灯调整方法
1）首先将分电器触点间隙按要求调整到合适的大小。
2）找到第一缸压缩上止点位置。取下第一缸的高压线，用火花塞套筒拆下第一缸火花

塞，用拇指或布团堵住火花塞孔，然后摇动发动机曲轴。当感到气缸有阻力时，慢慢摇转曲轴，同时注意观察，使正时记号对正。

3）调整断电器至触点闭合的瞬间。待上述部位都达到要求后，接通点火开关，松开分电器外壳固定螺钉，转动分电器外壳使断电器触点闭合，然后将分电器再逆向转动，至分电器触点刚刚张开，此一瞬间可看到触点间产生一微小电火花，再将分电器外壳固定螺钉拧紧，并将辛烷值调整到刻度为零的位置，此时，分火头所指的方向即为一缸位置。

4）按点火顺序插好分电器盖上的高压线，用手拧紧螺钉，暂时固定分电器。

5）起动发动机检验点火正时，如果此时发动机点火系统及燃油供给系统调整良好，则发动机排气管应滴水，发动机振动最小及噪声降到最低。

2. 正时灯调整法

1）起动发动机暖机达到正常工作温度。

2）将点火正时灯两个黑色夹头分别接于蓄电池正、负极桩头上，传感器夹于第一缸高压导线上。

3）调整发动机转速至正常怠速状态下，利用点火正时灯照射在正时带轮上，查看带轮上的记号是否为厂家规定角度。

4）若需调整，可松开分电器螺钉，利用点火正时对准正时带轮再转动分电器（左右转）直至刻度记号在规定值为止，最后锁紧分电器螺钉即可。

任务7.4　掌握点火系统主要零部件的组成及功用

一、汽车电源

汽车电源包括蓄电池、发电机、调节器。其中发电机为主电源，发动机正常工作时，由发电机向全车用电设备供电，同时给蓄电池充电。蓄电池的主要作用是发动机起动时向起动机供电，同时辅助发电机向用电设备供电。调节器的作用是使发电机的输出电压保持恒定。

二、点火开关

点火开关又称为点火锁或电门锁，主要用来控制点火电路，另外还控制发电机磁场电路、起动发动机以及为整车电器系统供电等，一般都具有拔出时转向盘能自动锁定功能，具有为电控系统提供控制识别信号功能，另外在点火开关内还装有防止重复起动的装置。在正常行驶状况下，若误操作将钥匙从位置Ⅰ转向位置Ⅱ，只要稍稍转过一个角度就被卡住，从而使起动机电源无法接通，避免了损坏起动机和发动机飞轮。凡重新起动发动机前均必须先将钥匙恢复至位置，拔出点火钥匙重新插入。

一般现代汽车点火开关有两种：传统的点火开关、带智能进入和起动系统的点火开关。

1. 传统的点火开关

图7-5所示为带锁芯的点火开关。

（1）档位

1）起动档。表示："START 或 ST（日产、丰田）、或 2 档（解放）、或 Q 档（跃进）、或 D 档（富康）、或 AV V 档（依维柯）"——起动机电动机运转。释放时钥匙会返回 ON 位置，即为不定位档。

2）工作档。也叫作点火档。表示："ON 或 IG（日产、丰田）、1 档（解放）、D 档（跃进）、M 档（富康）、MAR 档（依维柯）"——发动机和所有附件运转。这是普通驾驶位置。

3）附件档。表示："ACC 档（日产、丰田）、3（解放）、A 档（富康）"——收音机等附件可以操作，但是发动机停止。如果钥匙在 ACC 或 LOCK 位置时打开驾驶人侧车门，蜂鸣器将鸣叫，提醒驾驶人取下钥匙。

4）锁定档。表示："LOCK 档（日产、丰田）、0 档（解放）、S 档（跃进）、0 档（富康）、STOP 档（依维柯）"——发动机停止和转向盘锁定。只有在此位置才能取下钥匙。

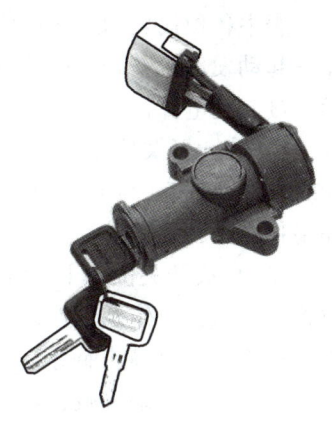

图 7-5 带锁芯的点火开关

插入钥匙前必须将选档杆设置在"P"位置，必须插入钥匙将它从 ACC 扭至 LOCK 位置方能取下钥匙。一旦取下钥匙，发动机停机装置系统将自动设定。

当起动发动机时，钥匙看上去被卡在了 LOCK 位置。要将其松开，首先确保钥匙全部插入，然后再慢慢扭动钥匙，同时轻摇转向盘。

5）预热档。表示：HEAT 档（日产、丰田）、4 档（解放）、H 档（跃进）。该档也为不定位档，该档时加热器工作，为发动机预热！注意：当钥匙扭向 ACC、ON 或 START 位置时，如果所有仪表的指针轻微移动，不表示故障。点火开关每个档位都是递进工作的，目的是让电器设备逐个进入工作状态，这样还可以缓解由于瞬间通电造成的汽车蓄电池的负担。如果发动机运转时在其他档位不做停留，从 LOCK 直接进入 START 的起动状态，会瞬间增加蓄电池的负荷，同时由于各电器设备还没有完全进入工作状态，电子控制系统很难正常指挥发动机起动，所以这种操作对电蓄电池和发动机都是非常不利的。经常这样操作会缩短蓄电池的使用寿命，会造成发动机起动困难，促使积炭的产生。正确做法是：钥匙插进点火开关后，在每个档位做瞬间停留 1～2s，这时能听见电器设备通电的声音然后再进入一下个档位就可以了。发动机不运转时，不要将点火开关设置在"ON"位置，以防止蓄电池放电和点火器受损。

（2）点火开关的工作原理 捷达汽车常用的点火开关有三档位式与四档位式两种。三档位式点火开关具有 0、Ⅰ、Ⅱ（或 LOCK、ON、START）档位。"0"档时钥匙可自由插入或拔出，顺时针旋转 40°至Ⅰ档，继续再旋转 40°为Ⅱ档，外力消除后能自动复位到Ⅰ档。表 7-1 所示为捷达轿车点火开关的工作情况。

表 7-1 捷达轿车点火开关的工作情况

接线端子 位置	30	P	X	15	50	SU
0	○	○				○
Ⅰ	○		○	○		○
Ⅱ	○		○	○	○	

表中各项代表的意义：位置0—关闭点火开关、锁止转向盘；位置Ⅰ—接通点火开关位置Ⅱ—起动发动机；30—接蓄电池；P—接停车灯电源；X—接卸荷工作电源；15—接点火电源；50—接起动电源；SU—接蜂鸣器。

1）点火开关位于0位置。点火开关处于关闭状态，汽车转向盘被锁死，具有防盗功能。此时电源总线30与P接通，操作停车灯开关，可使停车灯点亮，与点火开关是否拔下无关。如果将点火开关钥匙插入，将使30与SU端接通，蜂鸣器可工作。

2）点火开关位于Ⅰ位置。起动后，松开点火开关钥匙，点火开关将自动反时针旋转回到位置Ⅰ，这是工作档。这使P端子无电，而15、X、SU三端子通电。15通电，点火系统继续工作；X通电使得前照灯、雾灯等工作，以满足夜间行驶的需要。

如果一次起动失败，若想再次起动，必须先将钥匙拧回到位置Ⅰ，间隔30s后，重新拧到Ⅱ位置起动。

在点火开关内还装有防止重复起动的装置。在正常行驶状况下，若误操作将钥匙从位置Ⅰ转向Ⅱ，只能稍稍转过一个角度就被卡住，从而使起动机电源无法接通，避免了损坏起动机和发动机飞轮。

3）点火开关位于Ⅱ位置电源总线30与50、15、SU端子接通，使起动机运转；30与15接通使点火系统分电器等进入工作。因P断电，停车灯不能工作；因X断电，前照灯、雾灯等不能工作。这样就将前照灯、雾灯等耗电量大的用电设备关闭，达到卸荷目的，以满足起动时需要瞬间大电流输入起动机的需要。发动机起动后，应立即松开点火开关，使其回到位置Ⅰ，切断起动机的电流，起动机驱动齿轮退回。

现代汽车大量采用四档位式点火开关，它具有0、Ⅰ、Ⅱ、Ⅲ（或LOCK、ACC、ON、START）档位，在三档位的基础上增加了一个ACC电器附件工作档，其他不变。图7-6所示为富康四档位式点火开关的工作原理。

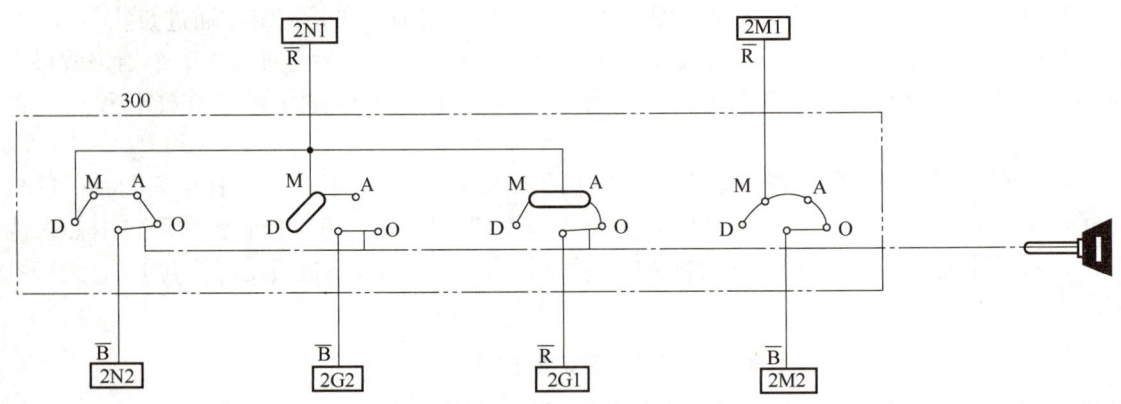

图7-6 富康四档位式点火开关的工作原理

其中：

A——电器附件工作位置。点火钥匙位于该位置时，可使用电器附件，此时蓄电池信号灯亮。

M——熄火位置（发动机不起动）。此时下列指示灯亮：蓄电池充电指示灯、驻车和制动液位警告灯、机油压力警告灯、水温警告灯。

D——起动机工作位置。发动机起动后，此时下列指示灯熄灭：蓄电池充电指示灯、驻车和制动液位指示灯、机油压力警告灯、水温警告灯。发动机起动后应立即松开点火钥匙。

2M1、2N1——蓄电池电源。

2N2、2G2、2G1、2M2——点火开关输出，控制不同的电路。

2. 带智能进入和起动系统点火开关

如图7-7所示，当钥匙在车内时，按下"ENGINE START STOP"开关（发动机开关），能起动和停止发动机，或选择ACC、ON或关闭点火。

未踩下制动踏板时，慢慢用力按下"ENGINE START STOP"开关，可改变下列点火开关模式。

第一次——ACC（附件）模式（发琥珀色光），收音机等附件工作。

图7-7　智能点火开关

第二次——ON模式（发琥珀色光），发动机和所有附件运转。

第三次——点火关闭（指示灯熄灭）。

再次按下"ENGINE START STOP"开关，使点火开关返回ACC。

当按下"ENGINE START STOP"开关时，如果蜂鸣器鸣叫并且智能进入和起动系统警告灯点亮，则表明钥匙不在车上。

如果踩下制动踏板，指示灯将变成绿色。此时，不管选择何种模式，按下"ENGINE START STOP"开关一次，即可起动发动机。

如果"ENGINE START STOP"开关上的琥珀色指示灯闪烁，这表明按钮起动系统或转向锁止功能存在故障，应立即关闭发动机。

一旦关闭点火开关，发动机停机装置系统会自动设定。

当断开蓄电池或蓄电池耗完电时，按钮起动功能会存储当前模式。当重新连接、更换蓄电池或对蓄电池再次充电后，会自动选择存储模式。这些情况下，如果发动机在运转中，则关闭发动机并取下钥匙。

三、附加电阻

附加电阻（见图7-8）也称为热敏电阻，它由低碳钢丝、镍铬丝或纯镍丝制成，具有温度升高时电阻迅速增大、温度降低时电阻迅速减小的特点。

附加电阻的作用是改善正常工作时和起动时的点火性能。如图7-9所示，发动机工作时，可利用附加电阻这一特点自动调节一次电流，用于改善点火系统的工作特性。当发动机低速工作时，一次电流增长时间长，电流大，附加电阻受热使阻值增大，避免了一次电流过大，防止点火线圈过热；当发动机高速工作时，

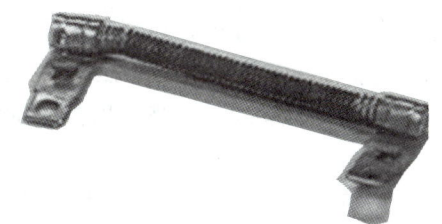

图7-8　附加电阻

一次电流增长时间短，电流小，附加电阻温度较低而阻值减小，可使一次电流下降得少一些，这样就保证了发动机在高速工作时点火系统能供给较强的高压电而不断火。因此，转速变化时，附加电阻较好地解决了高速断火和低速点火线圈过热的矛盾，改善了点火性能。

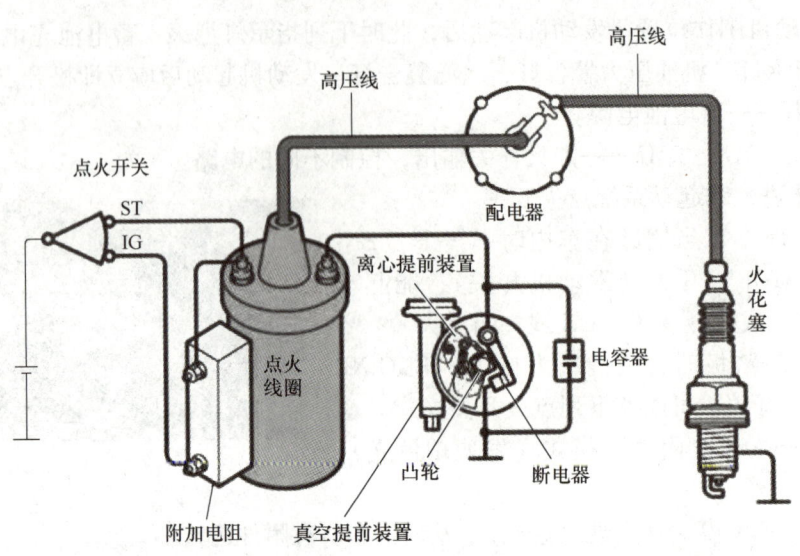

图 7-9　附加电阻的作用

当发动机起动时，由于蓄电池的端电压会急剧下降，致使一次电流减小，点火线圈不能供给足够的高电压和点火能量。为了克服这一影响，在起动时应将附加电阻短路，以增大一次电流，提高二次电压和火花能量，从而改善了发动机的起动性能。

四、点火线圈

1. 点火线圈的组成

点火线圈由一次绕组、二次绕组和铁心等组成，如图 7-10 所示。

2. 点火线圈的分类

按磁路的结构形式不同，可分为开磁路式点火线圈和闭磁路式点火线圈。

（1）开磁路式点火线圈

1）结构：这种点火线圈由铁心、一次绕组、二次绕组、钢套、绝缘盖和绝缘座组成。开磁路式点火线圈的铁心用 0.3～0.5mm 厚的硅钢片叠成，

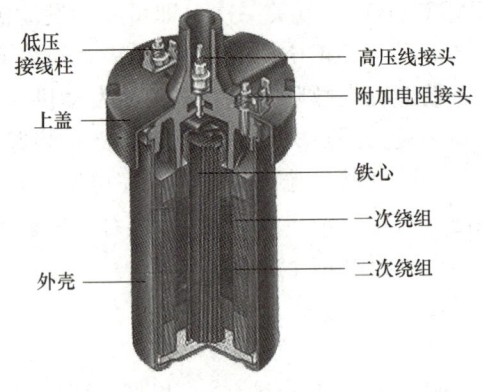

图 7-10　点火线圈

铁心上绕有一次绕组和二次绕组。二次绕组居内，通常用直径为 0.06～0.10mm 的漆包线缠绕 11000～23000 匝；一次绕组居外，通常用直径为 0.5～1.0mm 的高强漆包线缠绕 230～370 匝，如图 7-11 所示。

2）工作原理：一次绕组断电时，在二次绕组中产生高压电，相当于压变压器，起升压作用。

3）接线：中心为高压接线柱，其余为低压接线柱，分别为"＋"或"开关＋"（接点火开关）、"－"（接断电器）。

（2）闭磁路式点火线圈　如图 7-12 所示，闭磁路式点火线圈的铁心是"曰"字形或"口"字形，磁路中只设有一个微小的气隙。

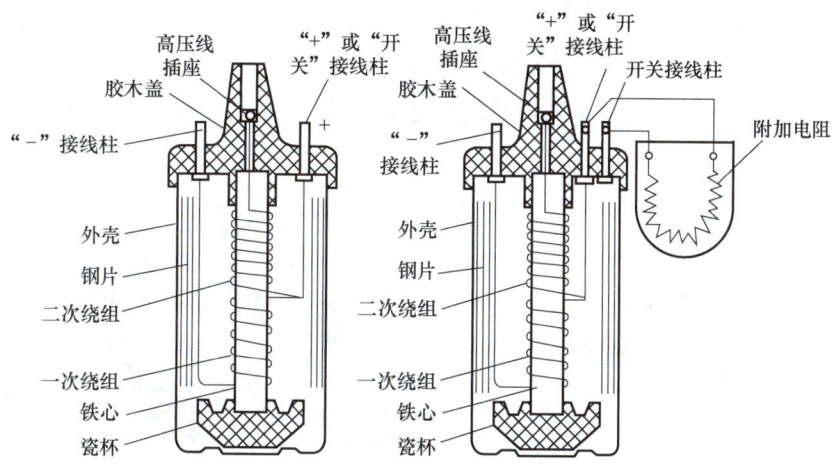

图 7-11 点火线圈结构示意图

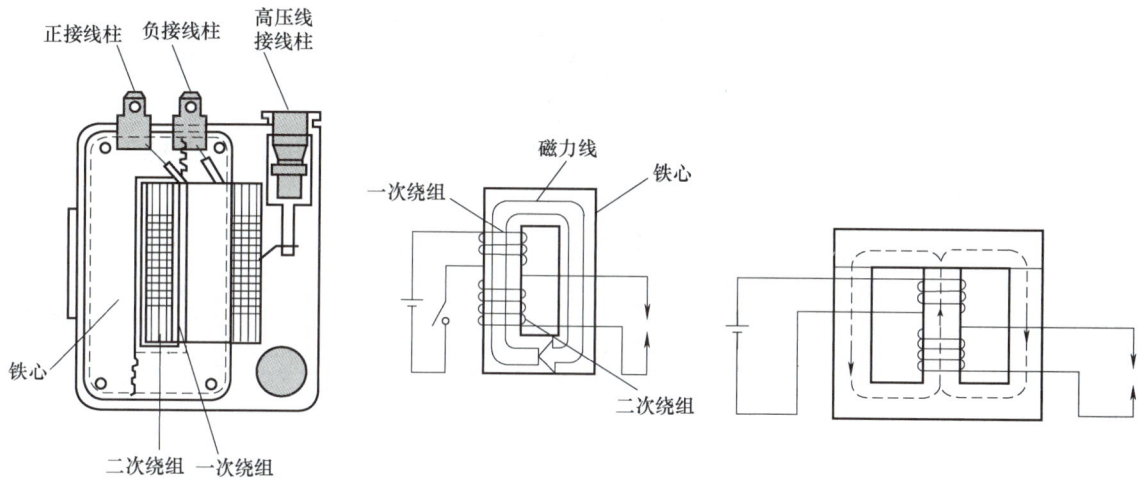

图 7-12 闭磁路式点火线圈

3. 点火线圈的型号

点火线圈的型号为：DQ+产品代号+电压等级+分组代号+设计序号+变型代号。

其中，DQG 表示干式点火线圈；DQD 表示电子点火系统用点火线圈；G、D 分别表示"干"和"电"。电压等级为 1~12V；2~24V。分组代号是用其用途来表示的，见表 7-2。

表 7-2 点火线圈分组代号的意义

分组代号	1	2	3	4	5	6	7	8	9
用途	单、双缸机	4、6缸机	4、6缸机（带附加电阻）	6、8缸机（带附加电阻）	6、8缸机	8缸以上机	无触点分电器	高能	其他（包括3、5、7缸）

五、分电器

传统点火系统的分电器主要由配电器、断电器、电容器和点火提前调节机构组成，如

图 7-13 所示。

1. 断电器

断电器主要由凸轮、触点副、固定底板、活动底板等组成,如图 7-14 所示。

图 7-13　分电器

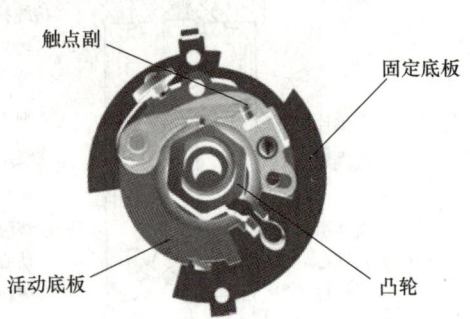

图 7-14　断电器组成

该触点副俗称白金,由坚硬耐高温的钨合金制成;断电器的凸轮在旋转过程中反复地控制着触点的关闭、通断一次电流。电容器和触点是并联的,其任务是给一次感应反电动势形成回路,减轻触点的烧蚀,加快一次电流的通断速率。

触点间隙一般在 0.35~0.45mm,可通过偏心调整螺钉进行调整,如图 7-15 所示。

2. 配电器

配电器安装在断电器的上方,由分电器盖、分火头组成,如图 7-16 所示。分电器盖的中间有一个高压线座孔(中央电极,其内装有带弹簧的炭柱,压在分火头的导电片上)。分电器盖四周均匀布置有与气缸数相同的旁电极,可以通过高压线与各缸火花塞相连。分火头安装在分电器凸轮轴上,导电片将中央高压电引入旁电极,而且它和旁电极之间有 0.25~0.8mm 的间隙。

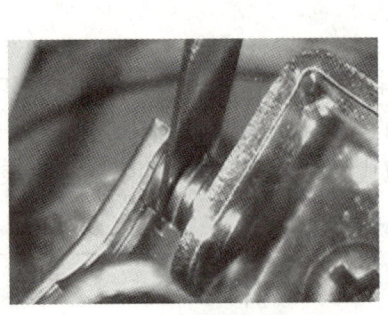

图 7-15　触点间隙

图 7-16　配电器结构

配电器的作用是将点火线圈产生的高压电,按照发动机的工作顺序(即点火顺序)送至各气缸的火花塞。

在发动机工作时,断电器触点分开瞬间,来自点火线圈的高压电经中央电极的碳柱、分火头上的导电片,以火花形式跳到旁电极上,再经过高压线送往火花塞,如图 7-17 所示。

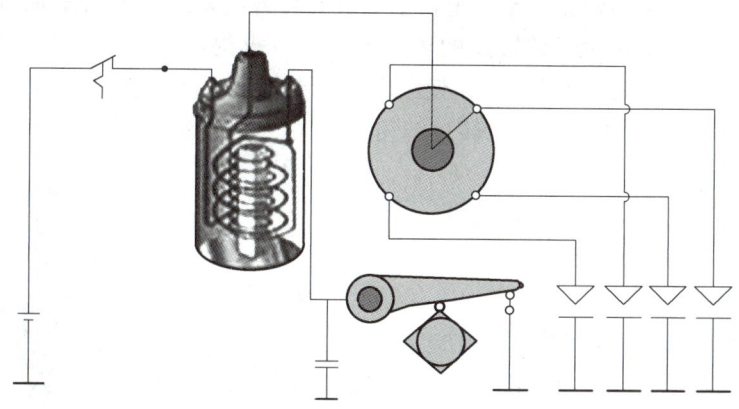

图 7-17 配电器的工作过程

3. 电容器

如图 7-18 所示,电容器安装在分电器的壳体上。其极片为两条狭长的金属箔带,用两条同样狭长的绝缘纸与极片交错重叠,卷成圆筒形,在浸渍蜡(绝缘介质)后,由装入圆筒形的金属外壳中加以密封。一个极片与金属外壳在内部接触,另一极片与引出外壳的导线相连接。电容器外壳固定在分电器外壳上搭铁,使电容器与断电器触点并联。

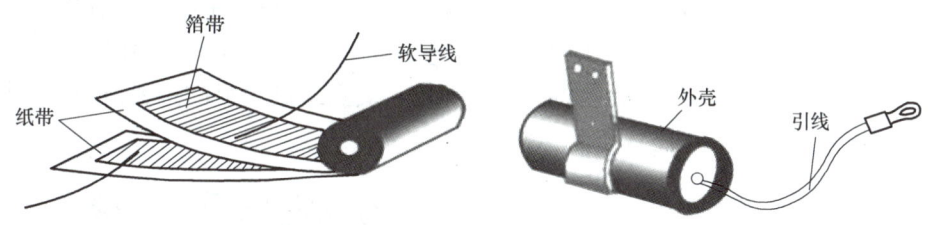

图 7-18 电容器

4. 点火提前调节装置

为了实现点火提前,必须在压缩行程接近终了,活塞到达上止点之前便使断电器触点分开。从触点分开到活塞到达上止点这段时间越长,曲轴转过的角度越大,即点火提前角越大。因此,调节断电器触点分开的时刻,即改变触点与断电器凸轮或断电器凸轮与分电器轴之间的相对位置,便可以调节点火提前角,如图 7-19 所示。调节点火提前角的方法有两种:一是

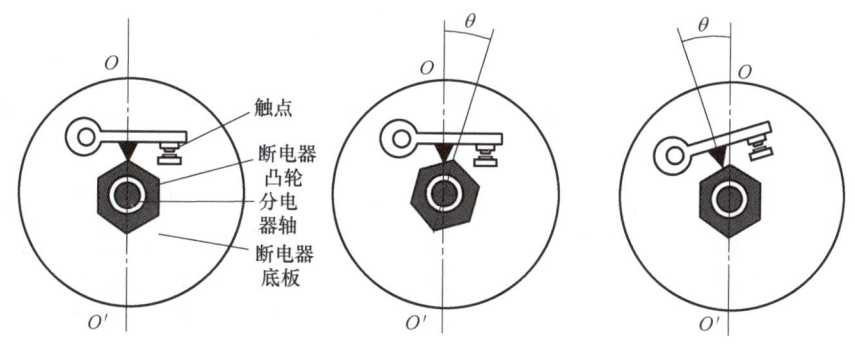

图 7-19 点火提前角的调节方法

保持触点不动,将断电器凸轮相对于分电器轴顺着旋转方向转过一个角度 θ,凸轮提前将触点顶开,使点火提前;凸轮相对于轴转过的角度越大,点火提前角越大。另一种调节方法是凸轮不动(不改变凸轮与轴的相对位置),使断电器触点相对于凸轮逆着旋转方向转过一个角度 θ,也可使点火提前。触点相对于凸轮转过的角度越大,点火提前角越大。

(1) 离心式点火提前调节装置 如图 7-20 所示,离心式点火提前调节装置主要由离心块、托板、拨板、弹簧等组成。

离心式点火提前调节装置的作用是使点火提前角随着发动机转速和负荷的变化而变化,以获得最佳的点火提前角。

发动机工作时,它利用改变断电器凸轮与分电器轴之间相对位置的方法,在发动机转速变化时自动调节点火提前角。发动机工作时,当曲轴的转速达到 200～400r/min(开始转速因车型而不同)后,重块的离心力克服弹簧拉力的作用向外甩

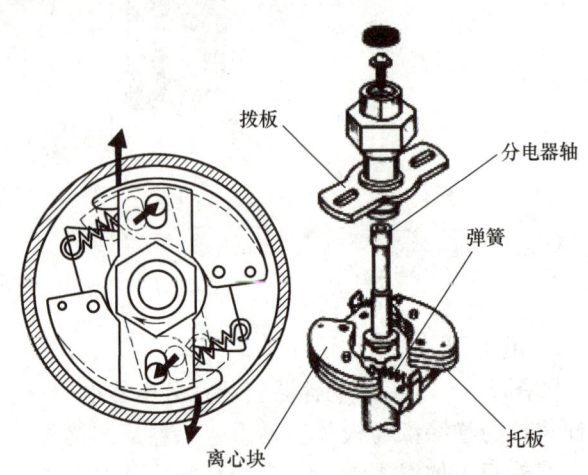

图 7-20 离心式点火提前调节装置

开。此时,两重块上的销钉推动拨板连同凸轮,顺着旋转方向相对于分电器轴转过一个角度,将触点提前顶开,点火提前角加大。随发动机转速升高,点火提前角不断加大。

(2) 真空式点火提前调节装置 如图 7-21 所示,真空式点火提前主要由膜片、拉杆、弹簧等组成。

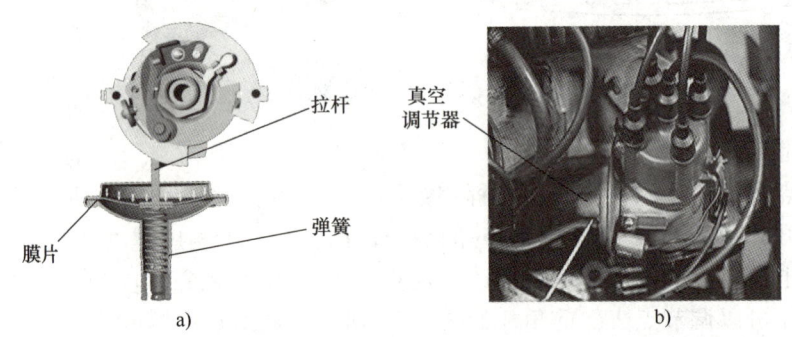

图 7-21 真空式点火提前调节装置
a) 模型　b) 实物

它的作用是使点火提前角随着发动机转速和负荷的变化而变化,以获得最佳的点火提前角。

真空点火提前调节装置的工作原理如图 7-22 所示。在发动机工作时,它随着负荷(节气门开度)的变化,自动调节点火提前角。它是利用改变断电器触点与凸轮之间相位关系的方法进行调节的,在发动机负荷增大时自动地减小点火提前角。发动机小负荷运行时,节气门开度小,节气门后方的真空度大,并从小孔经真空连接管作用于调节装置的真空室,使膜片右方真空度增大,在大气压力的作用下,膜片克服弹簧张力向右拱曲,并带动拉杆向右移动。

与此同时，断电器底板连同触点，相对于凸轮逆着旋转方向转过一个角度，使点火提前角加大。发动机转速一定时，节气门后方的真空度只取决于节气门的开度。节气门开度越小（负荷越小），节气门后方的真空度越大，点火提前角也越大。

1）双膜片式真空点火提前调节装置。如图7-23所示。发动机怠速运转时，节气门几乎关闭，接主膜片室的吸气孔位于节气门的前方，真空度几乎为零，主膜片室内的压力接近大气压力，不起真空点火提前调节作用下。但是，此时节气门后方真空度较高，并通过连接管作用在副膜片室，副膜片在真空度的作用下向右拱曲，并通过拉杆拉动断电器底板连同触点逆着凸轮旋转方向转过一个角度，使点火提前角加大。当膜片轴（拉杆）移动到与主膜片体接触时，膜片的移动被限位。同时，副膜片室的真空度也将主膜片吸向副膜片室一侧，膜片轴被推回，点火提前角又被适当减小，使怠速时的点火提前角约为5°，保证发动机怠速时稳定运转。

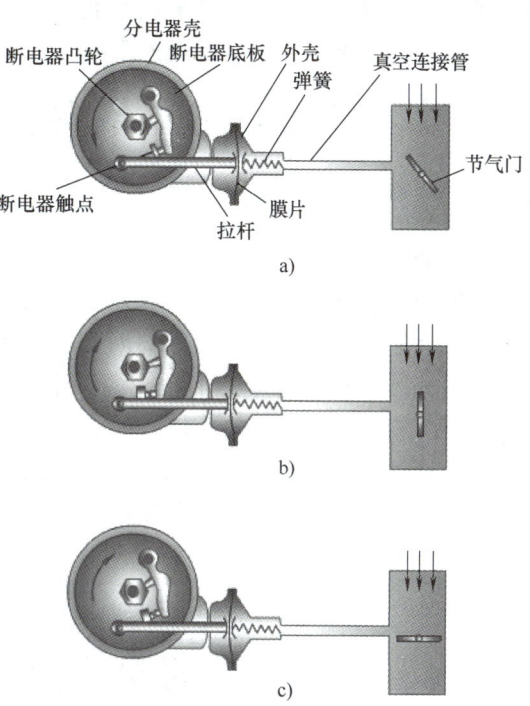

图7-22 真空式点火提前调节装置的工作原理
a) 节气门部分开启 b) 节气门全开 c) 节气门全闭

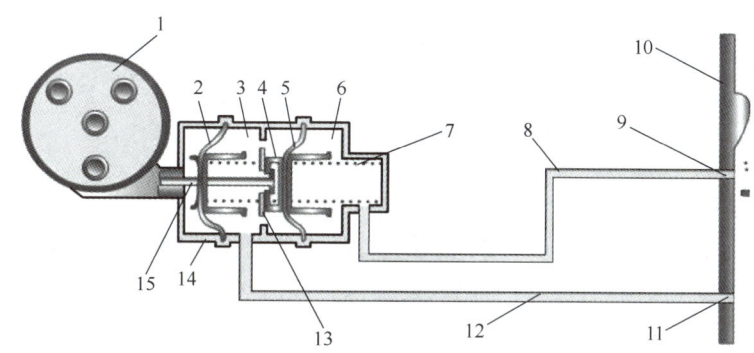

图7-23 双膜片式真空点火提前装置
1—分电器壳 2—副膜片 3—副壳片室 4—主膜片体 5—主膜片 6—主膜片室 7—弹簧
8、12—连接管 9—主膜片室吸气孔 10—化油器 11—副膜片室吸气孔 13—限位块
14—真空点火提前调节器壳体 15—拉杆

发动机小负荷运转时，节气门开度小，接主膜片室的吸气孔处于节气门的后方，使主膜片室的真空度增大。于是在主膜片室和副膜片室真空度的共同作用下，拉动断电器底板及触点逆着凸轮旋转方向转过一个角度，使点火提前角增大。点火提前角的大小主要取决于节气门的开度，并由主、副膜片室中的限位块限位。

2）双真空式单膜片式真空点火提前调节装置。如图7-24所示，其前、后两个真空室分别用管道接至节气门上、下两侧的小孔上。怠速时,节气门处于实线位置,延迟真空室起作用,拉杆左移,使点火延迟;非怠速时,节气门开启,提前真空室起作用,拉杆右移,使点火提前。

点火提前角的手动调节装置也称为辛烷值校正器,如图7-25所示。

在换用不同品质的汽油时,为适应不同汽油的抗爆性能,常常需要调整点火时间,为此

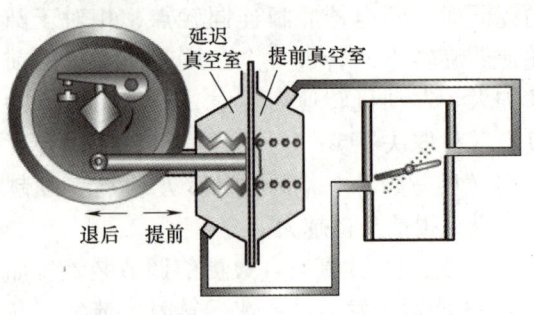

图7-24 双真空式单膜片提前调节装置

在分电器壳体上常装有辛烷值校正器。不同形式的分电器,其辛烷值校正器的结构也不同,但基本原理相同。逆着凸轮旋转方向转动分电器外壳时,点火提前角增大;反之,则点火提前角减小。壳体转动多少,一般可以从刻度板上看出。每转动一个刻度相当于曲轴转角2°。调整时,先旋松调整托架的固定螺钉,而后转动外壳,顺时针转动为推迟(转至"-"号),逆时针转动为提前(转至"+"号)。

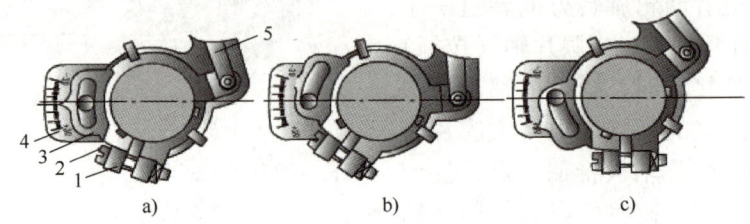

图7-25 辛烷值校正器
a)标准位置 b)顺时针转动外壳 c)逆时针转动外壳
1—调节臂 2—夹紧螺钉及螺母 3—托架 4—调节底板 5—拉杆

六、火花塞

1. 火花塞的结构

如图7-26所示,火花塞的电极一般采用耐高温、耐腐蚀的镍锰合金钢或铬锰氮、钨、镍锰硅等合金制成,也有采用镍包铜材料制成的,以提高散热性能。火花塞电极间隙多为0.6~0.7mm,电子点火间隙可增大到1.0~1.2mm。

2. 火花塞的作用

火花塞可以将高压电引进发动机燃烧室,在其电极间形成火花,以点燃可燃混合气。

3. 火花塞的位置

火花塞拧装在气缸盖的火花塞孔内,下端电极伸入燃烧室,上端连接分缸高压线,如图7-27所示。

4. 火花塞的工作环境

火花塞是点火系统中工作条件最恶劣、要求高、易损坏部件。

5. 火花塞的类型

(1)标准型与突出型火花塞 标准型火花塞(见图7-28a)是绝缘体裙部端略低于壳体

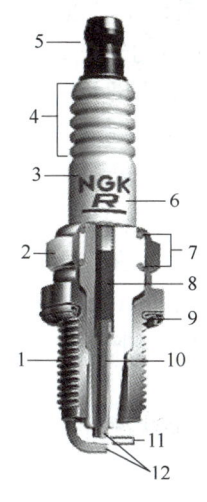

图 7-26 火花塞的结构

1—火花塞裙部螺纹 2—六角形钢质壳体 3—商标 4—高氧化铝
陶瓷绝缘体 5—接线螺母 6—型号 7—内垫圈（密封导热）
8—去干扰电阻 9—密封垫圈 10—中心电极导电杆
11—电极间隙 12—中心电极和侧电极

图 7-27 火花塞的位置

螺纹端面的单侧电极火花塞，它采用了侧置气门式发动机应用最广泛的传统发火端结构。为区别于后来出现的"突出型"，此结构被称为"标准型"。

突出型火花塞（见图 7-28b）最初是为顶置气门式发动机配套设计的。它的绝缘体裙部突出壳体螺纹端面伸入燃烧室内。在燃烧的混合气中吸收较多热量，怠速时有较高的工作温度，避免污损；高速时由于气门顶置，吸入的气流对准绝缘体裙部，将其冷却，使最高温度提高不多，因而热范围较大。突出型火花塞不适用于侧置气门式发动机，因其进气道拐弯多，气流对绝缘体裙部冷却作用不大。

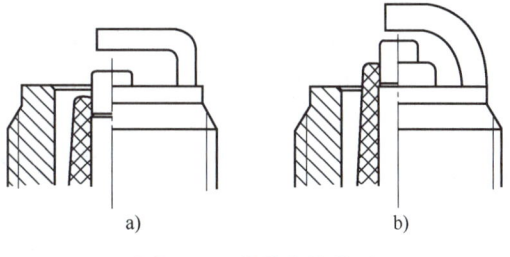

图 7-28 火花塞的类型
a) 标准型 b) 突出型

从点火效果考虑，电火花应该在混合气流动最好的地方跳过。发动机燃烧室不同的结构设计要求不同的最佳点火位置。点火位置可以理解为火花间隙在燃烧室内的位置，即火花塞中心电极端面至壳体端面的距离。

普通突出型火花塞的点火位置为3mm，越野赛车和大排量摩托车使用的"超突出型"火花塞，点火位置可达7~10mm。点火靠近燃烧室中心部位，火焰传播距离缩短，从而将缩短燃烧周期并减小压力变化的幅度，有利于提高发动机的动力性。

在 BOSCH 火花塞型号中，不同字母代表着不同的点火位置。例如，FR7DC、FR7KC、FR7LTC、FR7HC 中的 D、K、L、H 分别代表的点火位置为 3mm、4mm、5mm、7mm。其他品牌（如 DENSO、NGK）火花塞也有类似的规定。国产火花塞过去用 T 代表突出型，如 E6TC、F7RTC 等。根据最新行业标准 QC/T430—2005《火花塞产品型号编制方法》，用 E、L、K、Z 分别代表点火位置3mm、4mm、5mm、7mm，而 T 代表绝缘体突出型点火位置3 mm 以下的突出型火花塞。若没有采用行业标准，可查阅各生产厂家的具体型号说明。

（2）单侧极与多侧极火花塞　单侧极火花塞有一个明显的缺陷，即侧电极盖住了中心电极。当两极间高压放电时，火花间隙处的混合气将吸收火花热量并因电离被激活而形成"火核"。火核形成的场所一般在接近侧电极处，热量将较多地被侧电极吸收，即电极的"消焰作用"，它减少了火花能量，降低了跳火性能。

于是，在20世纪20年代出现了三侧极火花塞。与单侧极火花塞相比，多侧极火花塞（见图7-29）的火花间隙由多个侧电极的断面（冲成圆孔）和中心电极的圆柱面构成。这种旁置式的火花间隙消除了侧电极盖住中心电极的缺点，增加了火花的"可达性"，火花能量较大，较容易深入气缸内部，有助于改善混合气燃烧状况并减少废气排放。

图7-29　多侧极火花塞

由于多侧极火花塞提供了多个跳火通道，因而延长了火花塞的使用寿命，提高了点火的可靠性。实际上，放电的瞬间只能是一条通道跳火，不可能多侧极同时跳火。

国产火花塞型号中的后缀字母（热值数后面的字母）D、J、Q分别表示双侧极、三侧极、四侧极。例如K7RLDC、K7RLJC和K7RLQC代表不同数量的侧电极火花塞。

（3）镍基合金与铜芯电极火花塞　对伸入燃烧室电极的最基本要求是耐烧蚀（电蚀和化学腐蚀）和良好的导热性。现在用得最普遍的是镍基合金。通常，纯金属的导热性优于合金，但纯金属（例如镍）对燃烧气体及其形成的固状沉积物的化学腐蚀反应比合金灵敏。因此，电极材料采用镍基加入铬、锰、硅等元素，铬有助于提高抗电蚀能力，锰和硅有助于提高耐化学腐蚀能力，特别是对危害性很大的氧化硫的抗腐蚀能力。

镍基合金的导热性不如铜，采用铜芯并将其外表裹以镍基合金（或其他贵金属合金）将大大改善电极的导热能力。目前铜芯电极覆盖率已超过95%。

由于铜芯电极具有良好的导热性，发火端吸收的热量将迅速导出，而适当加长绝缘体裙部，将不产生炽热点火，怠速、低负荷时也不易积炭，这就拓宽了火花塞的热范围。

侧电极接地，其电腐蚀程度较中心电极低，主要是高温下的化学腐蚀，因此在镍基中加入锰和硅可提高抗化学腐蚀性。

铜芯侧电极的工作温度可降低100℃左右，由侧电极过热而引起点火提前的可能性将减小。电极的烧蚀量也因温度的降低而减少。火花间隙变化减小，有利于发动机工况的稳定。

国产火花塞型号后缀中的C代表铜芯中心电极，CC代表双铜芯电极，例如：F7RTC、K6RTCC。

（4）普通型与电阻型火花塞　火花塞作为火花放电发生器，是一种宽带连续型的电磁辐射干扰源。为了抑制因跳火产生的电磁辐射对无线电场的强干扰，保护无线电通信并防止车载电子装置的误动作，目前广泛采用了电阻型火花塞。电阻型火花塞在结构上仅将普通型绝缘体内的导体密封剂改为电阻密封剂。

电阻体使火花塞放电时电容放电电流受到抑制，因而降低了向外发射的电磁干扰，同时通过熄灭电容性再发火减少对电极的腐蚀，从而延长了火花塞的使用寿命。

（5）空气间隙与沿面间隙火花塞　火花塞跳火主要有两种方式：一种是在脉冲高电压的

作用下，击穿存在于中心电极与侧电极之间的空气间隙产生电火花，如图 7-30a 所示；另一种是沿面跳火，即放电是沿中心电极与侧电极之间的绝缘体表面进行的，如图 7-30b 所示。前者放电距离短，跳火性能差，单侧极火花塞尤甚。因为空气间隙的大小受电源电压的制约，一般为 0.6~0.9mm。较短的放电距离使火核没有充分的"发育"，热量较多地被侧电极吸收，便降低了火花的能量。若加大空气间隙，则需要提高点火电压，易导致"失火"。

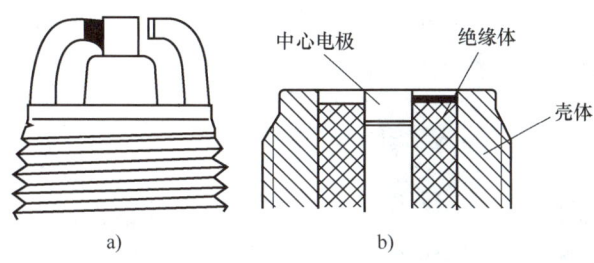

图 7-30　火花塞间隙
a）空气间隙　b）沿面间隙

沿面放电发生在绝缘体陶瓷表面和空气的交界面，陶瓷表面电场发生畸变会增大局部场强，导致局部先发生放电，由此促使放电的进一步发展，直至电极间隙击穿。这种放电机理使沿面间隙比同宽度空气间隙的击穿电压降低。若在相同击穿电压下，沿面间隙比空气间隙的放电距离长。

较长的放电距离能大大提高火花的能量。因为火花放电是由能量密度不同的两部分组成的，即电容放电和电感放电。前者具有高能密度，电压高，能在极短时间内放出；后者能量密度小，但在较长时间起作用。从电火花能量分布可看出电感部分的能量是电容部分的 20~30 倍，是名副其实的"热焰"，对加热周围混合气而形成火核起主要作用。电感部分持续时间越长，着火性越好。

加长放电距离将降低侧电极的"消焰作用"。电火花沿绝缘体表面烧尽油污积炭，避免电极之间的跨连，也避免绝缘体和壳体之间因附着燃烧沉积物导致电流泄漏的现象，保证怠速工况下的点火可靠性。

沿面间隙型火花塞（见图 7-30b）的绝缘体没有裙部，不能迅速吸收燃烧室的热量，是一种极冷型火花塞。

用途较广的是将"沿面间隙"和"空气间隙"结合在一起的"滑动—空气间隙"，绝缘体裙部与侧电极之间是空气间隙。跳火时火花从绝缘体表面"滑"过再跳向侧电极。由于绝缘体表面电场畸变使击穿电压降低。这种火花塞的绝缘体有正常的裙部，因而能适应不同的热负荷。

（6）平座型与锥座型火花塞　如图 7-31 所示，所谓平座型，即火花塞安装座（壳体大圆柱端面）为平面，安装时该平面与气缸之间有弹性密封垫圈。某些发动机为了更紧凑或布置更多的零件（如增加气门），没有给火花塞留下较大的安装空间，这就迫使火花塞缩小径向尺寸，甚至取消密封垫圈，用"锥座"代替了"平座"。美国 GM 和 Ford 汽车公司就采用了锥形安装座，即火花塞壳体有锥角为 63°的圆锥面，安装时与气缸盖的锥孔配合，无需密封垫圈。这种圆锥配合要求锥面与螺纹直径具有极高的同轴度，否则密封性能难以保证。

(7) 贵金属火花塞　镍基合金电极的普通火花塞不能适应大功率、高转速、大压缩比的现代发动机的需要。为了使火花塞具有更高的点火性能和使用寿命，贵金属（铂、铱、钇等）已用于电极并相应改进发火端的结构，如图 7-32 所示。

图 7-31　平座型与锥座型火花塞

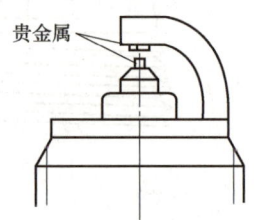

图 7-32　火花塞上的贵金属

贵金属具有极高的熔点，铂金的熔点是 2042K、铱金的熔点是 2716K。铂金加入某些元素（如铑、钯）后，具有极高的抗化学腐蚀的能力。将其制成细电极（直径 0.2mm），直接烧结于电极发火端，或以直径为 0.4~0.8mm 的圆片用激光焊接在中心电极前端和侧电极的工作面。这种电极具有强烈的尖端放电效应，在电压相对较低时也能点火，其火花间隙可加大至 1.1~1.5mm。

贵金属使火花塞具有高性能。一是电极的高抗蚀性能够保持火花间隙长期不变（在 16 万 km 试验中，铂电极火花间隙仅增大 0.05mm），使点火电压值稳定，发动机工作平稳。二是适宜于冷态起动；电极尖端放电使点火容易，可以提高发动机低速工况下的性能。三是减少电极的吸热和消焰作用，增强火花能量。细小的电极使间隙周围的空间扩大，增加了混合气的可达性，使燃烧更充分，排放更低。

6. 火花塞的要求

1) 混合气燃烧时，火花塞下部将承受高压高温气体的冲击，要求火花塞必须有足够的机械强度。

2) 火花塞承受着交变的高电压，要求它应有足够的绝缘强度，能承受 30kV 高压。

3) 混合气燃烧时，燃烧室内温度很高，可达 1500~2200℃，进气时又突然冷却至 50~60℃，因此要求火花塞不但耐高温，而且能承受温度剧变，不出现局部过冷或过热。

4) 混合气的燃烧产物很复杂，含有多种活性物质，如臭氧、一氧化碳和氧化硫等，易使电极腐蚀。因此要求火花塞要耐腐蚀。

5) 火花塞气密性应当好，以保证燃烧室不漏气。

6) 火花塞的电极间隙影响击穿电压，所以要有合适的电极间隙。

7) 火花塞安装位置要合适，以保证有合理的着火点。

7. 火花塞的热特性

要使火花塞能正常工作，其下部绝缘体——裙部的温度应保持在 500~700℃，这样才能使落在绝缘体上的油滴立即烧掉，不致形成积炭，通常称这个温度为火花塞的"自净温度"。

如果温度低于自净温度，就可能使油雾聚积成油层，引起积炭而不能跳火；如果温度过高，例如超过850℃，会形成炽热点，发生表面点火，使发动机燃烧恶化。

火花塞裙部的工作温度取决于火花塞热特性和发动机气缸的工作温度。火花塞热特性就是指火花塞吸收的热量与散出的热量达到平衡状态时的温度。影响火花塞热特性的主要因素是火花塞裙部的长度。裙部较长时，受热面积大，吸收热量多，而导致散热传播路径长，散热困难，裙部温度较高，把这种火花塞称为"热型"火花塞。反之，当裙部较短时，吸收热量少，散热容易，裙部温度较低，把这种火花塞称为"冷型"火花塞，如图7-33所示。

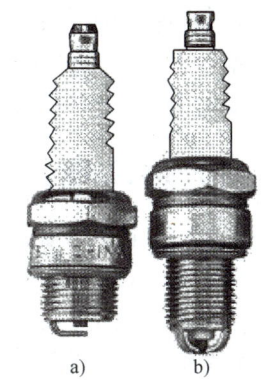

图7-33 "热型"与"冷型"火花塞
a) 冷型 b) 热型

任务7.5 掌握电子点火系统的优点及分类

近年来，汽车发动机向着多缸、高转速、高压缩比的方向发展，人们还力图通过改善混合气的燃烧状况，以及燃用稀混合气，以达到减少排气污染和节约燃油的目的。这些都要求汽车的点火系统能够提供足够高的二次电压、火花能量和最佳点火时刻。传统点火系统不能满足这些要求。因此，一系列的电子点火系统应运而生，如图7-34所示。

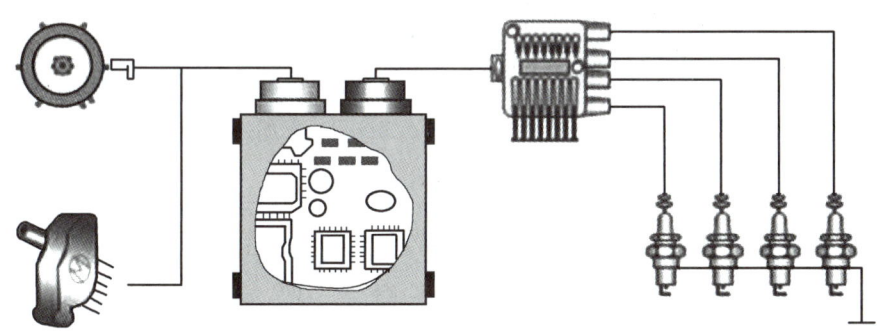

图7-34 电子点火系统

一、电子点火系统的优点

1）触点火花减少。可以减少触点火花，避免触点烧蚀，延长触点的使用寿命；有的还可以取消触点，因而克服了与触点相关的一切缺点，改善了点火性能。

2）不受触点限制。可以不受触点的限制，增大一次电流，提高二次电压，改善发动机高速时的点火性能。一般传统点火系统的低压电流不超过5A，而电子点火系统可提高到7~8A，二次电压可达30kV。

3）发动机的动力性、燃料经济性较好。由于二次电压和点火能量的提高，使其对火花塞积炭不敏感，且可以加大火花塞电极间隙，点燃较稀的混合气，从而有利于改善发动机的动力性、燃料经济性和排气净化性能。

4）减轻了对无线电的干扰。

5）结构简单，质量轻，体积小，使用和维修方便。

二、电子点火系统的分类

目前国内外汽车上使用的电子点火系统主要分为有触点的电子点火系统和无触点的电子点火系统两大类。无论是哪一类电子点火系统，都是利用电子元器件（晶体管）作为开关来接通或断开点火系统的一次电路，通过点火线圈来产生高压电。

1. 有触点电子点火系统

有触点电子点火系统利用减小触点电流的方法，减小触点火花，改善点火性能。它是一种半导体辅助点火装置。除了与传统点火系统一样具有电源、点火开关、分电器、点火线圈、火花塞之外，还在点火线圈一次绕组的电路中，增加了由晶体管 VT 和电阻、电容等组成的点火控制电路，断电器的触点串联在晶体管的基极电路中，控制晶体管的导通与截止。

接通点火开关 SW，当断电器触点闭合时，晶体管的基极电路被接通，使晶体管饱和导通，接通了点火线圈的一次电路。其路径是：晶体管的基极电流从蓄电池"+"→点火开关 SW→点火线圈一次绕组 N_1→附加电阻 R_f→晶体管的发射极 e、基极 b→电阻 R_2→断电器触点 K→搭铁→蓄电池"-"。点火线圈一次绕组的电流从蓄电池"+"→点火开关 SW→点火线圈一次绕组 N_1→附加电阻 R_f→晶体管的发射极 e、集电极 c→搭铁→蓄电池"-"，使点火线圈的铁心中积蓄了磁场能。

当断电器触点分开时，晶体管的基极电路被切断，晶体管由导通变为截止，切断了点火线圈一次绕组的电路，一次电流迅速下降到零，在点火线圈二次绕组中产生高压电，击穿火花塞间隙，点燃混合气。发动机工作时，断电器触点不断地闭合、分开，控制晶体管的导通与截止和一次电路的通断，控制点火系统的工作，如图 7-35 所示。

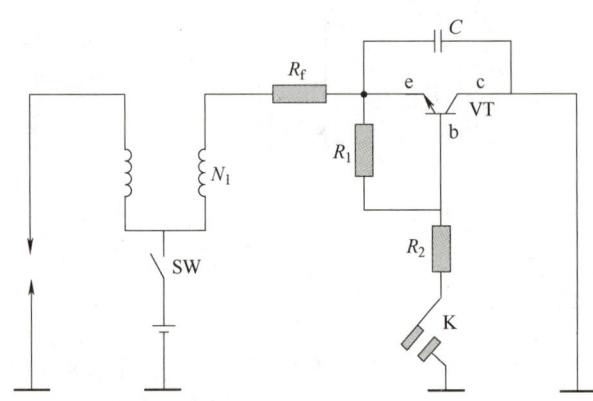

图 7-35　有触点式电子点火系统的电路原理

2. 无触点电子点火系统

无触点电子点火系统利用传感器代替断电器触点，产生点火信号，控制点火线圈的通断和点火系统的工作，可以克服与触点相关的一切缺点。目前，有触点电子点火系统已基本上被无触点电子点火系统所取代。

（1）无触点电子点火系统的组成　无触点电子点火系统主要由火花塞、分电器、点火信号发生器（传感器）、点火控制器、点火线圈、点火开关和电源等组成，如图7-36所示。其中分电器主要包括配电器和离心提前装置、真空提前装置。它们的作用、结构和工作原理与传统点火系统对应部分完全相同。

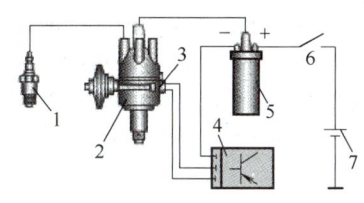

图7-36　无触点电子点火系统的组成
1—火花塞　2—分电器　3—点火信号发生器　4—点火控制器　5—点火线圈
6—点火开关　7—电源

图7-37所示为一汽大众捷达轿车的无触点点火系统的工作原理，首先接通点火开关，当点火信号发生器（霍尔效应传感器）发出点火信号，输出具有一定幅值的正脉冲时，就会触发点火控制器，使其中的功率晶体管导通，于是点火线圈的一次电路接通。一次电流由电源的"+"极、点火开关、点火线圈的"+"接线柱、点火线圈的一次绕组、N_1点火线圈的"-"接线柱、点火控制器、搭铁、电源的"-"极。由于点火线圈一次绕组中有电流通过，于是点火线圈中便形成磁场，将电能转变为磁场能储存起来。

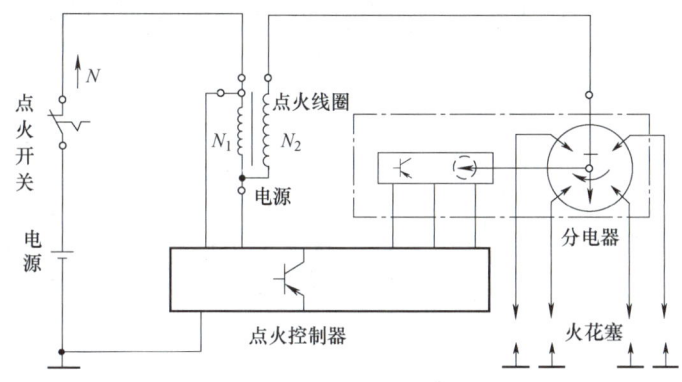

图7-37　一汽大众捷达轿车的无触点点火系统的工作原理

（2）点火信号发生器　点火信号发生器取代了传统点火系统断电器中的凸轮，用来判定活塞在气缸中所处的位置，并将非电量的活塞位置信号转变成为脉冲电信号输送到点火控制器，从而保证火花塞在恰当的时刻点火。点火信号发生器实际就是一种感知发动机工作状况并发出点火信号的传感器。目前应用较多的主要有磁脉冲式、霍尔效应式和光电效应式点火信号发生器。

1）磁脉冲式点火信号发生器。

① 磁感应点火信号发生器的组成。磁感应点火信号发生器用来产生点火控制信号，安装在分电器内的底板上，如图7-38所示。它由安装在分电器轴上的信号转子以及永久磁铁、铁心和绕在铁心上的传感线圈等组成。信号转子由分电器轴驱动，转子上的凸齿数与发动机气缸数相等。

磁感应点火信号发生器是利用电磁感应原理工作的。当通过传感线圈的磁通发生变化时，在传感线圈内便产生交变电动势，它相当于一个极小的发电机。其永久磁铁的磁路是，永久磁铁N

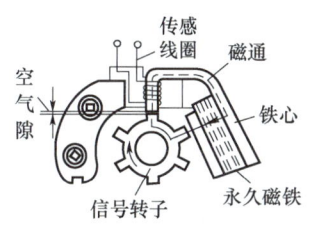

图7-38　磁感应点火信号发生器

极→空气隙→信号转子→空气隙→铁心（通过传感线圈）→永久磁铁 S 极。当发动机未转动时，信号转子不动，通过传感线圈的磁通未发生变化，传感线圈中没有产生电动势，因而无信号输出。当发动机转动时，信号转子便由分电器轴带动旋转。这时信号转子的凸齿与铁心间的空气隙将发生变化，使通过传感线圈的磁通发生变化，因此在传感线圈中便产生感应电动势。

信号发生器的具体工作过程如下：

当信号转子的两个凸齿中央正对铁心的中心线时，如图 7-39a 所示，磁路中凸齿与铁心间的空气隙最大，通过传感线圈的磁通量最小，且磁通变化率为零。

如果信号转子顺时针转动，信号转子的凸齿逐渐接近铁心，凸齿与铁心间的空气隙越来越小，通过传感线圈的磁通逐渐增大。当信号转子凸齿的齿角与铁心边线相对时，如图 7-39b 所示，通过传感线圈的磁通量急剧增加，磁通量变化率最大；当信号转子转过 2% ~ 4% 后，虽然磁通量仍在增加，但磁通量变化率降低；当信号转子凸齿的中心正对铁心的中心线时，如图 7-39c 所示，空气隙最小，通过传感线圈的磁通量最大，但此时磁通量变化率为零。

当信号转子继续顺时针转动时，凸齿与铁心间的空气隙逐渐增大，通过传感线圈的磁通量逐渐减小；当信号转子凸齿的齿角正对铁心的边缘时，如图 7-39d 所示，磁通量急剧的减小，通过传感线圈的磁通量变化率为负向最大值。

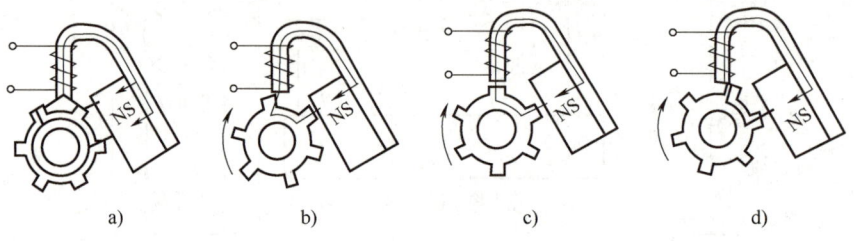

图 7-39　磁感应点火信号发生器的工作原理
a）信号转子的两个凸齿中央正对铁心的中心线　b）信号转子凸齿的齿角与铁心边线相对
c）信号转子凸齿的中心正对铁心的中心线　d）信号转子凸齿的齿角正对铁心的边缘

由上述分析可知，在信号转子转动过程中，通过传感线圈的磁通量变化情况如图 9-40 所示，图 9-40a、b、c、d 所示位置与磁感应点火信号发生器工作原理中的四个位置相对应。当信号转子转一周时，通过传感线圈的磁通量出现 6 次最大值和 6 次最小值。

由于传感线圈感应电动势的大小与线圈磁通量变化率成正比，因而当图 7-40 中 a、c 点磁通量变化为零时，其感应电动势也为零。图中 b、d 点磁通量变化率为最大值时，其感应电动势也为最大值，所不同的是 b 点的磁通量为增加，d 点的磁通量为减小，致使两点产生的感应电动势极性相反，如图 9-40 所示，可见信号转子转动时，传感器线圈两端产生的信号是交变电动势。信号转子转一周，产生六个交变信号，该交变信号输入到点火器，以控制点火系统工作。

当发动机转速变化时，传感线圈中的磁通量变化率也跟着变化。转速越高、磁通量变化率越大，感应电动势也越高。不同转速时，传感线圈内的磁通量及感应电动势的变化情况如图 7-41 所示。

由于信号转子的凸齿和铁心之间的空气间隙，直接影响到磁路的磁阻和传感线圈输出信

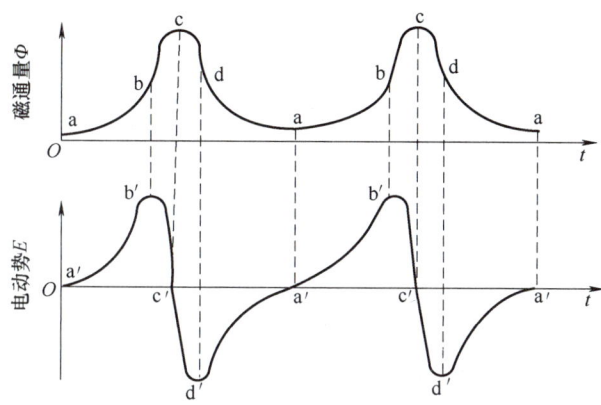

图 7-40 通过传感线圈的磁通量及感应电动势的变化情况

号电压的高低,因而使用中空气间隙的大小不能随意变动。如间隙变化,应进行正确调整。

磁感应点火信号发生器的结构较简单,便于批量生产,耐高温,适合在各种环境下工作,20 世纪 90 年代以前被广泛采用,其缺点是低速时信号较弱,不能完全反映触点信号,影响控制精度,20 世纪 90 年代后较少用于电子点火系统。

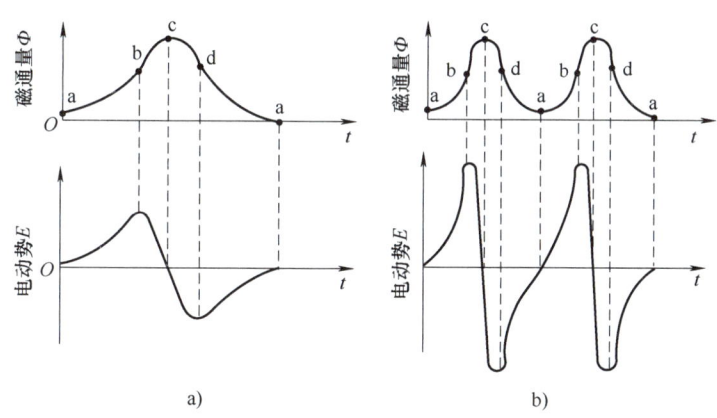

图 7-41 不同转速时传感线圈内磁通量及感应电动势的变化情况
a) 低转速　b) 高转速

② 磁感应式无触点电子点火系统的基本电路及工作原理。点火信号发生器用来对点火系统的工作进行控制。点火信号发生器中有 5 个晶体管 $VT_1 \sim VT_5$。VT_1 是 NPN 型晶体管,由于其发射极与基极相连接,故相当于一个二极管,如图 7-42 所示。只有当图中 P 点电位高于 A 点电位(晶体管 VT_1 的基极电位高于集电极电位)时,VT_1 才导通,VT_1 主要起温度补偿作用。VT_2 为触发管,起信号检测作用。VT_3、VT_4 起放大作用,将 VT_2 的输出进行放大以驱动 VT_5。VT_5 为大功率管,串联在点火线圈的一次电路中,用于控制一次电路的通断。

如图 7-43 所示,发动机未转动时,信号发生器传感线圈输出电压为零。当接通点火开关 SW 后,在蓄电池直流电压的作用下,VT_1 处于正向电压作用而导通,蓄电池电流经 R_4、R_1、VT_1、传感线圈构成回路。此时,在蓄电池直流电压作用下,P 点电位高于晶体管 VT_2 的开启

电压 U_{be}，晶体管 VT_2 处于导通状态。VT_2 导通后，其集电极电位降低，使晶体管 VT_3 处于截止状态。VT_3 截止时，蓄电池通过 R_5 向晶体管 VT_4 提供基极电流，使 VT_4 导通；VT_4 导通时，R_7 上的电压降给大功率管 VT_5 提供正向偏压，使 VT_5 导通，接通一次电路。其电路是：蓄电池"+"→点火开关→附加电阻 R_f→点火线圈一次绕组→VT_5→搭铁→蓄电池"-"，此时一次绕组中有电流流过，在线圈中形成磁场。

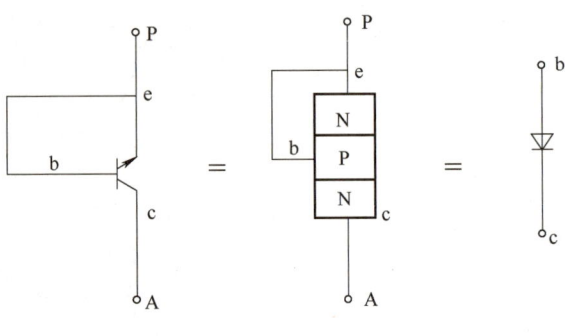

图 7-42　VT_1 的作用

传感线圈产生正向信号电压时，起动发动机，分电器开始转动，信号发生器的传感线圈开始产生交变电动势信号。当传感线圈产生正向电压时，即图 7-43 中 A 端为正、B 端（搭铁端）为负时 VT_1 处于反向电压作用而截止，此时 P 点仍保持其高电位，使 VT_2 继续导通，VT_3 继续截止，VT_4、VT_5 继续导通，点火线圈一次绕组继续保持有电流通过。

因此，在传感线圈产生正向信号电压的瞬间，与发动机不转动时一样，VT_2、VT_5 继续导通，点火线圈一次电流继续保持接通。

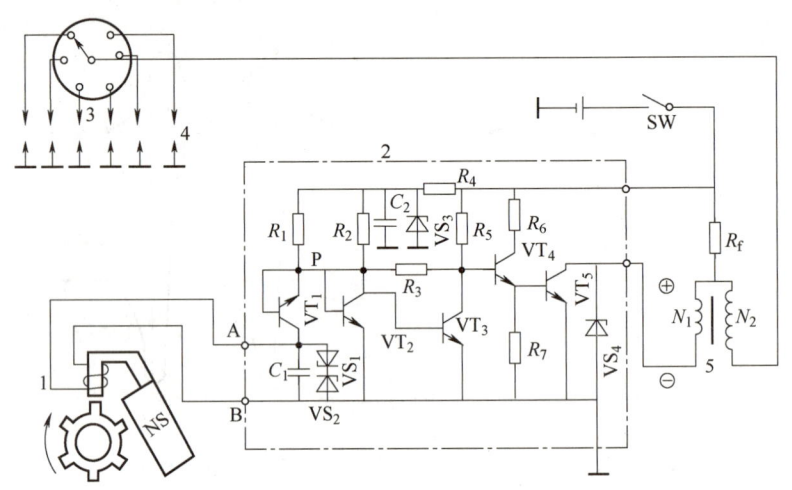

图 7-43　磁感应式无触点电子点火系统的工作原理
1—点火信号发生器　2—点火器　3—分电器　4—火花塞　5—点火线圈

当分电器继续转动，传感线圈产生负向信号电压时，即图 7-43 中 B 端为正、A 端为负时，使 VT_1 导通，P 点电位降低。当 P 点的电位低于 VT_2 开启电压 U_{be} 时，VT_2 开始截止，当 VT_2 截止后，蓄电池通过 R_4、R_2 向 VT_3 提供基极电流，使 VT_3 导通，VT_3 导通后则使 VT_4、VT_5 截止，一次绕组中的电流被切断，磁场迅速消失，二次绕组产生高压电。

点火信号发生器输出电压与晶体管 VT_2、VT_5 以及二次电压 U_2 之间的关系如图 7-44 所示。

图中以粗直线为界，电压高于粗直线，VT_2、VT_5 导通，接通一次电路；电压低于粗直线，VT_2、VT_5 截止，切断一次电路，点火线圈产生高压电。发动机不断转动，重复上述过

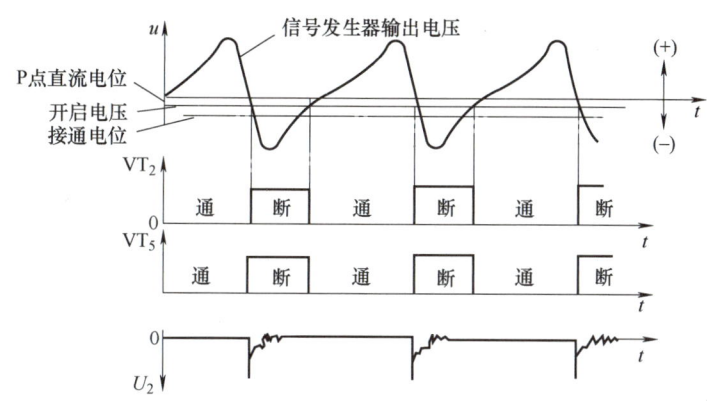

图 7-44　点火信号发生器输出电压与晶体管 VT_2、VT_5 以及二次电压 U_2 之间的关系

程，点火线圈不断产生高压电，每旋转一周，各气缸轮流点火一次。

由此可知，该点火信号发生器工作中，只要点火开关处于接通状态，尽管发动机还未转动，由于 VT_2、VT_5 导通，点火线圈中就有一次电流，因此停车时，必须关断点火开关。

VT_1 起温度补偿作用，使 VT_2 的导通与截止时间不受温度影响。高温时，VT_1 的导通电压 U_{be} 降低，VT_2 较常温时提前导通、截止滞后，从而使点火时间推迟，且温度越高，延迟时间越长。而当采用温度特性相同的 VT，与 VT_2 并联后，温度升高时，VT_1 的基极与集电极时（相当于二极管）的正向电压降也下降，使 P 点电位降低，正好补偿了 VT_2 在温度升高时导通电压 U_{be} 降低的影响，使 VT_2 的导通和截止时间与常温时相同。

VS_1、VS_2 两个稳压管反向串联后，与点火信号发生器的传感线圈并联，其作用是高转速传感线圈产生的信号电压高于稳压管的反向击穿电压时，稳压管立即导通，将传感线圈输出的正向和负向信号电压波峰全部削平，使其稳定在某一数值，保护 VT_1 和 VT_2 不受损害。VS_3 与 R_4 组成稳压电路，其作用是保证 VT_1 和 VT_2 在稳定的电源电压下工作。因为电源电压升高时，会使 P 点电位升高，造成 VT_2 通导时间增长，点火时间延迟。VS_4 的作用是保护 VT_5，当 VT_5 截止时，VS_4 可将一次绕组的自感电动势限制在某一值内，保护 VT_5 不致被击穿。

电容器 C_1 的作用是消除点火信号放生器传感线圈输出电压波形上的毛刺，使电压平滑稳定，防止误点火，使点火时间准确无误。电容 C_2 与电阻 R_4 组成阻容吸收电路，其作用是吸收瞬时过电压，防止误点火。

电阻为正反馈电阻，其作用是加速 VT_2（也是 VT_5）翻转。

2）霍尔效应式点火信号发生器。

① 霍尔效应式点火信号发生器的组成：霍尔效应式点火信号发生器位于分电器（见图 7-45）内，其结构如图 7-46 所示，主要由分电器轴带动的触发叶轮和霍尔传感器等组成。触发叶轮像传统的分电器凸轮一样，套装在分电器轴的上部，可随分电器轴一起转动，又能相对分电器轴作少量转动，以保证离心调节装置正常工作。霍尔传感器由永久磁铁和霍尔集成块组成。霍尔集成块由霍尔元件和集成电路组成。霍尔元件输出霍尔电压 U_H 约 20mV，信号很微弱，需要集成电路把霍尔电压信号经过放大、脉冲整形，最后以整齐的矩形脉冲波（方波）输出，可达几百毫伏，输出给点火器。

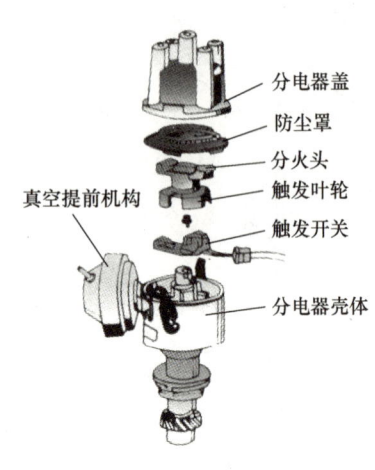
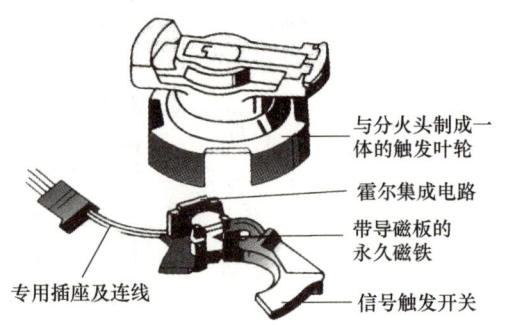

图 7-45　霍尔式分电器的结构　　　　图 7-46　霍尔效应式点火信号发生器的结构

② 霍尔效应原理：如图 7-47 所示，当电流通过放在磁场中的半导体基片（称为霍尔元件），且电流 I 方向和磁场 B 方向垂直时，在垂直于电流和磁场的半导体基片的横向侧面上产生一个与电流和磁场强度成正比的电压信号，这个电压称为霍尔电压 U_H。

③ 霍尔效应式点火信号发生器的工作原理：如图 7-48 所示，当转子叶片进入永久磁铁与霍尔触发器之间时，永久磁铁的磁力线被转子叶片旁路，不能作用到霍尔触发器上，通过霍尔元件的磁感应强度近似为零，霍尔元件不产生电压；随着信号转子的转动，当转子的缺口部分进入永久磁铁与霍尔触发器之间时，磁力线穿过缺口作用在霍尔触发器上，通过霍尔元件的磁感应强度增高，在外加电压和磁场的共同作用下，霍尔元件的输出端便有霍尔电压输出。如图 7-49 所示，当发动机工作时，转子不断旋转，转子的缺口交替地在永久磁铁与霍尔触发器之间穿过，使霍尔触发器中产生变化的电压信号，并经内部的集成电路整形为规则的方波信号，输入点火控制电路，控制点火系统工作。

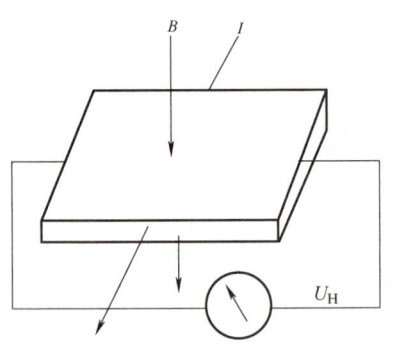
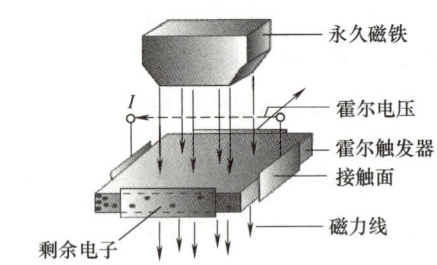

图 7-47　霍尔效应原理　　　　图 7-48　霍尔效应式点火信号发生器的工作原理

霍尔效应式点火信号发生器比磁脉冲式点火信号发生器的性能稳定，耐久性好、使用寿命长，点火精度高，且不受温度、灰尘、油污等影响，特别是输出的电压信号不受发动机转速的影响，使发动机低速点火性能良好，容易起动，因而其应用日益广泛。

3）光电效应式点火信号发生器。光电效应式点火信号发生器是利用光电效应原理，以红外线或可见光光束进行触发的，主要由遮光盘（信号转子）、遮光盘轴、光源、光接收器（光

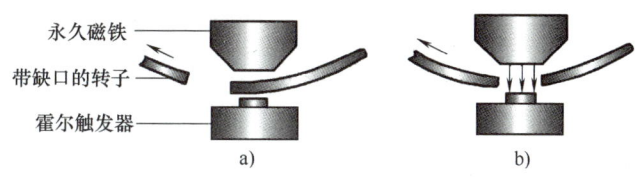

图 7-49 霍尔效应式点火信号发生器的工作原理
a) 转子叶片处于永久磁铁和霍尔触发器之间　b) 转子缺口处于永久磁铁和霍尔触发器之间

敏元件)等组成。光源可用白炽灯,也可用发光二极管。由于发光二极管比白炽灯耐振动、耐高温,能在150℃的环境温度下持续工作,而且工作寿命很长,所以现在绝大多数采用发光二极管作光源。发光二极管发出的红外线光束一般还要用一只近似半球形的透镜聚焦,以便缩小光束宽度,增大光束强度,有利于光接收器接收、提高点火信号发生器的工作可靠性。光接收器可以是光敏二极管,也可以是光敏晶体管。光接收器与光源相对,并相隔一定的距离,以便使光源发出的红外线光束聚焦后照射到光接收器上,如图 7-50 所示。

遮光盘一般用金属或塑料制成,安装在分电器轴上,位于分火头下面。遮光盘的外缘介于光源与光接收器之间,遮光盘的外缘上开有缺口,缺口数等于发动机气缸数。缺口处允许红外线光束通过,其余实体部分则能挡住光束。当遮光盘随分电器轴转动时,光源发出的射向光接收器的光束被遮光盘交替挡住,因而光接收器(光敏二极管或光敏晶体管)交替导通与截止,形成电脉冲信号。该电信号引入点火控制器即可控制一次电流的通断,从而控制点火系统的工作。遮光盘每转一圈,光接收器输出的电信号的个数等于发动机气缸数,正好供每缸各点火一次,如图 7-51 所示。

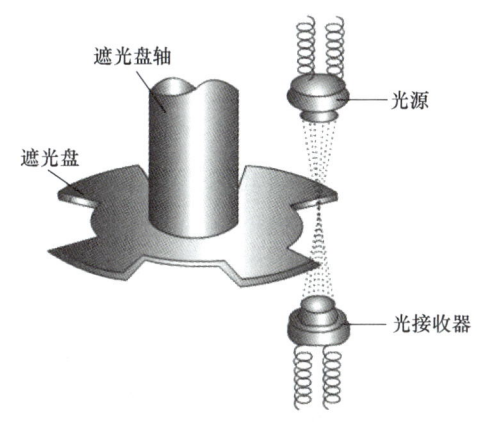

图 7-50　光电效应式点火信号发生器

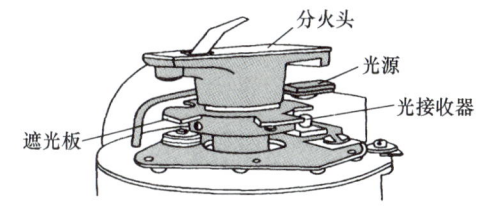

图 7-51　光电效应式点火信号发生器模型

3. 电子点火系统主要零件的结构

(1) 点火控制器　点火控制器(见图 7-52)取代了传统点火系统中断电器的触点,将点火信号发生器输出的点火信号整形、放大,转变为点火控制信号,控制点火线圈一次绕组中电流的通断,以便在二次线圈的绕组中产生高压电,供火花塞点火。点火控制器的基本电路包括整形电路、开关信号放大电路、功率输出电路等。

(2) 分电器　电子点火系统的分电器与传统点火系统的分电器不同,主要区别在于电子点火系统取消了断电器（触点和凸轮）和电容器，增加了点火信号发生器（信号转子和传感部分）。有些点火控制器能够随着发动机转速变化自动调节点火提前角，所以这些分电器去掉了离心提前调节机构，只保留真空提前调节机构，配电器的结构则无变化。电子点火系统中采用霍尔分电器。

图7-52　点火控制器

电子点火系统所采用的点火线圈是用点火控制器控制其一次电路通断的，所以其一次电流可以增大，点火线圈的电感和电阻一般较小。因此，一般情况下，不能和传统点火系统点火线圈互换。电子点火系统多采用闭磁路点火线圈。

（3）火花塞　由于普通电子点火系统的点火能量提高，火花塞电极间隙比传统点火系统的火花塞电极间隙增大，一般为 0.8~1.0mm；为了适应稀薄混合气燃烧，有的甚至达到 1.0~1.2mm，并且各种车型差异也较大，在检查、调整、维修时，应严格根据原车说明书进行。为了减轻无线电干扰，电子点火系统高压线为高压阻尼线，电阻值一般在几千欧至几十千欧；火花塞插头和分火头也都有一定的电阻，一般为几千欧。

任务7.6　掌握微机控制点火系统的组成及分类

电子点火系统对点火时刻的调节，与传统点火系统一样，基本上仍采用离心提前和真空提前两套机械式点火提前调整装置，而它们只能根据发动机转速和负荷的变化来调节点火提前角，且调节特性为线性（或不同线性的组合）规律，如图7-53所示。

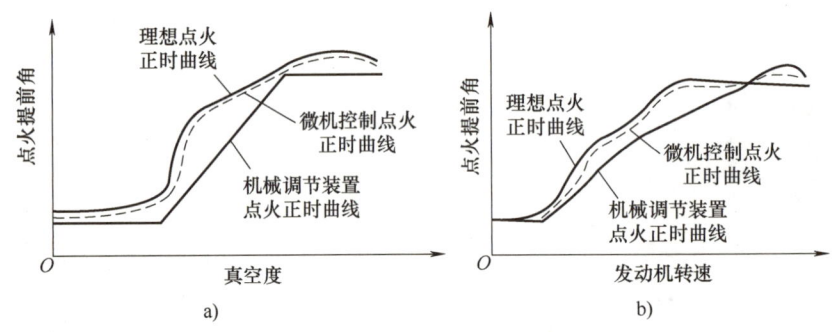

图7-53　点火提前角随转速和真空度的变化规律和调节特性
a）点火提前角随进气歧管真空度的变化规律　b）点火提前角随发动机转速的变化规律

发动机的最佳点火提前角除了随转速和负荷变化外，还受诸多因素的影响，如环境状况、车辆的技术状况、使用状况等，而且最佳点火提前角随发动机转速和负荷变化的规律也不是线性的。因此，各种普通电子点火系统都存在着考虑的控制因素不全面、点火提前角控制不精确的缺陷，影响了发动机性能的充分发挥。此外，离心点火提前调整装置和真空点火提前调整装置中，机械运动部件的磨损、老化和脏污等，都会引起点火提前角调节特性的改变，使发动机性能下降。

在20世纪70年代后期，用微机控制点火正时开始在汽车上获得应用，形成微机控制点火系统。由于微机具有响应速度快、运算和控制精度高、抗干扰能力强等优点，通过微机控制点火提前角要比机械式的离心点火提前调整装置和真空点火提前调整装置的精度高得多。微机控制点火系统可以通过各种传感器感知多种因素对点火提前角的影响，使发动机在各种工况和使用条件下的点火提前角都与相应的最佳点火提前角比较接近，并且不存在机械磨损等问题，克服了离心点火提前调整装置和真空点火提前调整装置的缺陷，使点火系统的发展更趋完善，发动机的性能得到进一步改善和更加充分的发挥。因此，微机控制点火系统是继无触点的普通电子点火系统之后，点火系统发展的又一次飞跃。

一、微机控制点火系统的组成

微机控制点火系统一般由传感器、微机控制器、点火执行器（点火器、点火线圈、火花塞等）组成，如图 7-54 所示。

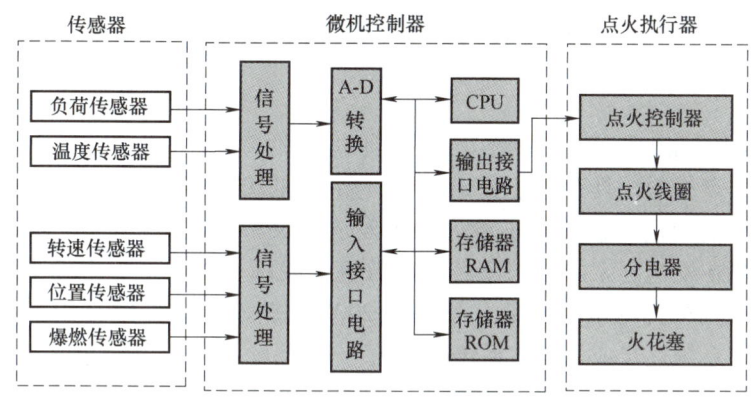

图 7-54　微机控制点火系统的组成

二、微机控制点火系统的分类

按是否配有分电器，微机控制点火系统可分为有分电器微机控制点火系统和无分电器微机控制点火系统两种。

1. 有分电器微机控制点火系统

有分电器微机控制点火系统又称为非直接点火系统。该系统中，点火线圈的高压电是经配电器进行分配的，即由分火头和分电器盖组成的配电器，依照点火顺序适时地将高压电分配到各气缸，使各气缸火花塞依次点火。图 7-55 所示为奥迪 200 微机控制点火系统的结构组成。

2. 无分电器微机控制点火系统

（1）无分电器微机控制点火系统的优点

1）在不增加电能消耗的情况下，进一步增大了点火能量。

2）对无线电的干扰大幅度降低。

3）避免了与分电器有关的一些机械故障，工作可靠性提高。

4）高速时点火能量有保证。

5）节省了安装空间，有利于发动机的合理布置，为汽车车身的流线型设计提供了有利

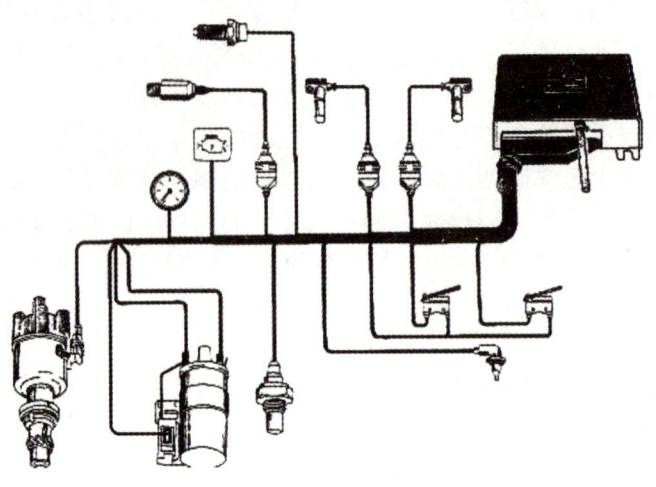

图 7-55 奥迪 200 微机控制点火系统的结构组成

条件。

6）无需进行点火正时方面的调整，使用、维护方便。

由于无分电器点火系统具有上述突出特点，所以自 20 世纪 80 年代其问世以来，得到了迅速的发展和广泛的应用，也带来了点火系统发展的又一次飞跃。进入 20 世纪 90 年代后，无分电器点火系统在发达国家的应用已经比较普遍，我国一汽大众生产的部分奥迪轿车和捷达轿车、上海大众汽车公司生产的部分桑塔纳 2000 型轿车等也相继采用了无分电器点火系统。无分电器点火系统逐步成为点火系统的主流。

（2）无分电器微机控制点火系统的组成　无分电器微机控制点火系统由低压电源、点火开关、微机控制单元、点火控制器、点火线圈、火花塞、高压线和各种传感器等组成。有的无分电器点火系统还将点火线圈直接安装在火花塞上方，取消了高压线，如图 7-56 所示。

（3）无分电器微机控制点火系统的分类与工作原理　无分电器微机控制点火系统的配电方式主要有单独点火方式、点火线圈配电方式和二极管配电点火方式三种。

1）单独点火方式。由一个线圈向一个气缸提供点火能量，因此在发动机转速相同时，单位时间内线圈中通过的电流要小得多，线圈不易发热，所以这种线圈的一次电流可以设计得较大，即使在发动机以 9000r/min 高速运行时，也能够提供足够的点火能量。单独点火方式因车型的不同，其控制电路也存在一定的差异，有些采用一个点火控制器，

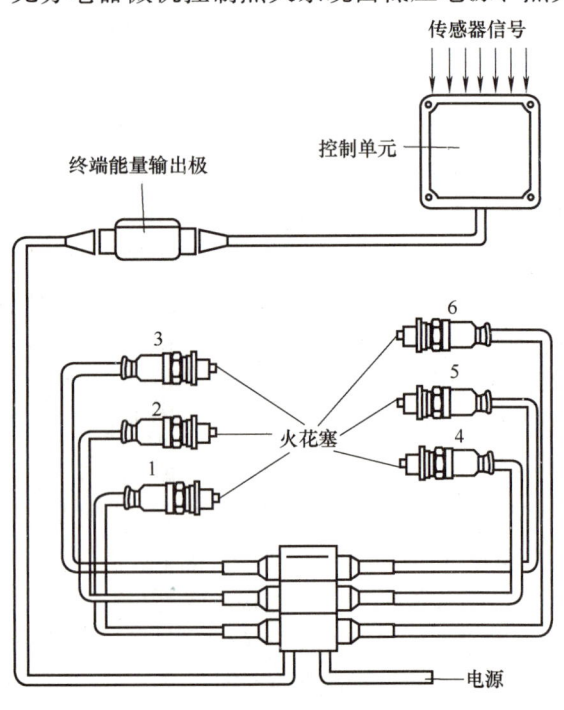

图 7-56　无分电器微机控制点火系统的组成

如日产地平线 2000 轿车 RB20DC 型发动机。

单独点火方式是一个气缸的火花塞配一个点火线圈，各个独立的点火线圈直接安装在火花塞上，独立向火花塞提供高压电，各气缸直接点火。这种结构的特点是去掉了高压线，因此可以使高压电能的传递损失和对无线电的干扰降低到最低水平，如图 7-57 所示。

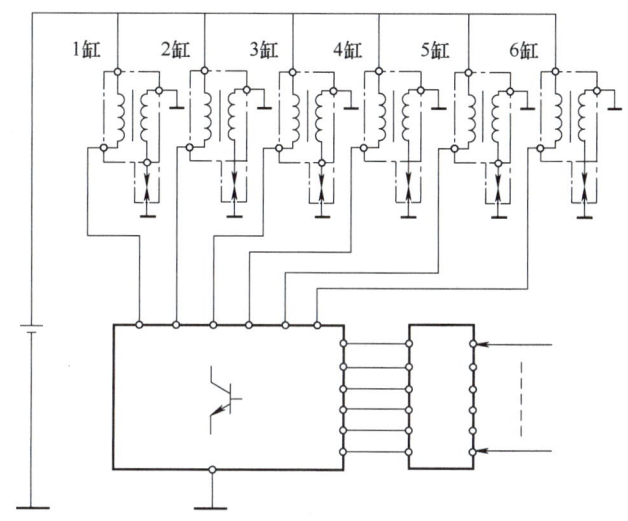

图 7-57　点火线圈独立共用点火控制器的点火系统工作原理

有些则采用多个点火控制器，如奥迪五缸发动机，但其工作原理相同，如图 7-58 所示。

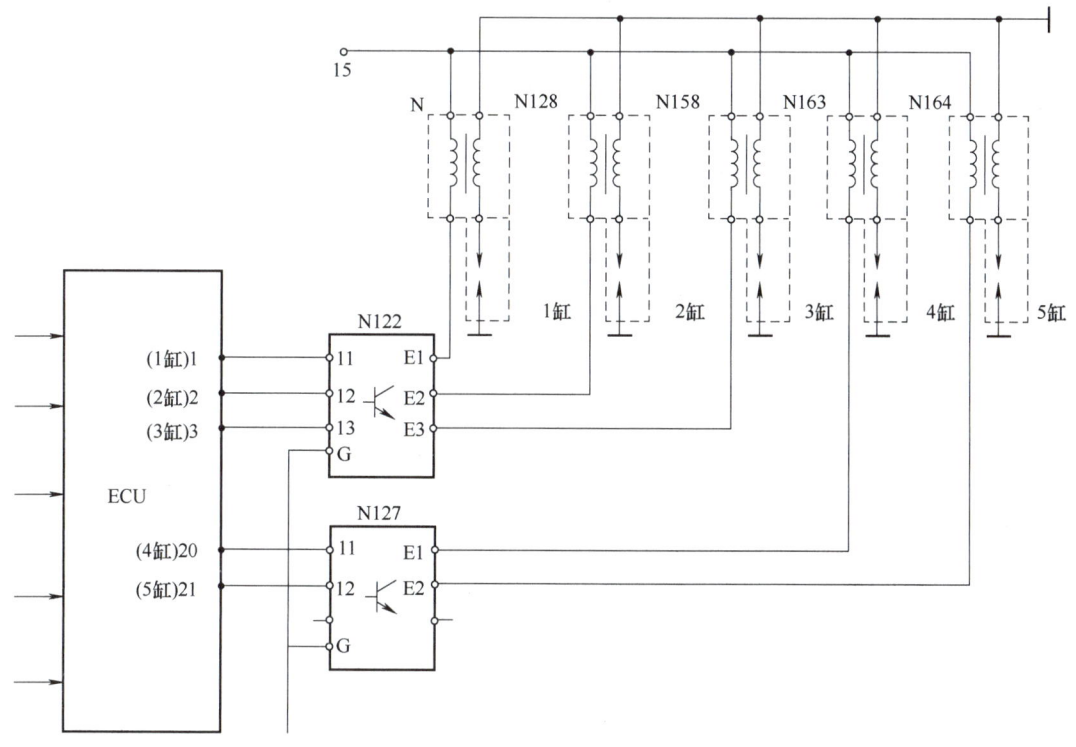

图 7-58　多个点火控制器的点火系统工作原理

发动机工作时，微机控制单元不断检测传感器的输入信号，根据存储器存储的数据计算并求出最佳点火提前角和通电时间，以点火基准传感器为标准，按照发动机各气缸的做功顺序，确定每一气缸点火线圈的接通时间和通电时间，并将其转换为该缸点火线圈的控制信号。当某气缸的控制信号为低电平时，点火控制器中对应此气缸的功率晶体管导通，点火线圈通电；当该缸的控制信号变为高电平时，对应的晶体管截止，线圈中电流被切断，二次线圈产生高压电，将火花塞电极击穿点火。独立点火的点火控制器需要判别的点火气缸的数目多，因此气缸判别电路较复杂。

2）点火线圈配电方式。如图 7-59 所示，点火线圈配电方式是一种直接用点火线圈分配高压电的同时点火方式。几个相互屏蔽的、结构独立的点火线圈组合成一体，称为点火线圈组件。4 缸机的点火线圈组件有两个独立的点火线圈，6 缸机的点火线圈组件有三个独立的点火线圈。每个点火线圈供给配对的两个缸的火花塞以高压电。点火控制器中有与点火线圈数量相等的功率晶体管，各控制一个点火线圈的工作。点火控制器根据微机控制单元提供的点火信号，由气缸判别电路按点火顺序轮流激发功率晶体管，使其导通或截止，以此控制点火线圈一次绕组的通断，产生二次电压而点火。点火线圈配电方式点火系统是应用最广泛的一种无分电器微机控制点火系统。

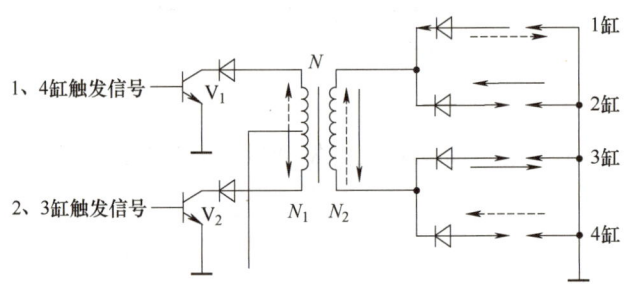

图 7-59　点火线圈配电方式

3）二极管配电方式。如图 7-60 所示，二极管配电方式是利用二极管的单向导通特性，对点火线圈产生的高压电进行分配的同时点火方式。与二极管配电方式相配的点火线圈有两个一次绕组、一个二次绕组，相当于是共用一个二次绕组的两个点火线圈的组件。二次绕组的两端通过四个高压二极管与火花塞组成回路，其中配对点火的两个活塞必须同时到达上止点，即一个处于压缩行程上止点时，另一个处于排气行程上止点。微机控制单元根据曲轴位置等传感器输入的信息，经计算、处理，输出点火控制信号，通过点火控制器中的两个大功

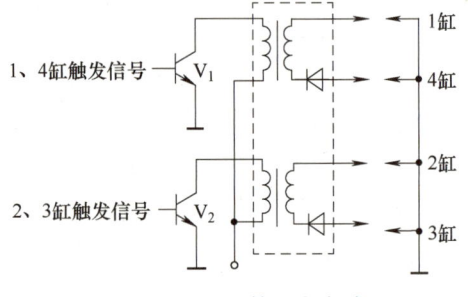

图 7-60　二极管配电方式

率晶体管，按点火顺序控制两个一次绕组的电路交替接通和断开。当 1、4 缸点火触发信号输入点火控制器时，大功率晶体管 V_1、一次绕组 N_1 断电，二次绕组产生虚线箭头所示方向的高压电动势，此时 1、4 缸高压二极管正向导通而使火花塞跳火。当 2、3 缸点火触发信号输入点火控制器时，大功率晶体管 V_2 截止，一次绕组 N_1 断电，二次绕组产生实线箭头所示方向的高压电动势，此时 2、3 缸高压二极管导通，故 2、3 缸火花塞跳火。二极管配电方式的主

要特点是一个点火线圈组件为四个火花塞提供高压电，因此特别适宜于四缸或八缸发动机。

三、微机控制点火系统的主要元器件

无分电器微机控制点火系统与有分电器微机控制点火系统相比，火花塞、高压线和主要传感器的结构和原理基本相同，但是微机控制单元、点火控制器和点火线圈在结构和原理方面存在一些差异。

1. 微机控制单元

由于无分电器点火系统取消了机械式高压配电而改为电子式高压配电，因此，微机控制单元（见图7-61）不再只控制一个点火线圈一次绕组的通断，而是要根据曲轴的不同位置，按一定顺序控制两个或多个点火线圈一次绕组，以实现电子式高压配电。微机控制单元除了包括输入接口电路、A-D转换器、只读存储器（ROM）、随机存储器（RAM）等组成部分外，还增加了气缸判别（简称判缸）电路（又称为分电电路），以根据曲轴位置传感器或气缸判别信号传感器确定需要控制的点火线圈一次绕组。同理，输出接口电路也不只输出一路点火控制信号，而是依次输出多路点火控制信号，分别控

图7-61 微机控制单元

制点火控制器中与各点火线圈一次绕组对应的大功率晶体管的通断；或者输出接口电路在输出一路点火控制信号的同时输出一路判别气缸信号，由点火控制器根据点火控制信号和判别气缸信号控制与各点火线圈一次绕组对应的大功率晶体管的通断，使需要点火气缸的火花塞适时跳火。

2. 点火控制器

由于无分电器点火系统有两个或多个点火线圈或点火线圈一次绕组，所以点火控制器一般除了具有自动断电功能、导通角控制、恒流控制等电路外，还有气缸判别电路和多个大功率晶体管及相应的控制电路。

3. 点火线圈

由于无分电器点火系统有两个或多个点火线圈一次绕组，发动机的一个工作循环，每个点火线圈一次绕组只通断一次（独立点火）或两次（同时点火），所以点火线圈一次绕组能够有较长的通电时间，点火线圈可以采用完全的闭磁路结构，提高能量利用率。点火线圈具体结构因高压配电方式的不同而不同。

1）独立点火方式配电用的点火线圈。采用独立点火方式时，发动机每个气缸都有自己的点火线圈，每个点火线圈的结构完全相同。

独立点火方式特别适合在双凸轮轴发动机上配用，点火线圈安装在两根凸轮轴中间，每一点火线圈压装在各缸火花塞上，在布置上很容易实现。图7-62所示为奥迪轿车四气门五缸发动机点火线圈的安装情况，每个点火线圈通过导向座用

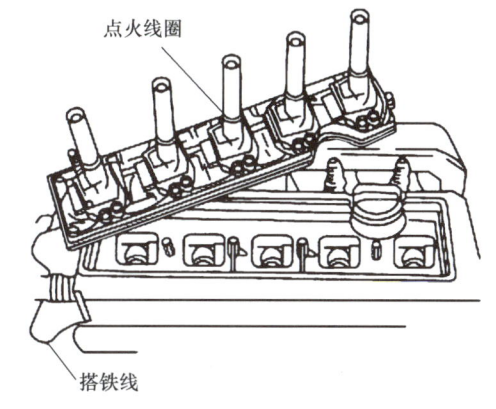

图7-62 奥迪五缸发动机点火线圈的安装情况

四个螺钉固定在气缸盖的盖板上,然后再扣压到各缸火花塞上。

2)点火线圈配电方式配用的点火线圈。发动机采用点火线圈配电方式时,点火线圈实际是由若干个相互屏蔽的、独立的点火线圈组装起来形成的一个点火线圈组件,如图7-63所示。每个独立的点火线圈一次绕组的一端通过点火开关与电源正极相连,另一端由点火控制器的大功率晶体管控制搭铁;二次绕组两端分别接到两个气缸的火花塞上,使两个气缸的火花塞同时跳火。六缸发动机无分电器独立点火系统常采用这种点火线圈组件。

3)二极管配电方式配用的点火线圈。二极管配电方式配用的点火线圈(见图7-64)有两个一次绕组(或一个一次绕组被中心抽头分成两个部分,组成两个一次绕组)和一个二次绕组。二次绕组有两个输出端,每个输出端又分别连接两个方向相反的高压二极管,这样二次绕组通过四个高压二极管与火花塞组成回路;两个一次绕组的电路由点火控制器中的两个大功率晶体管控制轮流接通和断开。点火线圈有两种形式:一种是点火线圈只包含一次绕组和二次绕组,不包含高压二极管,高压二极管安装在火花塞上方,便于高压二极管检修,点火线圈有两个高压插座;另一种是点火线圈既包含一次绕组和二次绕组,又包含四个高压二极管,点火线圈有四个高压插座,这种结构有利于简化线路结构,高压线连接简便,但是一旦有一个高压二极管损坏,点火线圈就需要更换。

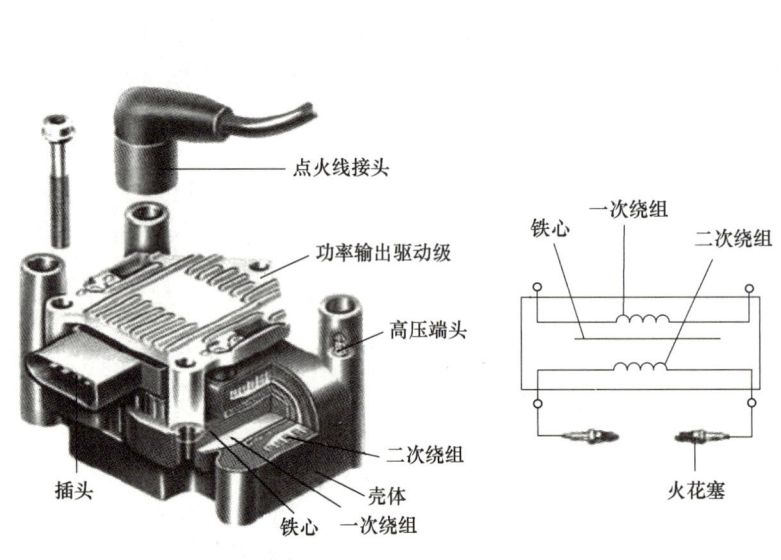

图7-63 双点火线圈组件

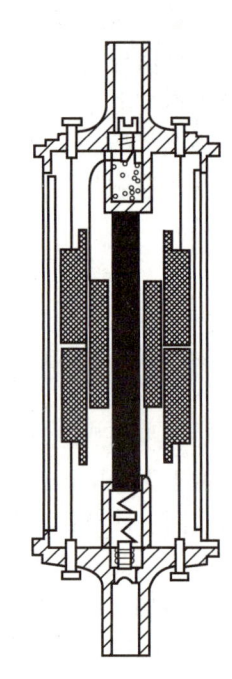

图7-64 二极管配电方式
配用的点火线圈

任务7.7 了解汽车电源

汽车点火系统及全车电器设备的电源由蓄电池、发电机及其调节器组成。两电源并联后与用电设备相连,如图7-65所示。发动机正常运行时,发电机向点火系统及其他用电设备供电，并同时向蓄电池充电。汽车的用电设备用电量过大，超过发电机的供电能力时，蓄电池和发电机共同向点火系统及其他用电设备供电。发动机起动或低速运行时，发电机不发电或电压很低，起动机、点火系统及其他用电设备所需要的电能全部由蓄电池供给。

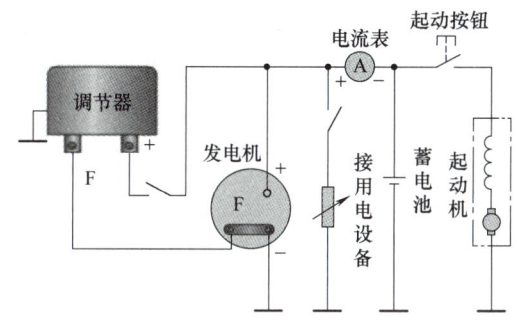

图 7-65 汽车电源电路

考证要点

一、填空题

1. 点火系统根据点火能量的储存方式不同可分为_____和_____两大类。
2. 晶体管控制无触点电子点火系统可_____一次电流，从而提高二次电压。
3. 无触点电子点火系统用_____代替断电器的触点，产生点火信号。
4. 点火信号发生器用于产生与气缸数及曲轴位置相对应的_____信号。
5. 电磁感应信号发生器主要由_____、_____和_____组成。
6. 点火控制器通过改变点火线圈一次绕组_____时刻来改变闭合角。
7. 电容储能式电子点火系统的点火能量以_____形式储存在电容器中。
8. 在微机控制的点火系统中，发动机工作时的点火提前角由_____、_____和_____三部分组成。
9. 微机控制电子点火系统主要由_____、_____和_____三部分组成。
10. 点火提前角的主要影响因素有_____、_____、_____和_____等。

二、简答题

1. 点火系统的基本功用和基本要求有哪些？
2. 试说明传统点火系统由哪些部分组成？各组成部分的作用是什么？
3. 画出传统点火系统线路图，并指出高、低压电路中电流的方向。
4. 汽车发动机的点火系统为什么必须设置真空式点火提前和离心式点火提前调节装置？它们是怎样工作的？
5. 什么是点火提前角？影响点火提前角的因素有哪些？
6. 点火过迟或过早会对发动机造成哪些危害？

7. 无触点式电子点火系统由哪些部分组成？各组成部分的作用如何？

 扩展知识

火花塞材料与更换周期的关系

镍合金火花塞的更换周期为 2～3 万公里；镍钇合金火花塞的更换周期为 3 万公里；单铂金火花塞的更换周期为 4 万公里；双铂金火花塞的更换周期为 6 万公里；铱金火花塞的更换周期为 8 万公里；铂铱合金火花塞的更换周期可达 10 万公里。

单元 8 发动机起动系统

【任务目标】
1) 了解起动机的起动性能、工作原理和基本特性。
2) 熟悉几种单向离合器的构造和工作过程。
3) 掌握起动机的组成和结构及电磁控制装置的构造及工作原理。
4) 学会起动机的结构及工作原理。

【任务描述】
起动是使发动机由静止加速到一定转速,达到持续自动运行状态的过程。本单元主要讨论起动机的结构及工作原理。

任务 8.1 掌握发动机起动系统的功用及组成

一、发动机起动系统的功用及组成

为了使静止的发动机开始进入工作状态,必须先用外力转动发动机的曲轴,使气缸吸入可燃混合气,并将其压缩和点燃,混合气燃烧、膨胀产生强大的动力,推动活塞向下运动并带动曲轴旋转,使发动机自动进入工作循环。发动机的曲轴在外力作用下开始转动,到发动机自动的怠速运转的全过程,为发动机的起动过程。

起动系统就是在正常起动条件下,通过起动机将蓄电池储存的电能转变为机械能带动发动机以足够高的转速运转,以顺利起动发动机。必须克服压缩阻力、发动机本身的机件及其附件内相对运动零件之间的摩擦阻力,克服这些阻力所需力矩称为起动转矩。

能使发动机起动的曲轴最低转速称为起动转速,在 0~20℃时,汽油机的起动转速为 30~40r/min,柴油机的起动转速为 150~300r/min。为了使发动机能在更低的温度下迅速起动,要求起动转速不低于 50~70r/min。若发动机起动转速过低,压缩行程内的热量损失过多,气流的流速过低,将使汽油雾化不良,导致气缸内的混合气不易着火。

1. 起动方式

发动机常用的起动方式有人力起动、电动机起动等多种形式。

(1) 人力起动 这种起动方式最为简单,只需将起动手摇柄端头的横销嵌入发动机曲轴前端的起动爪内，以人力转动曲轴。现在这种起动方式已淘汰。

（2）电动机起动　电动机起动是用电动机作为机械动力，当将电动机轴上的齿轮与发动机飞轮周缘的齿圈啮合时，动力就传到飞轮和曲轴，使之旋转。电动机本身又用蓄电池作为电源。

这种起动方式以蓄电池为电源，具有结构简单、操作方便、起动迅速可靠等特点，是目前唯一的起动方式。

2. 起动系统的组成

起动系统由蓄电池、起动机和起动控制电路等组成，如图8-1所示。起动控制电路包括起动按钮或开关、起动继电器等。

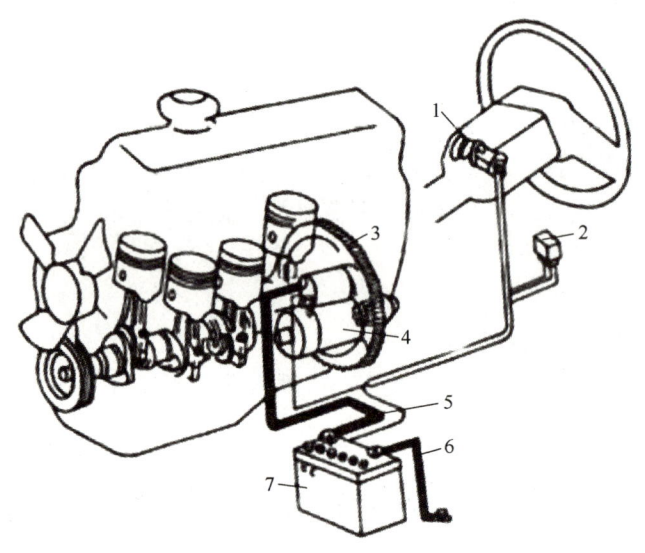

图8-1　起动系统的组成

1—点火开关　2—起动继电器　3—飞轮　4—起动机　5—起动机电缆　6—搭铁电缆　7—蓄电池

起动机在点火开关或起动按钮控制下，将蓄电池的电能转化为机械能，通过飞轮齿圈带动发动机曲轴转动。为增大转矩，便于起动，起动机与曲轴的传动比：汽油机一般为13～17，柴油机一般为8～10。

二、汽油机与柴油机起动工况特点

对于车用柴油机的起动，为了防止气缸漏气和热量散失过多，保证压缩终了时气缸内有足够的压力和温度，还要保证喷油泵能建立起足够的喷油压力，使气缸内形成足够强的空气涡流，要求起动转速应比较高，否则柴油雾化不良，混合气质量不好，发动机起动困难。此外，柴油发动机的压缩比比汽油机大，起动转矩也大，所以起动柴油发动机所需的起动机功率也比汽油机大。

1. 起动预热

发动机在严寒冬季起动困难，这是由于机油黏度增高，起动阻力矩增大，蓄电池工作能力降低，以及燃油气化性能变坏的缘故。为使之便于起动，在冬季应设法将进气、润滑油和冷却液进行预热。车用柴油机为了能在低温下迅速可靠地起动，常采用一些用以改善燃料着火条件和降低起动转矩的起动辅助装置,如电热塞、进气预热装置、起动液喷射装置以及减压装置等。

（1）进气预热装置　为了改善发动机的起动性能,一些发动机的进气道上装有进气预热装置。它在进气温度或冷却液温度低于一定值时通电,使进气管中的空气迅速加热,以利于发动机起动和混合气燃烧。进气预热装置一般由电混合预热器、进气预热温控开关、进气预热继电器等组成。

图 8-2 所示为电热陶瓷进气预热装置。电混合气预热器由电热丝（康铜丝或镍－银导体）和陶瓷载体组成,安装在进气支管上。预热器的工作由温控开关和继电器控制,如图 8-3 所示。当发动机冷却液温度或进气温度低于一定值时,温控开关的触点闭合,继电器线圈通电,触点吸合,电路接通,实现进气预热。当进气温度高于一定值时,温控开关的触点分开,电路断开,停止预热。

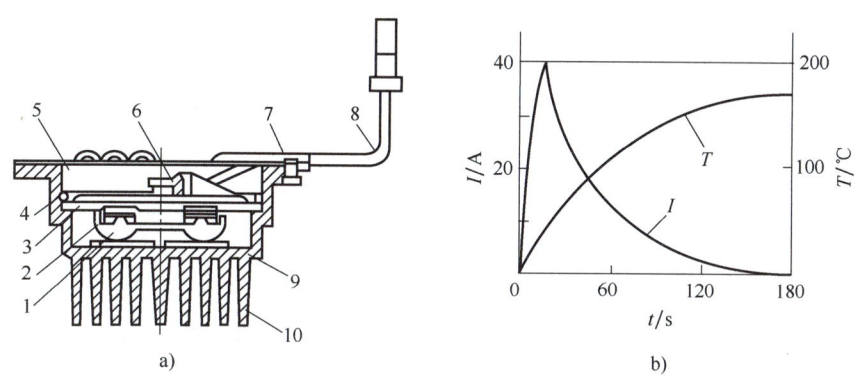

图 8-2　进气预热装置（1）
a）电热陶瓷进气加热器　b）PTC 电热陶瓷材料的温度、电流特性
1—镍-银电极（4 个）　2—弹簧　3—弹簧固定板　4—卡环　5—屏蔽板　6—电极（4 个）
7—铆钉　8—导线（耐 200℃ 高温）　9—PTC 陶瓷片（4 个）　10—散热片

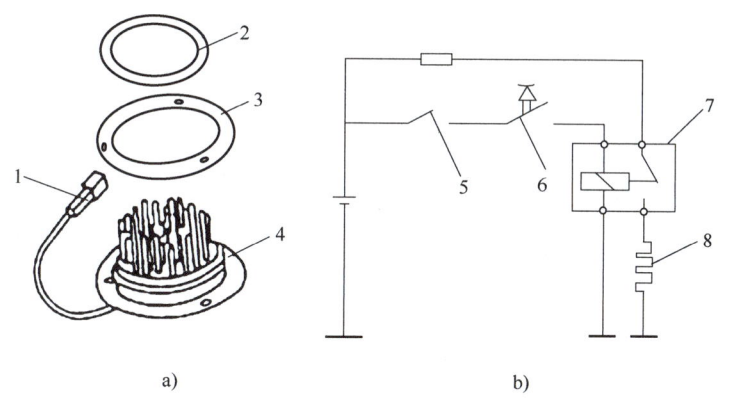

图 8-3　进气预热装置（2）
a）电混合预热器　b）进气预热装置示意图
1—接线插头　2—密封圈　3—隔热垫　4—预热器　5—点火开关　6—温控开关　7—继电器　8—电混合预热器

中、小功率柴油发动机常用冷起动预热装置的进气预热器,如图8-4所示。起动发动机时,接通预热器开关后,电热丝通电温度升高并将阀体加热。阀体2受热伸长并带动阀芯3下移,其锥形端离开进油孔。燃油流入阀体内腔因受热而汽化,从阀体内腔喷出,并被炽热的电热丝点燃生成火焰喷入进气管道,使进气得到预热。切断预热开关时,电热丝断电,阀体2因温度降低而收缩,阀芯3上移使锥形端堵住进油孔,火焰熄灭而停止预热。

(2) 电热塞 采用涡流室式或预燃室式燃烧室的柴油发动机,由于燃烧室表面积较大,在压缩行程中的热量损失较直接喷射式大,更难以起动。为此,在涡流室式或预燃室式柴油机的燃烧室中可以安装预热塞,在起动时对燃烧室内的空气进行预热。常用的电热塞有开式电热塞、密封式电热塞等多种形式。每缸一个电热塞,每个电热塞的中心螺杆并联与电源相接。发动机起动前首先接通电热塞的电路,电阻丝12通电后迅速将发热体钢套13加热到红热状态,使气缸内的空气温度升高,从而可提高压缩终了时的温度,使喷入气缸的柴油容易着火,如图8-5所示。

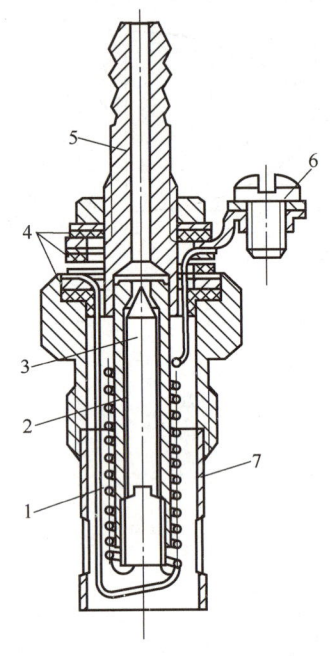 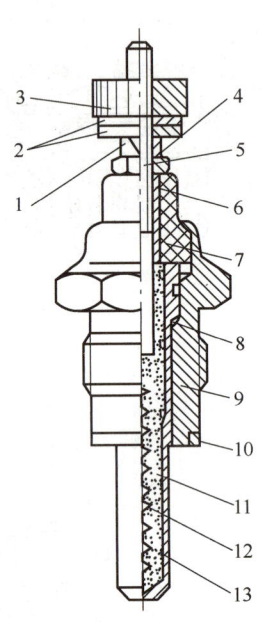

图8-4 进气预热装置(3)
1—外表绝缘的电热器 2—阀体 3—阀芯
4—绝缘垫圈 5—油管接头 6—接线螺钉
7—稳焰罩

图8-5 密封式电热塞的结构
1—弹簧垫圈 2—压紧垫圈 3—压紧螺母 4—固定螺母
5—中心螺杆 6—胶合剂 7—绝缘体 8、10—密封垫圈
9—外壳 11—填充剂 12—电阻丝
13—发热体钢套

(3) 电火焰预热器 这种预热装置除了电热塞产生热量外,还通过供油装置向其周围喷油,从而形成电火焰,以产生更多的热量,通常用于集中预热的柴油发动机,如图8-6所示。

电火焰预热器主要由电热塞4和带电磁阀的电磁喷油器组成,其安装在发动机进气管上。电热塞用来点燃柴油,加热空气。喷油器电磁阀控制其油路,在电磁阀通电时,阀门开启,喷油器将燃油喷向电热塞而形成电火焰，电热塞及电磁阀受限时控制器的控制。

（4）起动液喷射装置　图8-7所示为起动液喷射装置，它主要用于某些柴油发动机的起动预热。它的工作原理是：喷嘴4安装在发动机进气管1上，起动液喷射罐2内充有压缩气体氮气和乙醚、丙酮、石油醚等易燃燃料。当低温起动柴油机时，将喷射罐倒置，罐口对准喷嘴上端的管口，轻压起动液喷射罐，打开其端口上的单向阀3，起动液即通过单向阀、喷嘴喷入发动机进气管，并随着吸入进气道的空气一起进入燃烧室。由于起动液是易燃燃料，可以在较低的温度下迅速着火，点燃喷入燃烧室内的柴油。

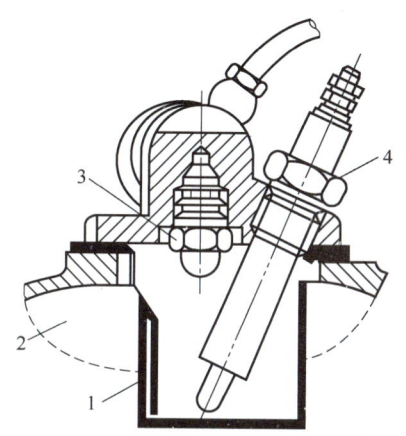

图8-6　电火焰预热器
1—导流罩　2—进气管　3—带电磁阀的喷油器　4—电热塞

（5）起动减压装置　图8-8所示为起动减压装置的组成和工作示意图。它采用降低起动转矩、提高起动转速的方法来改善柴油机的起动性能。

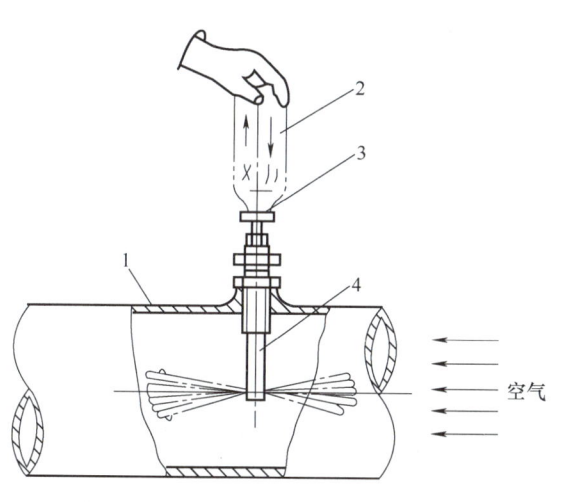

图8-7　起动液喷射装置
1—发动机进气管　2—起动液喷射罐
3—单向阀　4—喷嘴

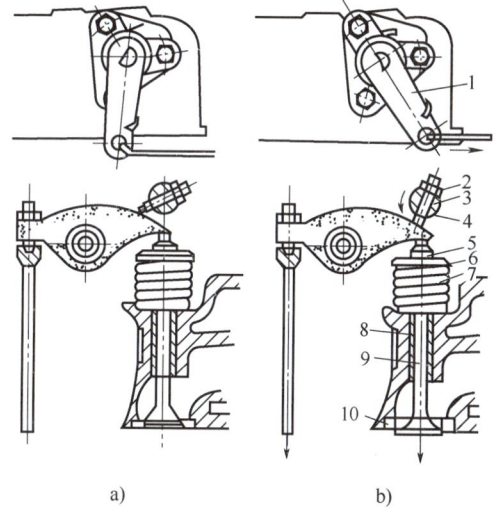

图8-8　起动减压装置的组成和工作示意图
a）非减压位　b）减压位置
1—转换手柄　2—锁紧螺母　3—调整螺钉　4—轴
5—气门顶帽　6—气门弹簧座　7—气门弹簧
8—气门导管　9—气门杆　10—气门

发动机各缸的减压装置是一套联动机构。中、小型柴油机的联动机构一般采用同步式，即各减压气门同时打开，同时关闭。大功率柴油机减压装置的联动机构一般为分级式，即起动前各减压气门同时打开，起动时各减压气门分级关闭，使部分气缸先进入正常工作，发动机预热后其余各缸再转入正常工作。减压的气门可以是进气门，也可以是排气门。用排气门减压时由于会将炭粒吸入气缸而加速机件的磨损，一般多采用进气门减压。

任务 8.2　学会起动机的结构及工作原理

用起动机起动发动机已成为现代汽车唯一的起动方式。起动机主要由直流电动机、传动机构、控制机构等组成，如图 8-9 所示。

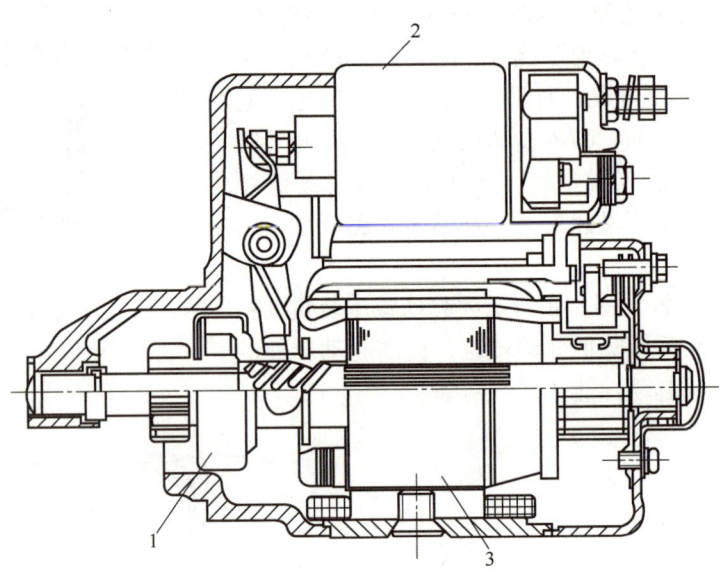

图 8-9　起动机的组成
1—传动机构　2—控制机构　3—直流电动机

一、直流电动机

电枢是直流电动机的转子部分，用来在起动机通电时，与磁场相互作用而产生电磁转矩。如图 8-10 所示，电枢总成由换向器、铁心、绕组和电枢轴组成。电枢铁心由外圆带槽的硅钢片叠成，压装在电枢轴上；电枢轴绕组一般采用较粗的矩形截面的裸铜线绕制而成，并且多采用波绕法，以便使结构更加紧凑，并可通过较大的电流，获得较大的电磁转矩。由于绕组嵌装在硅钢片的槽中，为了防止电枢绕组搭铁和匝间短路，在电枢绕组与铁心之间以及电枢绕组之间，用绝缘性能良好的绝缘纸隔开。高速时，为了避免电枢绕组由于离心力作用而甩出，在铁心槽口的两侧用轧纹将绕组压紧。

换向器的结构如图 8-11 所示，它由一定数量的燕尾形铜片 2 组成，并用轴套 3 和压环 4 组装成一个整体，压装在电枢轴上。各铜片之间以及铜片与轴套、压环之间用云母或塑料片绝缘。电枢轴绕组各线圈的两端焊接在相应铜片的接线凸缘 1 上，经过绝缘电刷和搭铁电刷分别与起动机磁场绕组一端和起动机壳体相连接。电枢轴除了铁心和换向器外，还制有螺旋槽或花键槽，以便安装传动装置。电枢轴两端通过轴承支撑在起动机前、后端盖上。

磁极用来产生电动机运转所必需的磁场，它由磁极铁心和励磁绕组组成，如图 8-12 所示。多数起动机有 4 个磁极，少数有 6 个磁极。铁心用低碳钢制成，并用螺钉固定在电动机外壳上，通过外壳构成磁回路。励磁绕组套在每个磁极铁心上，它通常也是用较粗的矩形截面的裸铜线绕制，匝间用绝缘纸绝缘，外部用玻璃纤维带包扎。

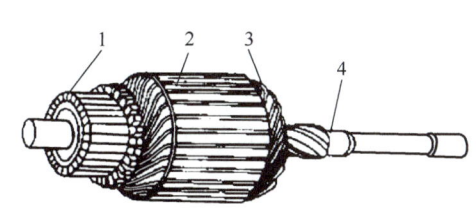

图 8-10　电枢总成

1—换向器　2—铁心　3—绕组　4—电枢轴

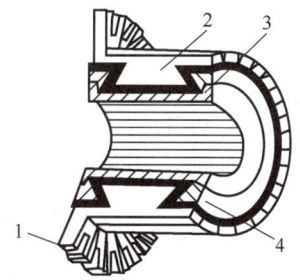

图 8-11　换向器

1—接线凸缘　2—铜片　3—轴套　4—压环

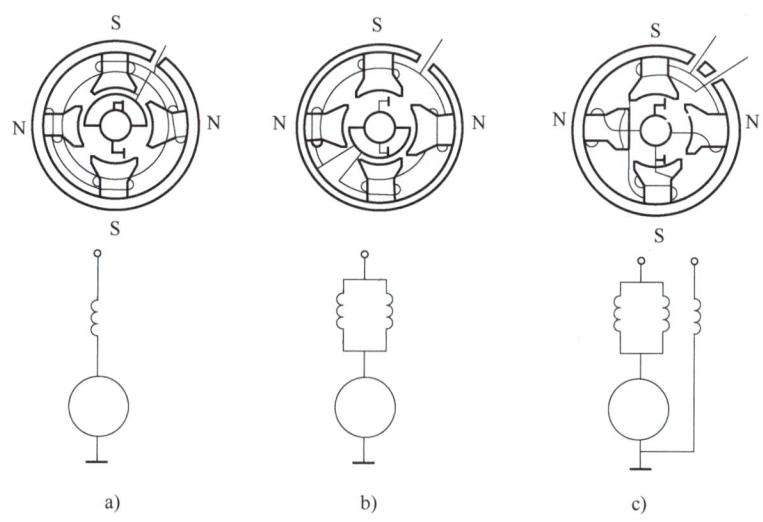

图 8-12　励磁绕组与电枢绕组的连接

a）串励　b）并励式　c）复励式

有的起动机将励磁绕组的所有线圈串联在一起，然后再与电枢绕组串联，其连接方法及相应的电路原理如图 8-12a 所示；多数起动机是将励磁绕组的线圈分成两组，每组线圈相互串联，然后两组再并联起来与电枢绕组串联，如图 8-12b 所示；有的起动机采用辅助励磁绕组，在主励磁绕组与电枢绕组串联的基础上，再与辅助励磁绕组并联，如图 8-12c 所示。第三种连接方式既可以充分发挥铁心的导磁性能，又可以减少电能损耗，有利于增大电枢起动电流，提高起动转矩，因此应用广泛。无论励磁绕组的各个线圈怎么连接，励磁绕组一般总是一端与起动机主接线柱连接，另一端与绝缘电刷连接，并且保证通电后各磁极所产生的磁场是相互交错的，即同名磁极相对。

电刷由铜与石墨压制而成，其中铜的质量占 80%～90%，石墨的质量占 10%～20%，以减小电阻，增加耐磨性及提高机械强度。为了尽量减小电刷与换向器之间的接触电阻，并延长电刷的使用寿命，电刷与换向器之间应有较大的接触面积，并且电刷靠电刷弹簧压紧在换向器的外圆表面。一般起动机电刷的个数应等于磁极个数，也有大功率起动机电刷个数等于磁极个数两倍的。

二、传动机构

1. 传动机构的作用

在起动时，传动机构用于保证起动机的动力能够通过飞轮传递给曲轴；起动完毕，发动机开始工作时，立即切断动力传递路线，使发动机不可能反过来驱动起动机以高速旋转，防止起动机大大超速而损坏。为此，起动机的传动机构中必须具有超速保护装置。

2. 传动机构的类型

车用起动机也称为啮合机构，有如下类型。

（1）惯性啮合式起动机　惯性啮合式起动机的离合器靠惯性力的作用产生轴向移动，使驱动齿轮啮入或退出飞轮齿圈。由于可靠性差，现代汽车已不再使用。

（2）强制啮合式起动机　强制啮合式起动机靠人力或电磁力经拨叉推移离合器，强制性地使驱动齿轮啮入或退出飞轮齿圈。因其具有结构简单，动作可靠，操纵方便等优点，故被现代汽车普遍采用。

（3）电磁啮合式（电枢移动式）起动机　电磁啮合式起动机靠电动机内部辅助磁极的电磁力，吸引电枢做轴向移动，将驱动齿轮啮入飞轮齿圈，起动结束后再由回位弹簧使电枢回位，让驱动齿轮退出飞轮齿圈。所以，又称为电枢移动式起动机，多用于大功率柴油机。

3. 传动机构的超速保护装置

超速保护装置式起动机驱动齿轮与电枢轴之间的离合结构又称为单向离合器。

常用的单向离合器有滚柱式、弹簧式、摩擦片式等多种形式。

（1）滚柱式单向离合器　图 8-13 所示为滚柱式单向离合器的组成及工作原理。它是通过改变滚柱在楔形槽中的位置实现接合和分离的。它主要由驱动齿轮、外座圈、内座圈、滚柱、柱塞、花键套筒和弹簧组成。驱动齿轮与外座圈连成一体，花键套筒与内座圈连成一体，并通过花键套装在起动机电枢的延长轴上。

接通起动开关起动发动机时，起动机的电枢轴连通内座圈按 8-13b 所示的箭头方向旋转。由于摩擦力和弹簧张力的作用，滚柱被带到内、外座圈之间的楔形槽窄的一端，将内、外座圈联成一体，于是电枢轴的转矩通过内座圈、楔紧的滚柱传递到外座圈和驱动齿轮，驱动齿轮与电枢轴一起旋转使发动机起动。

发动机起动后，曲轴转速升高，飞轮齿圈将带着驱动齿轮高速旋转。虽然驱动齿轮的旋转方向没有改变，但它由从动齿轮变为主动齿轮。当驱动轮和外座圈的转速超过内座圈和电枢轴的转速时，在摩擦力的作用下，滚柱克服弹簧张力的作用滚向楔形槽宽的一端，使内外座圈脱离联系而自由地相对运动，高速旋转的驱动齿轮与电枢轴脱开，防止电动机超速。

滚柱式单向离合器工作时属于线接触传力，所以不能传递较大的转矩，一般用于小功率（2kW 以下）的起动机上，否则滚柱易变形、卡死，造成单向离合器分离不彻底。由于它结构简单，目前广泛用于汽油发动机上。

（2）弹簧式单向离合器　图 8-14 所示为弹簧式离合器的结构。它安装在电枢的延长轴上，起动机驱动齿轮 2 的右端空套在花键套筒 7 左端的外圆面上，两个扇形块 4 装入驱动齿轮右端相应的缺口中，并深入花键套筒 7 左端的环槽内，使驱动齿轮与花键套筒之间，既可以

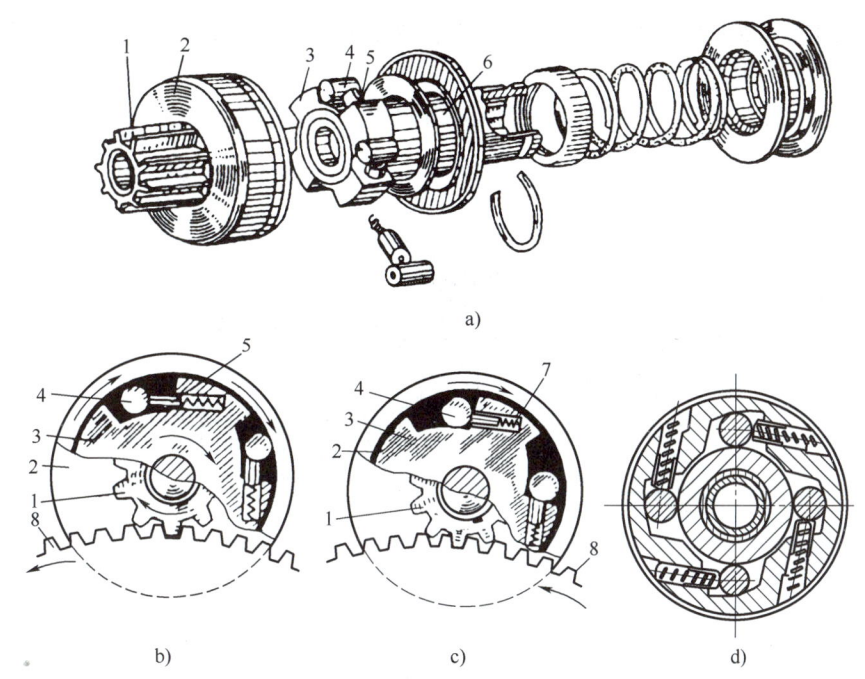

图 8-13 滚柱单向离合器的组成及工作原理示意图
a) 零件分解图 b) 起动时 c) 起动后 d) 楔形缺口开在外座圈上的单向离合器
1—驱动齿轮 2—外座圈 3—内座圈 4—滚柱 5—柱塞 6—花键套筒 7—弹簧 8—飞轮齿圈

一起做轴向移动，又可以相对滑转。离合器弹簧 5 在自由状态下的内径小于起动机驱动齿轮 2 和花键套筒 7 相应外圆面的外径，在安装状态下弹簧紧套在外圆面上，离合器弹簧 5 和护套 6 之间有间隙。起动时，起动机的电枢轴带动花键套筒旋转，有使离合器弹簧 5 收缩的趋势，弹簧被箍紧在相应外圆面上。于是，起动机的转矩靠弹簧与外圆面之间的摩擦传递给驱动齿轮，通过飞轮外齿带动曲轴旋转，使发动机起动。发动机一旦起动，驱动齿轮的转速超过花键套筒转速，离合器弹簧 5 张开，起动机驱动齿轮 2 在花键套筒 7 上滑转，与电枢轴脱开，防止电动机超速。

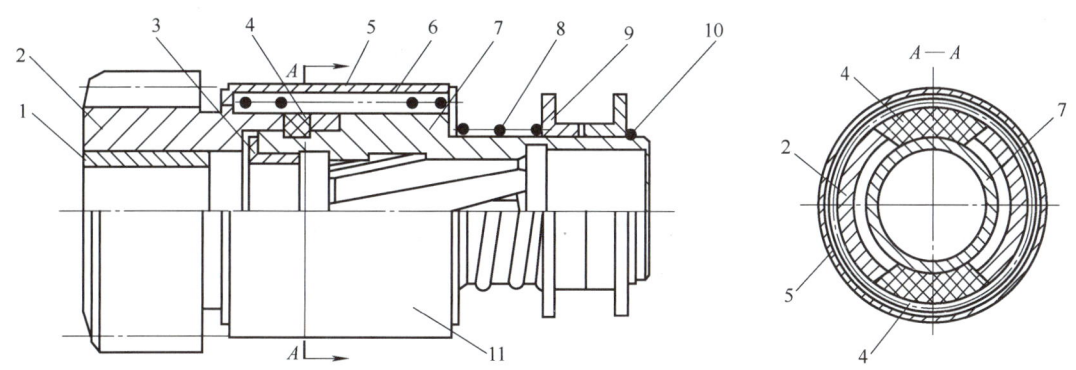

图 8-14 弹簧式单向离合器的结构
1—衬套 2—起动机驱动齿轮 3—限位套 4—扇形块 5—离合器弹簧 6—护套
7—花键套筒 8—缓冲弹簧 9—滑套 10—卡环 11—电枢延长轴

弹簧式单向离合器具有结构简单、寿命长、成本低等特点，因扭力弹簧圈数较多，轴向尺寸较大，多用于大中型起动机。

（3）摩擦片式单向离合器　这种离合器的结构如图8-15所示，结构较复杂，在大功率起动机上应用比较广泛。

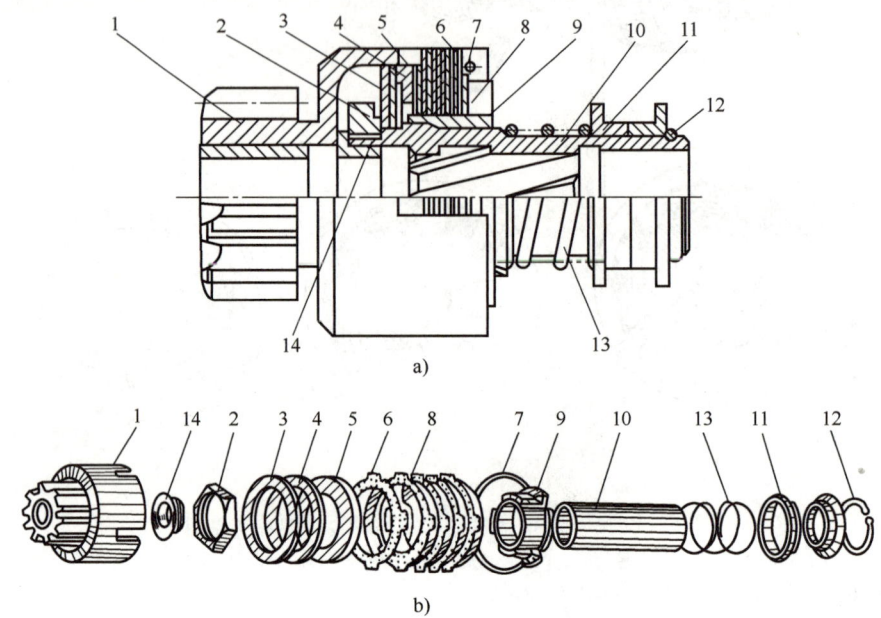

图8-15　摩擦片式单向离合器的结构
a）结构图　b）零件分解图
1—起动机驱动齿轮　2—螺母　3—弹性垫圈　4—压环　5—调整垫圈　6—从动摩擦片　7—卡环
8—主动摩擦片　9—内接合毂　10—花键套筒　11—滑套　12—卡环　13—弹簧　14—限位块

起动机驱动齿轮1与离合器的外接合毂组成一体，内接合毂9靠三线螺旋花键套装在花键套筒10的左端，花键套筒则通过内螺旋花键套装在电枢轴的花键部分，主动摩擦片8的内圆有4个凸起，嵌入内接合毂9外圆的4个直槽中。从动摩擦片的外圆上有4个凸起，嵌入外接合毂内圆的4个直槽中。摩擦片之间的压力可通过调整垫圈5调整。

接通起动开关起动发动机时，起动机的电磁转矩通过电枢轴传递给花键套筒。由于内接合毂与花键套筒之间的转速差，内接合毂沿花键套筒左移，将从动片与主动片压紧使外接合毂与内接合毂连成一体，即驱动齿轮与电枢轴连成一体，起动机的转矩通过驱动齿轮和飞轮传递给曲轴，使发动机起动。

发动机起动后，飞轮带着驱动齿轮和外接合毂高速旋转，外接合毂的转速超过电枢轴和花键套筒的转速，内接合毂沿花键右移，从动片与主动片分开，使驱动齿轮与电枢轴脱开，防止发动机超速。

三、控制机构

起动机的控制机构也称为操纵机构，其作用是控制起动机主电路的通断和驱动齿轮的啮合与退回。

起动机的控制机构分为直接操纵式和电磁操纵式两种。直接操纵式控制机构检修方便，且不消耗电能，有利于提高起动转速。但驾驶人劳动强度大，不易远距离操作，目前已很少用。

电磁操纵式控制机构，俗称电磁开关，使用方便，工作可靠，并适合远距离操纵，目前应用广泛，如图8-16所示。

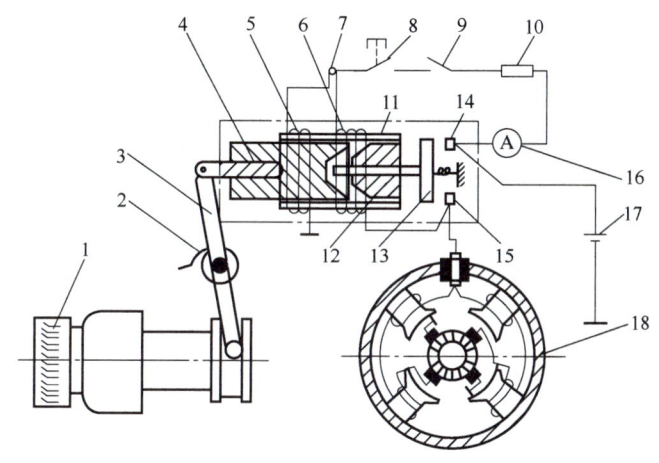

图8-16 电磁操纵式控制机构的组成
1—单向离合器 2—回位弹簧 3—拨叉 4—活动铁心 5—保持线圈 6—吸引线圈 7—接线柱
8—起动按钮 9—总开关 10—熔断器 11—黄铜套 12—挡铁 13—接触盘
14、15—主接线柱 16—电流表 17—蓄电池 18—电动机

作为操纵元件的活动铁心由驾驶人用开关通过电磁线圈进行控制。多数起动机的电磁线圈由保持线圈5和吸引线圈6两部分组成，即使活动铁心移动有力，驱动齿轮啮合容易，又可以提高起动机转速。主接线柱14、15和接触盘13组成主开关。黄铜套11上绕有吸引线圈和保持线圈，两线圈的绕向相同，吸引线圈和电动机电枢绕组串联，保持线圈的一端搭铁，另一端与吸引线圈接在同一接线柱7上；黄铜套内有活动铁心4和挡铁12，活动铁心的后端与拨叉3的上端相连，挡铁12是固定不动的，其中心孔内穿有推杆，推杆端部的接触盘13用以接触起动机的主电路。拨叉3通过销钉支撑在起动机上，拨叉下端插入单向离合器的衬套中。

起动发动机时，接通总开关，按下起动按钮，吸引线圈和保持线圈的电路被接通，其电流通路为：蓄电池正极→主接线柱→电流表→总开关→起动按钮→接线柱→吸引线圈→主接线柱→电动机保持线圈→搭铁→蓄电池负极。发动机起动后，在松开起动按钮的瞬间，吸引线圈和保持线圈是串联关系，两线圈所产生的磁通方向相反，互相抵消，于是活动铁心在复位弹簧的作用下迅速回位，使驱动齿轮退出啮合，接触盘在其右端小弹簧的作用下脱离接触，主开关断开，切断了起动机的主电路，起动机停止运转。

许多汽油发动机起动机的控制装置中，还装有短路点火线圈附加电阻的接触片，控制装置外壳上对应的接线柱通过导线与点火线圈一次绕组相连。主开关接通时，短路点火线圈附加电阻的接触片与蓄电池正极直接接通，将点火线圈附加电阻短路，改善起动时的点火性能。

电磁操纵式控制机构的起动开关通常与点火开关制成一体，为了减小流过点火开关的电流,防止点火开关的早期损坏,有些起动机的控制电路中接有继电器。具有起动继电器的起动电路如图8-17所示。组合继电器由起动继电器和充电继电器组成,它利用发动机中心点电压,在发动机起动后还未断开起动开关时,自动停止起动机的工作,如图8-18所示。

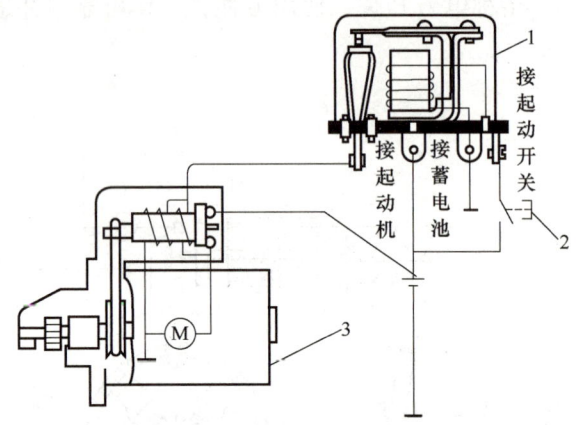

图8-17 具有起动机继电器的起动电路
1—起动继电器 2—起动开关 3—起动机

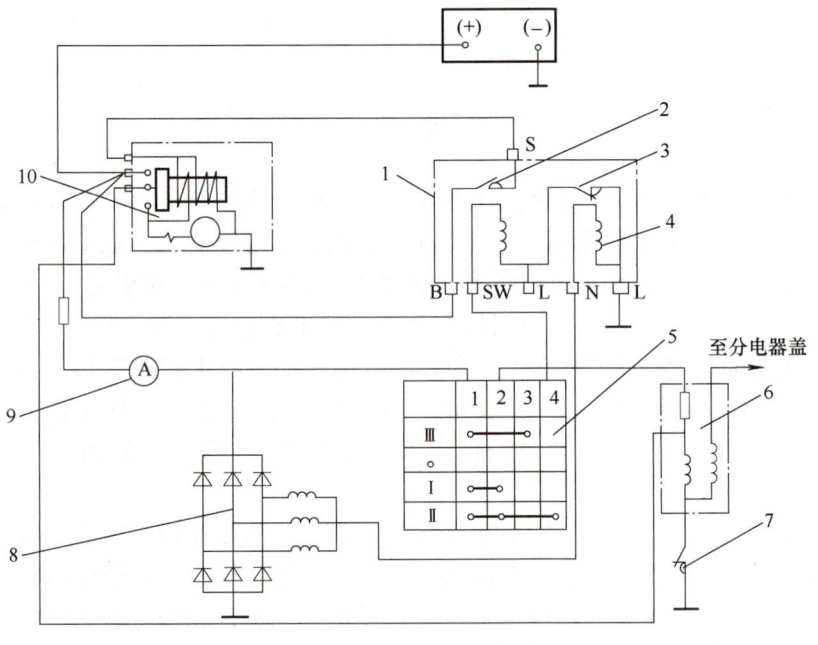

图8-18 解放CA1091型汽车发动机具有组合继电器的起动电路
1—组合继电器 2—起动继电器 3—充电继电器 4—充电继电器线圈 5—点火开关
6—点火线圈 7—断电器触点 8—发动机 9—电流表 10—起动机

为了确保曲轴能够获得足够的起动转矩和起动转速,使发动机能够迅速可靠地起动,除选用功率足够大的起动机和简单可靠的电路外,还必须正确选择驱动齿轮和飞轮齿圈齿数,以获得适当的传动比,一般情况下传动比为10~15。

四、减速起动机和永磁起动机

1. 减速起动机

在起动机的电枢轴与驱动齿轮之间装有齿轮减速器的起动机,称为减速起动机。串励式直流电动机的功率与其转矩和转速成正比,可见,当提高电动机转速的同时降低其转矩时,可以保持起动机功率不变,故当采用高速、低转矩的串励式直流电动机作为起动机,在功率相同的情况下,可以使起动机的体积和质量大大减小。但是,起动机的转矩过低,不能满足起动发动机的要求。为此,在起动机中采用高速、低转矩的直流电动机时,在电动机的电枢轴与驱动齿轮之间安装齿轮减速器,可以在降低电动机转速的同时提高其转矩。减速起动机的齿轮减速器有外啮合式、内啮合式、行星齿轮式等三种不同形式,如图 8-19 所示。

(1) 外啮合式减速起动机　其减速机构在电枢轴和起动机驱动齿轮之间利用惰轮作中间传动,且电磁开关铁心与驱动齿轮同轴心,直接推动驱动齿轮进入啮合,无需拨叉。因此,起动机的外形与普通的起动机有较大的差别。通常分为有惰轮外啮合式减速起动机和无惰轮外啮合式减速起动机。外啮合式减速机构的传动中心距较大,因此受起动机构的限制,其减速比不能太大,一般不大于 5,多用在小功率的起动机上,如图 8-20 所示。

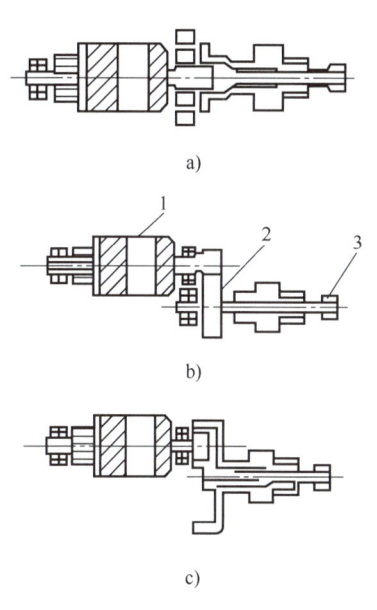

图 8-19　减速起动机
a) 外啮合式　b) 内啮合式　c) 行星齿轮式
1—电动机　2—齿轮减速器　3—驱动齿轮

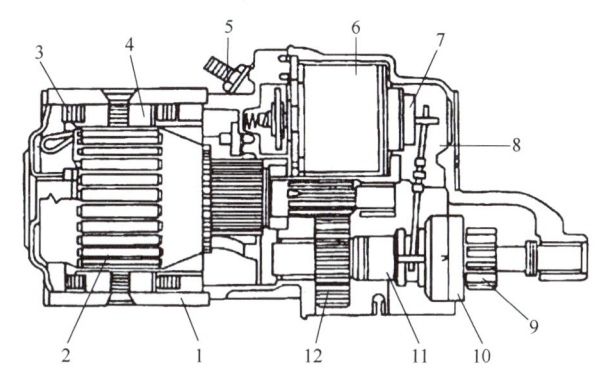

图 8-20　外啮合式减速起动机
1—外壳　2—电枢　3—励磁绕组　4—磁极
5—主接线柱　6—电线圈　7—活动铁心
8—拨叉　9—驱动齿轮　10—单向
离合器　11—花键轴　12—减速齿轮

(2) 内啮合式减速起动机　其减速机构传动中心距小,可有较大的减速比,故适用于较大功率的起动机。但内啮合式减速机构噪声较大,驱动齿轮仍需拨叉拨动进入啮合,因此,起动机的外形与普通起动机相似,如图 8-21 所示。

(3) 行星齿轮式减速起动机　如图 8-22 所示,行星齿轮式减速起动机的减速机构结构紧

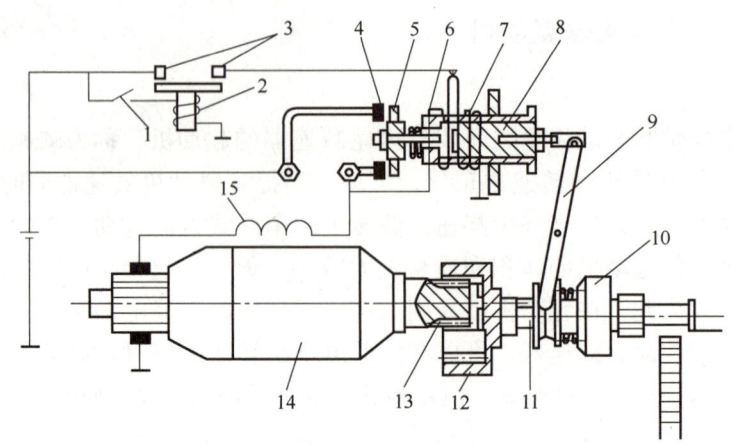

图 8-21 内啮合式减速起动机
1—起动开关 2—起动继电器线圈 3—触点 4—主接线柱 5—接触盘 6—吸引线圈
7—保持线圈 8—活动铁心 9—拨叉 10—单向离合器 11—螺旋花键轴
12—内啮合减速齿轮 13—主动齿轮 14—电枢 15—磁场绕组

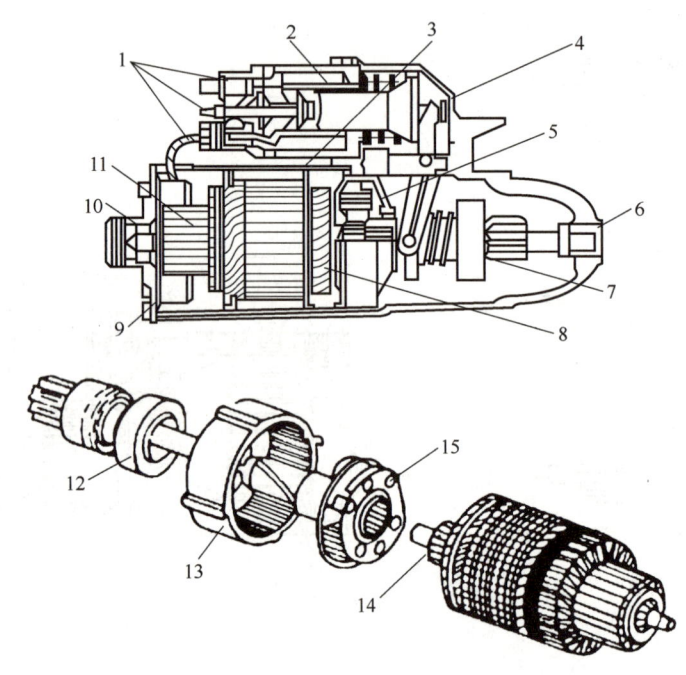

图 8-22 行星齿轮式减速起动机
1—接线柱 2—活动铁心 3—磁极 4—拨叉 5—行星齿轮减速器 6、10—轴承
7、12—单向离合器 8—电枢 9—电刷 11—换向器 13—固定内齿圈
14—行星齿轮加 15—主动齿轮

凑、传动比大、效率高。由于输出轴与电枢轴同轴线、同旋向，电枢轴无径向载荷，振动轻，整机尺寸减小。另外，行星齿轮式减速起动机还具有如下优点：负载平均分配在三个行星齿轮上，可以采用塑料内齿圈和粉末冶金的行星齿轮，使质量减轻、噪声降低。尽管增加行星

齿轮减速机构，但是起动机的轴向其他结构与普通起动机相同，故配件可以通用。

2. 永磁起动机

以永磁材料作为磁极的起动机，称为永磁起动机。它取消了传统起动机中的励磁绕组和磁极铁心，使起动机的结构简化，体积和质量大大减小，可靠性提高，并节省了金属材料。图 8-23 所示为奥迪 100 采用的永磁起动机。

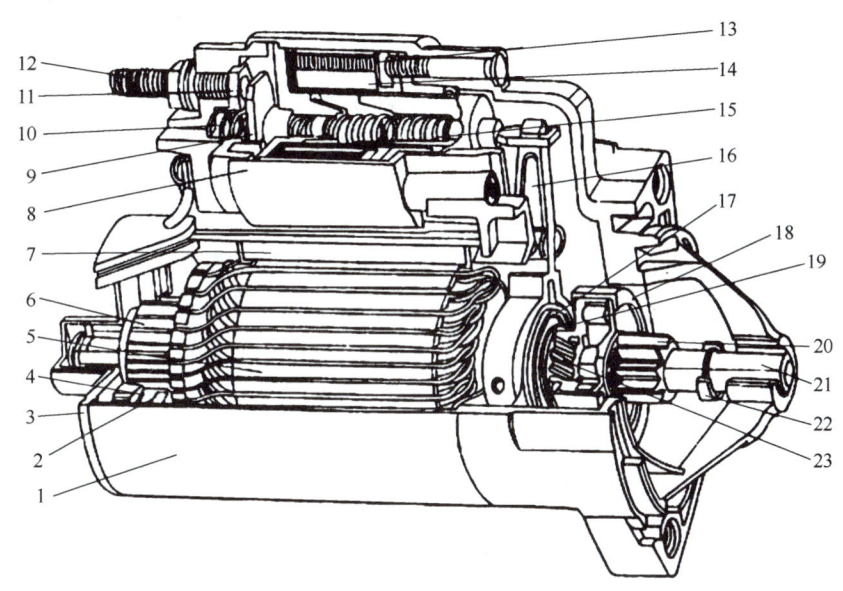

图 8-23　永磁起动机的结构

1—起动机外壳　2—电刷　3—后端盖　4—电刷架　5—电枢　6—换向器　7—磁极　8—电磁开关外壳
9—电磁开关接触盘　10、15—复位弹簧　11—触点　12—接线螺栓　13—保持线圈　14—吸引线圈
16—传动叉　17—导环　18—滚柱式单向离合器　19—啮合弹簧　20—驱动齿轮
21—电枢轴　22—止推垫圈　23—螺旋花键

考证要点

一、填空题

1. 起动机一般由＿＿＿＿＿、＿＿＿＿＿和＿＿＿＿＿三大部分组成。

2. 起动机操纵机构的作用是＿＿＿＿＿或＿＿＿＿＿起动机与蓄电池之间的主电路，驱动拨叉使＿＿＿＿＿与＿＿＿＿＿啮合。有些起动机控制机构还能在起动时将＿＿＿＿＿短接，以增大起动时的点火能量。

3. 一般励磁式起动机励磁绕组与转子呈＿＿＿＿＿联，故称＿＿＿＿＿励式电动机。

4. 单向离合器常见有＿＿＿＿＿式、＿＿＿＿＿式和＿＿＿＿＿式三种。

5. 起动机工作时，应先让单向离合器小齿轮与＿＿＿＿＿啮合，再接通起动机主电路，以避免＿＿＿＿＿现象产生。

二、简答题

1. 简述起动系统的作用。

2. 简述起动预热装置种类及特点。
3. 简述起动机的结构组成。
4. 简述起动机各组成部分结构及种类。

 拓展与提升

起 停 系 统

起停系统英文翻译为 Start/Stop 系统；当车辆处于停止状态（非驻车状态）时，发动机将暂停工作（而非传统的怠速保持），暂停的同时，发动机内的润滑油会持续运转，使发动机内部保持润滑；当松开制动踏板后，发动机将再次起动，此时，因润滑油一直循环，即使频繁地停车和起步，也不会对发动机内部造成磨损。

新型汽车多采用发动机起停技术起动，而车辆处于静止状态时，车内所需的电力将改由 AGM 电池供应，而耗电较大的空调系统也将转为送风机制，因此若静止时间过久，不免会影响制冷效果或造成车内闷热，应手动将起停系统关闭。即便是在起停系统起动的状态下，若车辆静止过久而导致 AGM 电池电量不足时，仪表板右侧的黄色"ECO"灯号也会亮起，车辆自行停止起停系统运作，待电力充足后绿色"ECO"灯号亮起，系统便会重新运行。

我们可以模拟汽车在路过一个交通路口时起停系统的工作过程，通过这种模拟过程能让读者很快了解汽车"起停系统"的工作原理。

驾驶人坐在驾驶舱内，前方路口的红灯亮起，驾驶人踩下制动踏板，停车摘档。这时候，Start/Stop 系统自动检测：发动机空转且没有挂档；防锁定系统的车轮转速传感器显示为零；电子电池传感器显示有足够的能量进行下一次起动。满足这三个条件后，发动机自动停止转动。

而当信号灯变绿后，驾驶人踩下离合器踏板，随即就可以起动"起动停止器"，并快速地起动发动机。驾驶人挂档，踩下加速踏板，车辆快速起动。在高效的蓄电池技术和相应的发动机管理程序的支持下，起停系统在较低的温度下也能正常工作，只需短暂的预热过程便可激活。